2막의 멘탈

두려움 없이 네 삶을 살아라

2막의 멘탈

초판 1쇄 인쇄 2016년 3월 10일
초판 1쇄 발행 2016년 3월 15일
초판 2쇄 발행 2016년 5월 03일

지은이_ 오영철
펴낸이_ 전익균

마케팅_ 정우진, 김지혜, 권태형
교 정_ 허 강
디자인_ 김 정
행 사_ 새빛에듀넷

펴낸곳_ 도서출판 새빛
전 화_ 02)2203-1996 팩스_02)417-2622
출판문의 및 원고투고 이메일_svedu@daum.net
홈페이지_ www.bookclass.co.kr
등록번호_ 제215-92-61832호 등록일자_ 2010. 7. 12

값16,000원
ISBN978-89-92454-22-3(03140)

이 도서의 국립중앙도서관 출판시도서목록(CIP)은 서지정보유통지원시스템 홈페이지(http://seoji.nl.go.kr)와 국가자료공동목록시스템(http://www.nl.go.kr/kolisnet)에서 이용하실 수 있습니다. (CIP제어번호:CIP2016004673)

2막의 멘탈

두려움 없이 네 삶을 살아라

오영철 지음

도서출판 새빛
SAEVIT

프롤로그

내면 취재 17년의 여정

그래 딱 일주일이다. 그렇게 작정하고 시작했던 내면 취재가 17년이나 걸렸다. 많은 사연이 있었다. 고비도 적지 않았다. 그러나 이제는 웬만큼 가닥이 잡혔다. 또 그 결과를 먼저 스스로 재확인하고 그런 다음 주변과도 공유하는 게 저널리스트로서 일종의 책무처럼 느껴진다.

저널리즘은 주로 외부세계를 대상으로 한다. 그런 흐름을 거슬러 홀로 내면 취재에 뛰어든 건 순전히 개인적인 동기 때문이었다. 삶의 무게를 감당하지 못해 그로기 상태에 빠졌던 42살의 가을, 차라리 죽고 싶었던 그 시간들이 운명처럼 나를 내면세계로 이끌었다. 그로 인해 많은 것이 달라졌다. 그리고 지금은 내면세계와 조우했던 그 힘겨웠던 과정들이 도리어 행운처럼 여겨지기도 한다.

한 사람에게 의식이 차지하는 비율은 전체에서 20% 정도에 불과하다. 나머지 80%는 무의식 내지 잠재의식의 영역이다. 그건 이미 상식에 속한다. 또한 외부세계 역시 20대80으로 나뉘고, 20%가 80%의 부와 권력을 독점한다. 이른바 파레토 법칙이라 불리는 현실이다.

하지만 사람들은 여전히 문제를 의식 차원에서만 풀려고 한다. 그러니 한계에 부딪히고 근본적인 해법을 찾기도 어렵다. 다들 악착같이 살면서도 왜 사는지는 잘 모른다. 각고의 노력 끝에 성공을 움켜잡더라도 반드시 행복한 것은 아니다. 수시로 자학에 시달리면서도 그 이유를 잘 모른다. 성공했건 실패했건 마음 한구석이 늘 허전하다. 왠지 길을 잃고 헤매는 것처럼 불안하다. 그런 날들이 쌓이고 쌓이면 언젠가는 중병에 덜컥 걸린다. 그러면 상황은 더 나빠진다. 치유를 위해 안간힘을 쓸수록 죽음에 대한 두려움은 더 커지기 마련이다. 수렁에 빠진 것과 비슷한 형국이다.

다행히 굿뉴스도 있다. 시선을 내면의 영역으로 돌리면 상황이 빠른 속도로 호전될 수 있다는 것이다. 전체 의식의 80%를 차지하는 내면세계를 정돈하는 것은 나머지 20%의 의식 영역을 붙잡고 고전하는 것과는 차원이 다르다. 꼬였던 문제들이 하나둘 근본적으로 정리가 된다. 현상의 이면에 감추어진 본질적인 원인도 서서히 이해가 된다. 본성에 대한 통찰에서 나오는 벅찬 희열을 맛보면서 시야도 더 넓어지게 된다.

저널리즘은 이렇게 중요한 영역을 아직도 그대로 방치해두고 있다. 일차적인 이유는 그 세계를 다룰 만한 역량이 없기 때문이다. 내면세계는 학력이나 경력 또는 조사기법만으로 알 수 있는 세계가 아니다. 저널리스트가 직접 그 속으로 뛰어들어 몸과 마음으로 부딪히고 증득證得을 해야만 비로소 접근이 가능한 영역이다. 또 대중을 납득시킬 만한 마땅한 검증수단이 없다는 점도 제약요인으로 작용한다. 심증은 가지만 물증이 없고 객관적인 수치나 데이터가 없으면 이슈로 만들기 어려운 게 저널리즘의 현실적인 한계다.

하지만 시대가 달라졌다. 세상의 패러다임이 바뀌었다. 단순한 구호처럼 들렸던 21세기의 3대 키워드가 점점 더 구체화되고 있다. 남성에서 여성으로, 수직에서 수평으로, 패러다임의 축이 바뀌는 것은 이제 상식이 됐다. 물질에서 정신으로 그 축이 바뀌는 속도도 갈수록 더 빨라지고 있다.

UN 미래보고서를 보면 21세기엔 전체 일자리의 80%가 소멸된다고 한다. 웬만한 일은 컴퓨터나 로봇이 사람보다 훨씬 더 효과적으로 처리하는 시대가 오는 것이다. 앞으로 사람이 할 일은 기계가 결코 대체할 수 없는 영역, 즉 마음과 영성 두 분야밖에 없을지도 모른다.

그럼에도 불구하고 현실은 여전히 한 박자가 늦다. 이건 왠지 아닌 것 같은데? 다들 그렇게 불안해하면서도 낡은 패러다임을 움켜잡고 놓지 못한다. 신속하게 섭렵해야 할 마음의 영역을 극소수 양자물리학자나 영성가들의 전유물 정도로밖에 여기지 않는다. 그런 틈을 비집고 일부 사이비들이 마음을 빙자해 혹세무민하거나 고귀한 영혼을 농락하는 악행도 끊이지 않고 있다.

이제 더 이상은 안 된다. 멘탈, 즉 마음과 영성의 영역도 전체 사회의 80%를 차지하는 일반 대중들이 자연스레 익히면서 운전처럼 편리하게 일상의 도구로 활용할 필요가 있다. 물질에서 정신으로 패러다임의 축이 넘어가는 이 시대에 사람들에게는 멘탈이 '정신적 생필품'이 되어야만 할 것 같다. 저술 같은 1인 미디어를 통해서라도 멘탈의 중요성을 강조하는 이유가 여기에 있다.

물론 이 책은 일차적으로 나 자신을 위해 썼다. 우연처럼 시작했던 내 면순례가 왜 그렇게 길어졌는지, 알고 보면 너무나 간단한 그 논리를 머리로는 이해하면서도 몸으로 받아들이는 게 왜 그렇게 어려웠는지 복기를 해보고 싶었던 것이다. 그리고 글을 쓰면서 나는 진한 위로를 받았다. 또 한 영혼의 여정을 가감 없이 드러내 타산지석의 자료로 제공할 필요성도 느꼈다. 개인적인 시행착오의 기록이 다른 사람들의 시행착오를 줄이고 속도를 단축하는 데 가이드가 될 수 있다면 그것만으로도 의미가 있을 것이다. 속도가 생명인 디지털 시대, 멘탈 영역의 크고 작은 과제들도 해결이 빠르면 빠를수록 더 좋지 않겠는가. 살아가는 모든 사람들의 행운을 빈다.

차례

2막의 멘탈

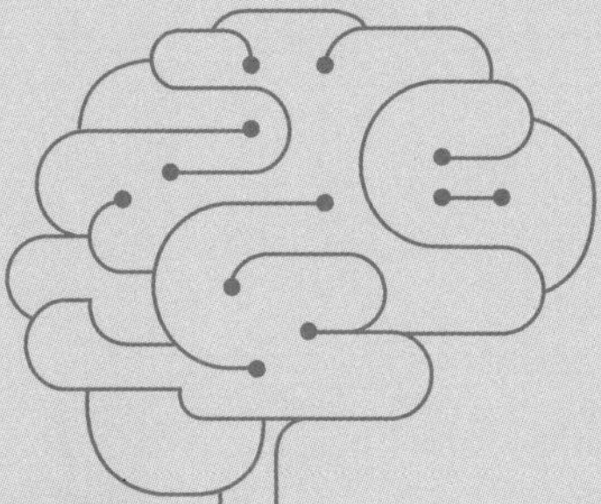

1 제1장 우리가 살아갈 세상

1-1. 가짐 대신 이젠 버림

인생 2막에 대한 불안감이 바이러스처럼 번지고 있다. 1막에서 비교적 잘 나갔던 사람들도 사석에선 2막 걱정을 토로한다.

"어떻게 살아가지? 뭘 해서 먹고살지?" 전대미문의 인생 100세 시대가 가시화되면서 2막에 대한 압박감이 1막 못지않게 무거워졌다.

기업체 임원을 지내고 50대 중반에 퇴직한 L이 1년도 안 돼 유명을 달리했다. 사인은 일종의 약물중독이었다. 하지만 자살인지 타살인지 애매모호했다. 퇴직 후 L은 수면제를 먹지 않고선 잠을 잘 수 없었다. 그렇지만 겉으론 주눅 들지 않고 활기차게 살아가는 모습을 연출했다. 갑자기 동문회 활동에 열을 올리는가 하면 인터넷 밴드 모임에도 날마다 1편 이상의 글을 올렸다. '난 아직 건재하다', 안쓰러울 정도로 주변에 그걸 과시했건만 1년을 넘기지 못한 채 L은 인생극장에서 퇴장하고 말았다.

또래 모임에 가면 L과 비슷한 사례들을 심심치 않게 접할 수 있다. 만만치 않았던 1막을 유격훈련 받듯이 가열차게 살아온 사람들이, 아직은 몸도 멀쩡한 사람들이 왜 이토록 맥없이 쓰러지는 것일까?

먹고 사는 건 인생의 대사大事임에 틀림없다. 그걸 위해 노심초사했던 과정이 우리 세대 대부분의 1막이었다. 학업을 마치고 직장을 잡고 결혼을 하고 자식들을 낳아 기르거나, 독신 혹은 기러기 아빠의 고독한 생활을 감내하면서, 남들보다 더 나아지기 위해 억척스레 살아왔다. 산행으로 치면 정상만을 바라보고 숨 헉헉대며 올라간 과정이었다. 그리고 '인생칠십고래희人生七十古來稀' 기준에 따르면 정상에서 잠시 머물다 하산해 인생 나머지의 여운을 느긋하게 음미하면 됐었다. 하지만 예상치도 못했던 100세 시대가 쓰나미처럼 밀려와 예로부터의 전통적인 인생 구도를 근본적으로 뒤흔들어 버렸다.

내려갈 때 보았네
올라갈 때
보지 못한
그 꽃

하산길의 로망처럼 들렸던 저 시도 이제는 빛이 바랬다. 등산과 하산으로 단순하게 구성됐던 인생 여정이 등산과 하산, 다시 또 등산과 하산, 계속해서 등산과 하산 등으로 마치 5산 종주처럼 변했기 때문이다. 그러니 단발 산행의 방법론을 5산 종주에 그대로 적용하는 건 미련한 짓이다.

산 하나를 오르고 내리는 데 힘을 다 빼버리면 하산한 후에는 다시 등산을 하겠다는 엄두조차 나지 않기 때문이다.

인생 2막이 불안한 것은 인지상정이다. 날은 저무는데 길이 멀다면 어찌 두렵지 않겠는가. 하지만 우리에겐 위안도 있다. 살아온 만큼 더 단단해진 내공이 무엇보다 든든한 우리들의 자산이다. 오를 때는 산봉우리만 보였지만 내려올 땐 발밑에 들꽃도 있다는 걸 우리는 이제 안다. 등산과 하산을 모두 관통하는 통찰력이 커진 것이다.

이에 더해 선각들은 가짐 대신 버림을 선택하라고 당부한다. 부질없는 집착을 다 버리라는 것이다. 인생 2막에서 이보다 더 적절한 조언은 없다. 5산 종주를 해야 하는 2막에선 철저히 버려야 한다. 몸도 마음도 비워야 한다. 배낭을 최대한 가볍게 해야 한다.

"그 어떤 경우에도 성공이 당신을 기다리고 있는데 왜 걱정하는가? 긍정적이든 부정적이든 당신의 태도는 당신이 스스로 결정하는 것이다. 사람은 자신의 성공과 실패에 대해 부정적 태도를 취하는 습관이 있기 때문에 성공하기가 어려운 것이다. 하지만 이제부터 당신은 비범하게 행동해 보라. 실패를 성공이라 불러보라. 그렇게 하면 당신은 실패자의 대열에서 빠져나와 승리를 얻을 수 있을 것이다."

러시아의 양자물리학자 바딤 젤란드가 『트랜서핑의 비밀』에서 강조했던 내용이다. 그는 인생의 승패를 철저하게 멘탈의 관점에서 조망했다.

세상을 옥죄는 이른바 펜듈럼의 굴레에서 벗어나 스스로 성공자로 우뚝 서려면 멘탈부터 달라져야 한다는 것이다.

그렇다. 100미터 단거리나 단발산행이라면 체력과 지력 정도만 갖춰도 충분할 수 있다. 하지만 42.195킬로미터 마라톤이나 5산 종주라면 얘기가 달라진다. 그건 이미 일반적인 체력이나 지력의 한계를 넘어선 영역이다. 2막의 선결과제로 멘탈이 부각되는 건 바로 이 때문이다.

1-2. 상상 그 이상의 미래보고서

〈UN 미래보고서〉를 보면 대략난감이다. 그걸 알기 쉽게 전해주는 박영숙 미래포럼 대표의 〈미래뉴스〉를 읽으면 입이 딱 벌어진다. 상상조차 하기 어려운 내용들이 부지기수다. 그것도 먼 훗날이 아니라 2030년 무렵 나타난다는 내용들이다.

1. 일부일처제가 무너진다.
2. 전체 일자리의 80%가 사라진다.
3. 생각만으로 서로 교신한다.

일부일처제는 왜 무너지는가. 인간의 본능에 어긋나기 때문이다. 일부일처제가 100세 시대에는 감당하기 어려운 고문이 된 것이다. 사랑 호르몬이 작용하는 기간은 기껏해야 2년, 그 약발이 떨어지면 남성이건 여성이건 새로운 파트너에게 끌리는 게 본능이다. 지금까진 종교와 도덕이 그런 본능에 제동을 걸었지만 그마저도 이젠 약발이 많이 떨어졌다.

종교심리학자 대럴 레이는 『침대 위의 신Sex & God』에서, 종교가 그동안 인간의 섹스에 부당하게 개입했다고 비판하면서 본능에 충실하라고 부추긴다. 이런 유혹을 뿌리칠 수 있는 사람이 과연 몇이나 될까? 그래서 그런지 〈UN 미래보고서〉는 다부다처제의 시대가 온다고 예측한다. 남녀불문하고 한 사람이 생활 파트너와 사랑 파트너, 섹스파트너 등을 다양하게 거느린다는 것이다. 지금 기준으론 드라마 같은 상황이 일상이 되는 것이다. 결혼한 커플 2쌍 중에 1쌍이 이혼하고, 오피스 커플과 비즈니스 커플이 거부감 없이 거론되며 한 사람이 여러 번 결혼하는 다혼多婚이 늘어나는 세태가 이 같은 변화의 전조일지 모른다.

업무의 영역에서도 웬만한 일은 컴퓨터와 로봇이 처리한다. 전쟁과 의료 행위마저 로봇이 수행한다. 자동차와 철강 같은 거대 제조업은 소멸한다. 버스 안내양이 사라지고 타이피스트가 없어졌듯이, 그렇게 전체 일자리의 80%가 사라진다. 직장 안에서 자리다툼 벌이고 계급장 높아지면 우쭐하고 뒤처진 루저들은 상실감에 괴로웠던 시대는 '전설의 고향'이 될지 모른다.

어디로 갔을까, 내 월급. 어디로 갔을까, 내 자리. 일자리가 없어진 사람들은 앞으로 컴퓨터와 로봇이 할 수 없는 정신과 마음, 감정 관련 영역에서 1인 기업을 만들어 프리랜서로 일하고 건당 수익을 받아 생활할 수밖에 없게 된다고 한다. 산업혁명 때보다 훨씬 더 파격적인 변화가 눈앞에 펼쳐지는 것이다.

생각만으로 교신하면 인간관계가 다 뒤집어 진다. 속으론 이를 갈더라도 겉으론 사람 좋은 웃음을 짓는 게 처세의 기본. 그러나 내가 일으킨 생각이 뇌파를 통해 상대에게 그대로 전해진다면 속임수 따위는 엄두도 못 낸다. 그렇다면 과연 행복할까.

마음공부를 하면 어느 순간 일시적으로 초능력이 열리는 때가 있다. 내 경우엔 타심통他心通이 잠시 열렸다. 생각을 멈추고 공空한 상태로 있으면 다른 사람의 마음이 그대로 느껴지는 것이었다. 마주 앉은 사람은 물론 먼 곳에 사는 사람의 마음도 그 사람을 떠올리는 순간 바로 포착됐다. 이럴 수가? 난 경악하고 말았다. 사람의 속마음을 아는 건 차라리 고문이었다. 사람의 겉과 속이 이렇게 달랐다니? 나의 멘토는 신통력이 잡술이라며 신속하게 버리라고 조언했다. 나 또한 기꺼이 버렸다. 타심통은 하루 반나절 만에 끝났지만 씁쓸한 경험이었다. 정말이지 모르는 게 약이었다.

전대미문의 시대가 빠른 속도로 다가오고 있다. 이런 시대에 적응하기 위해서 우리는 과연 무엇을 준비해야 하는가. 가정 붕괴, 직장 붕괴, 정신 붕괴… 이 같은 거대한 쓰나미 앞에 어설픈 지식이나 미련한 극기훈련 따위는 별로 소용이 없다. 종교도 무너지고 도덕도 뒤집어지면 도대체 뭘 믿고 살아야 하는가.

해답은 심플하다. 각자의 내면으로 돌아가야 한다. 빙산의 80%처럼 겉으로 드러나진 않지만, 본질적인 에너지를 갖고 있는 곳에 살길을 열어주는 지혜가 있다. 그것을 알고 실천할 수 있는 힘이 바로 멘탈이다. 십중팔구, 미래의 승패는 외부가 아니라 내면, 바로 멘탈에서 결정날 것이다.

1-3. 물질에서 정신으로

21세기의 시대정신은 세 가지로 압축된다. 첫째, 남성에서 여성으로, 둘째, 수직에서 수평으로, 그리고 마지막으로 물질에서 정신으로 등의 변화가 그것이다. 이 중에 첫째와 둘째는 가시화됐다. 이제 마지막 하나, 물질에서 정신으로만 남았다.

브라질 출신의 작가 파울로 코엘료는 『연금술사』를 통해, 21세기의 먼동이 트기 전 일찌감치 정신의 시대가 도래한다는 경종을 울렸다. 진정한 연금술은 만물과 통하는 우주의 언어를 해독하고 저마다 '자아의 신화'를 살아가는 것이라는 게 코엘료의 메시지였다.

"'그래, 무언가를 찾아가는 매순간이 신과 조우하는 순간인 거야. 내 보물을 찾아가는 동안의 모든 날들은 빛나는 시간이었어. 매시간은 보물을 찾고자 하는 꿈의 일부분이라는 걸 나는 알고 있었어. 보물을 찾아가는 길에서 나는 이전에는 결코 꿈꾸지 못했던 것들을 발견했어. 한낱 양치기에게는 처음부터 불가능한 것처럼 보이는 일들, 그래 그런 것들을 감히 해보겠다는 용기가 없었다면 꿈도 꿀 수 없었을 것들을 말이야.' 그는 자기 마음에게 말했다."

코엘료의 이런 메시지는 처음엔 서서히 그러나 갈수록 강력한 반향을 불러 일으켰다. 사람들의 가슴속엔 본성에 대한 향수가 본능처럼 감춰져 있기 때문이다. 코엘료는 그렇게 정곡을 찔렀기에 이 작품 하나로 정상에 우뚝 설 수 있었다.

"'지상의 모든 인간에게는 그를 기다리는 보물이 있어. 그런데 우리들 인간의 마음은 그 보물에 대해서는 거의 얘기하지 않아. 사람들이 보물을 더 이상 찾으려 하지 않으니까 말이야. 그래서 어린아이들에게만 얘기하지. 그리고는 인생이 각자의 운명이 가리키는 방향으로 그들을 이끌어가도록 내버려두는 거야. 불행히도 자기 앞에 그려진 자아의 신화와 행복의 길을 따라가는 사람은 거의 없어. 사람들 대부분은 이 세상을 험난한 그 무엇이라고 생각하지. 그리고 바로 그 때문에 세상은 험하게 변하는 거야. 그래서 우리들 마음은 사람들에게 점점 더 낮은 소리로 말하지. 아예 침묵하지는 않지만 우리는 우리의 얘기가 사람들에게 들리지 않기를 바라. 그건 우리가 가르쳐준 길을 따라가지 않았다는 이유로 사람들이 고통스러워하는 걸 바라지 않는다는 뜻이지.' 마음이 그에게 말했다."

'보물은 마음속에 있다'는 그의 메시지는 기업 안에서도 구체적인 액션 플랜으로 이어졌다. 구글의 차드 멍 탄은 '내면검색' 프로그램을 만들어 직원들에게 전파했다. 성과는 기대 이상이었다. 간단한 마음챙김 명상을 통해 직원들은 스트레스에서 벗어났고 생산성도 눈에 띄게 높아졌다. 또한 영성에 대한 갈증이 봇물처럼 터져 나오면서 직장인들은 이익을 위해 피도 눈물도 없이 투쟁해야 한다는 속설이 뒷전으로 밀려났다.

시대의 흐름은 이미 '물질에서 정신으로' 바뀌고 있다. 국내에서도 일부 대기업이 직원들을 대상으로 마음교육 준비에 착수했다. 안팎의 경쟁자들과 치열하게 경쟁하면서 이윤을 추구하는 기업들이 마음의 영역에 주목한다는 것 자체가 달라진 시대정신을 반영한 것이다.

"신경과학자들은 뇌에게 명상 훈련을 시키면 단지 명상을 잘하는 데 그치지 않고 주의력, 집중력, 스트레스 조절, 충동억제, 자기인식 등 광범위한 자기절제기술이 발전한다는 사실을 발견했다. 규칙적으로 명상을 하는 사람들은 비단 이러한 기술만 뛰어난 게 아니었다. 시간이 흐르면서 이들의 뇌는 정교하게 조율된 의지력 기계로 변해갔다. 그뿐만 아니라 전전두엽 피질은 물론이고 자기인식을 돕는 뇌 영역에 다른 사람보다 회백질이 더많았다."

미국의 심리학자 켈리 맥고니걸은『왜 나는 항상 결심만 할까?』에서 이렇게 설명했다. 문제해결의 핵심적인 도구로 명상을 꼽은 것이다. 20세기에 성행했던 극기훈련, 즉 악을 쓰면서 심신을 혹사시키는 방식과는 정반대의 발상인 것이다.

UN 미래보고서가 아니더라도 컴퓨터와 로봇은 이미 빠른 속도로 물질영역을 잠식하고 있다. 인간이 기계의 노예로 전락하지 않으려면 이제는 물질이 아니라 정신영역에서 압도적인 우위를 확보해야만 한다. 미치오 카쿠 교수도『마음의 미래』에서 그런 점을 집중적으로 강조한다.

"디지털 컴퓨터는 제아무리 성능이 좋아도 어제나 오늘이나 똑같은 기계에 불과하지만 사람의 뇌는 무언가를 배울 때마다 뉴런의 연결이 강화되면서 스스로 진화한다. 바로 이것이 컴퓨터와 두뇌의 근본적인 차이점이다."

1-4. 꿈이냐 생시냐

"약희! 가지 마, 약희!"

청나라 황제 옹정제가 병사한 연인 약희의 이름을 부르며 애절하게 통곡한다. 중국 드라마 〈보보경심步步惊心〉의 한 장면이다. 그러나 청제국에서 병사한 약희는 21세기의 장효로 병상에서 의식을 회복한다. 그 이전에 21세기의 24살 장효는 높은 곳에서 떨어지면서 머리를 다쳐 의식을 잃고 병원에 입원했다. 그 후 장효는 청나라 시대 16살의 약희로 깨어난다. 약희는 여러 황자들과 복잡한 연인관계를 이어가다 극심한 마음의 고생으로 건강이 악화돼 요절한다. 다시 21세기로 돌아온 장효는 청나라 유물전시회에서 자신과 황자들이 함께 그려진 옛 그림을 보고 아련한 회상에 젖어든다. 청나라 약희는 21세기 장효의 전생이었던 것이다.

전생이 과연 있을까? 있다면 그걸 어떻게 확인할 수 있을까? 만약 전생이 있다면 그건 지금의 나와 어떤 관계가 있는 것일까? 많은 사람들이 부지불식간에 이렇게 전생을 궁금해 한다. 드라마 〈보보경심〉에선 전생과 금생이 연관이 있는 것 같기도 하고 없는 것 같기도 한 것처럼 묘사했다.

『신과 나눈 이야기』에서, 전생이 있는지 궁금해 하는 저자 월쉬에게 신은 이미 월쉬가 600번 이상의 전생을 거쳤다고 설명한다. 왕과 여왕, 용사와 비겁자, 부자와 거지, 선인과 악인… 한마디로 남녀의 성을 넘나들며 거의 모든 인생을 체험했다는 것이었다. 이런 관점에서 판단하면 전생에 대한 관심은 별로 의미가 없다. 그렇게 많은 생을 거쳐 현재의 모습이 됐다면 지금의 의식수준이 과거의 어느 생에서보다 더 높게 진화된 것이기 때문이다. 또 과거 생에서 미흡했던 그 무엇을 채우는 데 지금의 생이 가장 적합한 삶이라는 의미이기도 하다.

임사체험을 했던 아니타 무르자니의 설명은 더욱 구체적이다. 피안의 세계에선 시간의 개념이 없으며 모든 것은 동시다발적으로 펼쳐진다는 것이다.

"나는 시간이 직선으로 흐르지 않는다는 것을 알게 되었다. 시간이 직선으로 흐른다고 느끼는 것은 단지 우리가 육체와 마음이라는 필터를 쓰고 있기 때문이다.

이 같은 감각에 의한 제한이 사라진 상태에서 보면 모든 순간은 동시에 존재한다. 나는 윤회 개념이란 한갓 해석에 불과하다고 생각한다. 모든 것이 한꺼번에 일어나고 있다는 것을 우리가 지적으로 이해하기 위해 만들어 낸 하나의 해석 방식인 것이다.

우리는 '시간이 흐른다'고 생각하지만 임사체험에서 시간은 그저 '존재'할 뿐이며 우리가 그 사이를 관통해 지나가고 있다고 느껴졌다. 이는 모든 시간의 지점들이 동시에 존재하며, 저쪽 세상에서 우리는 더 빨리 갈 수도 있고 느리게 갈 수도 있으며, 심지어 뒤로 가거나 옆으로 갈 수도 있다는 뜻이다.

하지만 물리적 차원에서는 감각 기관이 우리를 제한한다. 눈은 이 순간에 보이는 것만 보고, 귀는 지금 들리는 것만 듣는다. 마음은 오직 한 순간에만 존재할 뿐이나, 나중에 그 순간들을 한 줄로 엮어서 직선적 시간의 진행을 만들어 낸다. 하지만 몸에서 빠져 나가면 우리는 시각이나 청각, 미각, 후각 같은 것이 아닌 자각의 상태에서 모든 시간과 공간을 넘나든다. 우리는 순수의식이다."

전생의 컨셉에 대해선 논란의 소지가 없지 않다. 하지만 전생을 활용하는 방법은 확실히 있다. 어제 이전을 모두 전생으로 여기는 것이다. 어제 이전에 내가 살아왔던 과정들은 기억에 남아 있지만 더 이상 실체는 아니다. 그것은 오늘의 나와 관련이 있지만 반드시 일치하지는 않는다. 그걸 실제의 전생과 비교하면 기억에 있느냐 없느냐 그 정도의 차이밖에 없다.

이슬로 태어나
이슬로 사라지는 이 내 몸이여
나니와(오사카)의 영화는
꿈속의 또 꿈

우리나라에서는 임진왜란의 원흉이지만 일본에선 가장 출세한 인물로 꼽히는 도요토미 히데요시가 죽음을 앞두고 남긴 마지막 시다. 그는 농사꾼의 자식으로 태어나 배운 것도 없고 무예마저 신통치 않았지만 비범한 지략과 담대한 배짱으로 권력의 정상에 올랐던 인물이었다. 그런 도요토미 히데요시가 임종을 앞두고선 살아생전 누렸던 온갖 부귀와 권세가 꿈속의 꿈처럼 허망하다고 토로한 것이다. 어제 이전이 현생이 아니라 전생의 일처럼 느껴지는 두드러진 사례 중의 하나이다.

전생의 내가 허랑방탕했다면 현생에도 그럴까? 전생에 내가 강도짓을 했다면 금생今生에서 실형을 선고받고 옥살이를 해야 하는가? 그보다는 전생에서 목숨이 끝나는 것으로 그 대가도 다 치렀다고 보는 게 더 설득력이 있다. 죽음 자체가 이미 극형 아닌가 말이다. 이런 컨셉은 붓다가 제자들에게 선보인 방식이기도 하다. 불문에 들어온 뒤에도 지난날의 악행 때문에 번뇌하는 제자에게 붓다는 "도문에 들어서기 전의 일은 이미 전생이다"고 타일렀다. 기독교에서 말하는 '새 하늘 새 땅'도 큰 틀에서 보면 이와 비슷하다. 진심어린 회개를 통해 죄 사함을 받으면 오늘의 그는 더 이상 어제의 그가 아닌 것이다.

이런 방법론을 이론이 아니라 마음으로 받아들이면 멘탈이 달라진다. 어제를 전생으로 간주하고 놓아버리면 죄책감은 더 이상 들어설 여지가 없다. 열등감도 힘을 잃어버린다. 후회나 자책도 의미가 없어진다. 사람의 마음을 황폐하게 만드는 저런 요소들이 사라지면 멘탈은 절로 건강성을 회복하게 되는 것이다.

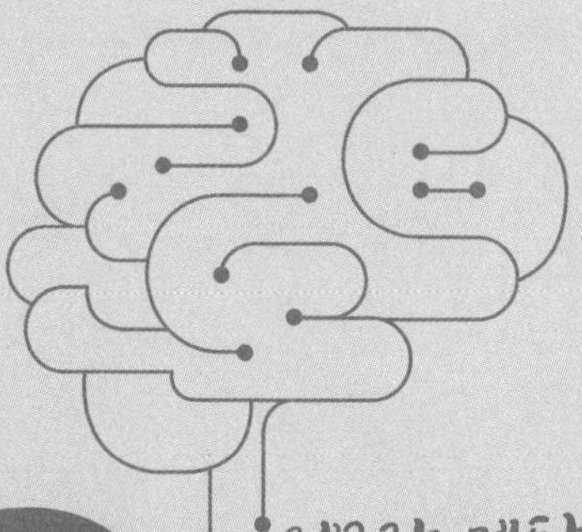

2

제2장 멘탈의 새로운 방향

2-1. MQ, 멘탈지능의 파격적인 위력

〈세상을 바꾸는 9번째 지능〉은 KBS가 수요기획에서 다뤘던 주제다. 다중지능 이론을 창시한 교육학자 하워드 가드너가 8가지 일반적인 지능을 소개한 후에, 그 존재가능성을 언급했던 게 바로 9번째 지능인 SQ, 즉 영성지능이다.

프로그램에선 탤런트 최수종, 축구선수 이영표, 디자이너 배상민을 사례로 제시했다. 이들은 모두 사회적으로 성공의 정점에 올랐지만 허무감만 진하게 느꼈다는 공통점이 있다.

"정상에 올랐더니 그곳엔 아무것도 없었다."

축구선수 이영표는 인터뷰에서 그렇게 말했다. 그런 각성은 자연스레 가치관의 변화로 이어졌다. 그는 보수가 가장 적지만 축구 발전에 기여할 수 있는 팀을 선택해 사람들을 놀라게 했다. 최수종은 틈만 나면 아프리카로 봉사활동을 떠나고 기부도 많이 한다. 배상민은 사회공헌을 가장 우선시하는 디자인을 가르치고 있다. 성공에 집착하는 대신 이들은 사랑과 봉사, 보람에 더 가치를 두는 것이다.

이들은 왜 그렇게 살아갈까? 다른 사람보다 윤리의식이 더 투철해 그런 것일까? 전문가들의 진단은 뜻밖이었다. 이들은 제9의 지능, 즉 영성지능이 높아 그렇게 한다는 것이었다.

그러나 SQ, 즉 '영성지능'이라는 표현은 왠지 종교적인 냄새가 난다. 일반인이 거부감 없이 수용하기엔 다소 무리한 측면이 있다. 차라리 MQ, 즉 멘탈지능으로 부르는 게 더 적합할 것 같다. 물론 멘탈지능은 아직 학술적으로 정립된 개념은 아니다. 하지만 학술적인 개념이 아니라고 해서 그 존재마저 부인하는 것은 난센스이다.

지금은 상식처럼 통하는 IQ검사가 개발된 때는 1911년이다. 법학박사이면서 독학으로 심리학을 공부했던 알프레드 비네가 그 해에 처음으로 IQ란 컨셉을 세웠던 것이다. 그 전에는 IQ라는 개념 자체가 없었다. 또 EQ, 즉 감성지능은 IQ보다 훨씬 더 늦게 정립된 개념이다. EQ역시 원래 갖추고 있는 지능이었지만 학술적인 개념 정립이 늦어졌을 뿐이다.

무엇보다 멘탈지능은 자신의 본성을 인식하는 능력이다. 나는 누구인가? 이것을 분명하게 자각하면 가치관이 획기적으로 변한다. 그동안 잠재됐던 능력도 폭발적으로 성장한다. 줄에 묶여 꼼짝도 못 하게 길들여졌던 코끼리가 어떤 계기를 통해 자신의 힘을 자각한 순간, 쇠사슬 따위는 가볍게 끊어버리고 정글 속을 활개를 치며 누비는 것과 같은 것이다.

"우리가 자신을 완전히 텅 비우는 순간 어마어마한 변화가 일어납니다. 천 리 밖을 내다보는 능력, 마음으로 질병을 치유하는 능력, 만 리 밖에서 마음으로 대화하는 능력, 숨어 있던 이 모든 능력이 깨어나게 되죠."

MBC의 시니어 기자 김상운이 『와칭』에서 인용한, UCLA의 생리학 교수 발레리 헌트 박사의 설명이다. 그 책에는 50년간 기氣 에너지 연구에 전념했던 헌트 박사가 자신을 텅 비우는 방법을 완전히 익히면서 저절로 신비한 힘을 얻은 내용도 실려 있다. 95세 나이에 방바닥에 손을 짚고 거꾸로 설 수 있고 사람의 마음을 손바닥 들여 보듯 훤히 읽을 수 있으며, 지구 반대편에 떨어진 사람의 질병도 치료할 수 있다는 것이다.

심리학자인 이하레아카라 휴 렌 박사도 하와이 정신병동에 수용된 악성 정신병 환자들을 면담 한 번 하지 않고 완치시켰다. 그가 사용했던 방법은 하와이에서 예로부터 전해져 내려온 수련법인 호오포노포노였다. 환자를 직접 상대하는 대신 휴 렌 박사 자신의 머릿속에 입력된 환자들의 정보를 지워버리는 방법이었다.

멘탈지능의 위력은 이토록 대단하다. 상식으론 쉽게 납득하기 어려울 정도이다. 하지만 먹고사는 게 다급한 사람들에겐 흥미롭긴 하지만 일상과는 동떨어진 능력처럼 비칠 수 있다. 그렇다면 위에서 언급한 사례를 일상적인 가치로 대체하면 어떨까? 직장을 구하고 돈을 벌며 질병에서 벗어나고 이상적인 배우자를 얻는 데 아주 요긴하다면 얘기는 달라진다. 구미가 확 당길 것이다.

멘탈지능의 위력이 이렇게 파격적인 것은 '나'라는 개념을 새롭게 인지했기 때문이다. 나는 도대체 누구인가? 몸인가, 마음인가, 아니면 영혼인가. 그것도 아니면 몸과 마음과 영혼의 결합체인가? 나의 본질은 텅 빈 허공이다. 불가의 표현을 빌리면 색즉시공色卽是空이다. 호포에선 그걸 제로라고 설명한다. 일체一切가 생겨나기 이전의 텅텅 빈 허공, 그것이 바로 나의 본성이다. 여러 가지 이름으로 불리지만 거기에는 일체의 경계가 없다. 안과 밖의 구분이 전혀 없다. 하지만 그 속엔 일체의 정보가 다 들어있다. 그래서 바딤 젤란드는 그것을 가능태 공간이라고 이름 지었다. 그 영역에서 일어나는 현상은 오직 창조뿐인 것이다.

하지만 현실적으로 우리는 몸과 마음과 영혼을 갖고 있지 않은가? 너와 나, 사물과 나는 뚜렷한 구분이 있지 않은가? 당연히 그런 반문이 나올 수 있다. 그러나 여성 뇌과학자 질 테일러는 자신의 체험을 근거로 들면서 자신에 대한 일반적인 개념이 환상 또는 착각이라는 점을 일깨워준다. 뇌졸증을 직접 겪은 그녀는 테드 강연을 통해 두뇌의 인식 영역을 다음과 같이 순차적으로 설명했다.

1. 좌뇌가 마비되자 우뇌는 자신의 몸과 주변사물을 전혀 구분하지 못했다. 내 몸과 거실 벽의 분자와 원자가 하나이고 에너지라는 것만 인지했다. 또 자신의 존재가 우주만큼 크고 아름답다는 걸 선명하게 자각했다.
2. 그러나 언어는 개의 울음소리 정도밖에 할 수 없었고 숫자가 그림으로만 보여 판독할 수 없었다.

3. 반면에 좌뇌의 기능이 회복된 짧은 순간엔 '나'라는 분리 개념과 자신이 처한 위험이 인지됐다. 과거의 경험과 현재의 상황을 추론해 대학 연구소 동료에게 구조를 요청하라는 메시지가 다급하게 나왔다.

한마디로 너와 나를 구분하고 자신을 구성하는 3대 요소, 즉 몸과 마음과 영혼을 인지하는 건 좌뇌가 작동할 때뿐이다. 반면에 우뇌는 만물만상이 모두 하나이고 에너지이며 자신의 존재가 우주라고 인지한다는 것이다.

우뇌가 중심이 된 이 같은 멘탈지능을, 자질이 탁월한 소수만이 아니라 일반인들도 체계적으로 교육받을 수 있다면 그 효과는 가늠조차 하기 어렵다. 실제로 세계적 기업인 구글에서는 초기 형태로나마 이런 교육을 실시하고 있다. 구글의 엔지니어이자 교육담당인 차드 멍 탄은『너의 내면을 검색하라』에서, 명상 프로그램을 7주 동안 실시한 결과 교육받은 직원들의 뇌에서 한평생 구도에만 전념했던 수도승과 비슷한 수준의 변화가 일어났다고 보고했다.

차드 멍 탄의 실험 결과를 보면, 멘탈지능이 구도의 기간이나 강도보다는 그 방법론에 더 많이 좌우된다는 걸 알 수 있다. 방법만 제대로 선택하면 세속에서도 충분히 차원상승을 이룰 수 있다는 얘기다. 이런 사례들을 보면 21세기의 승패를 좌우하는 핵심변수는 IQ나 EQ가 아니라 MQ, 즉 멘탈지능이라는 게 점점 더 분명해진다.

인공지능이 급속도로 발달하는 오늘날이다. 로봇과 컴퓨터가 인공지능까지 갖추면 IQ의 가치는 더 떨어진다. EQ, 즉 감성지능은 조금 더 낫겠지만 관계망 안에서만 작동하는 한계가 있다. 시대정신이 물질에서 정신으로 넘어간다면 멘탈지능의 중요성은 점점 더 부각될 수밖에 없다.

2-2. 멘탈 성장의 단계

적을 알고 나를 알면 백 번 싸워도 위태롭지 않다知彼知己 百戰不殆, 손자병법의 이 유명한 구절은 멘탈의 영역에도 그대로 적용이 된다. 멘탈의 성장을 원한다면 무엇보다 멘탈의 실체를 정확하게 이해하는 게 승전의 선결과제이다.

하지만 직관을 중시했던 동양에선 멘탈의 실체를 너무 막연하게 규정했다. '나'라는 개념과 '마음'이라는 개념 등이 거의 전부라 해도 과언이 아니다. 제법무아諸法無我, 즉 모든 것은 실체가 없다는 불가의 법어도 '나'라는 컨셉을 중심으로 설명한 것이다. 심외무법心外無法, 즉 '마음 밖에 달리 법이 없다'는 설법도 일반인들이 멘탈의 실체를 파악하는 데는 막연하기만 하다. 이 뭣고? 이렇게 막막한 화두 하나만을 잡고 궁리를 거듭하는 것도 사정은 마찬가지다. 마음이 있는 것은 분명하게 알겠지만, 그게 도대체 무엇이고 어떻게 작동하는지, 그 역할과 기능과 한계는 무엇인지 애매하기만 한 것이다.

이런 답답함에 길을 열어준 이는 서양에서 '영성계의 아인슈타인'으로 불리는 켄 윌버다. 그는 멘탈의 영역을 다섯 가지로 나누어 그것이 생성된 이유와 존재 형태, 그것을 넘어서는 방법 등을 논리정연하게 제시했다. 그는 날마다 규칙적으로, 또 일정 기간 집중적으로 동양적인 수련에 매진하면서도 서양적인 추론을 병행해 마침내 의식의 스펙트럼을 만드는 쾌거를 이루었다. 윌버가 만든 의식의 스펙트럼은 멘탈의 상승을 시도하는 모든 사람들에게 더없이 든든한 이정표가 되어줄 것이다.

1. 합일의식 수준에서 사람은 유기체 차원을 넘어 우주 그 자체와 하나라고 느낀다.
2. 다음 수준에서 사람은 우주 전체와 일체가 아니라 하나의 유기체일 뿐이라고 여긴다. 정체감이 우주 전체에서 하나의 유기체로 좁혀진다.
3. 그 다음 수준에서 사람은 유기체의 일부인 마음(에고Ego, 자아)와 자신을 동일시한다.
4. 마지막 수준에서 사람은 마음의 측면에서 원치 않는 그림자는 억압하면서 '페르소나Persona'에 자신을 동일시한다.
5. 1과 2사이에 초개아transpersonal 대역이 있다.

이들 5개 대역 가운데 나는 지금 어떤 스펙트럼에 놓여 있을까? 그것을 확인하면 현재 자신이 겪고 있는 문제나 갈등의 원인이 무엇인지 알 수 있다. 또 그에 대한 치유나 성장을 위한 방법론의 선택도 가닥이 잡힌다.

세속을 살아가는 사람들은 대부분 네 번째 대역, 즉 페르소나 수준에 머물러 있다고 해도 과언이 아니다. 일상의 속성이 사람을 그렇게 몰아간다. 그것은 에고보다 더 낮은 단계로 허약해진 자기상이다. 에고는 비록 몸을 하위개념으로 낮추긴 해도 마음의 모든 측면을 자신이라고 여긴다. 하지만 페르소나 수준에선 마음 가운데 보기 싫은 일부를 다시 자신의 정체성 밖으로 밀어내 버린다. 그래서 정체성의 범주가 가장 좁아지게 되는 것이다.

켄 윌버는 페르소나가 분노, 자기주장, 성적 충동, 환희, 적대감, 공격성, 충동, 흥미 등과 같은 자신의 특정한 성향을 스스로 부정할 때 만들어진다고 설명한다. 하지만 부정한다고 해서 그것이 없어질 수는없지 않은가. 그러면 사람들은 다시 '투사'라는 기제를 이용해 그것을 남에게 뒤집어 쉬운다. 미움이 치솟고 분노가 펄펄 끓어오르는 건 내가 그러는 것이지만 애써 그걸 부정하는 것이다. 그걸 인정하면 내 위상에 흠이 나기 때문이다. 그래서 누군가를 원인제공자로 몰아붙이고 그 사람의 하는 짓이 밉고, 바로 그것 때문에 내 분노가 폭발했다고 스스로를 속이는 것이다.

이렇게 괜찮은 내가 오죽하면 다른 사람을 미워하고 화를 내겠냐고? 저 인간이 정말 저질이고 나쁘니까 그렇지. 저런 사람을 응징하는 건 내 품위를 회복함과 동시에 사회 정의를 실현하는 것이야! 한 사람의 내면은 물론 세상에서의 갈등과 분열, 대립은 대부분 이런 식으로 전개된다. 정도의 차이만 있을 뿐 마녀사냥과 다를 바가 없다.

이런 페르소나 상태에서는 무엇보다 자아를 에고 수준으로 끌어올리는 게 급선무이다. 정신과에서 주로 실시하는 치유법이 바로 여기에 해당한다. 그러나 페르소나를 넘어 에고에 이르렀다 하더라도 에고 역시 문제투성이일 뿐이다. 그러면 여기서는 무아無我, 즉 자아를 넘어서는 것이 핵심적인 방법이 된다. 영성이나 마음공부의 영역에서 중시하는 방법이다. 그러니 한쪽에선 자아를 살리라고 말하고 다른 쪽에선 자아를 죽이라고 강조해도 둘 다 맞는 말이다. 다만 그 사람의 현재 수준을 가늠해 적용 방법을 선정하는 과제만 남아 있을 뿐이다.

이렇게 의식의 수준이 구분되는 건 경계 때문이다. 그렇다면 외부에 투사했던 내 것을 다시 내 것으로 인정하면 어떻게 될까? 당연히 하나의 경계가 해체되면서 이전의 적과 친구가 된다. 나 아닌 것은 점점 더 작아지고 나는 점점 더 커지는 것이다. 성장이란 기본적으로 밖을 향한 조망과 안을 향한 깊이라는 양편 모두에서 경계의 성장을 의미한다는 게 켄 윌버의 설명이다.

"모든 경계와 마찬가지로 최초의 근원적 경계는 다만 하나의 환상일 뿐이다. 단지 존재하는 것처럼 생각될 뿐이다. 우리는 그것이 존재한다고 생각하고, 모든 측면에서 마치 그것이 존재하는 것처럼 행동한다. 그러나 그 경계는 존재하지 않는다. 당장 최초의 경계를 찾아 나선다고 해도 당신은 그 흔적조차 찾아내지 못할 것이다. 유령은 그림자를 남기지 않기 때문이다."

켄 윌버는 결론적으로 경계란 존재하지 않는다고 정리한다. 경계는 하나의 환상일 뿐이며 환상을 뿌리째 뽑아 근절시킬 수는 없다는 것이다. 중요한 건 그것이 환상이라는 걸 이해하고 꿰뚫어보는 것이다. 그러면 문제는 해결되는 것이 아니라 해소가 된다. 문제 자체가 원래 없게 되는 것이다.

이런 점을 간과한 채 최초의 경계를 찾아내 그것을 제거하려는 시도는 엄청난 오류이거나 적어도 어마어마한 시간낭비라는 게 그의 진단이다. 나 또한 경계가 환상이란 점을 분명하게 인지하지 못했다. 그 결과 내면을 순례하는 여정이 17년이나 걸렸다. 시간은 물론이고 에너지와 돈의 낭비가 너무 많았다. 나는 스스로에게 속았던 것이다.

그러니 멘탈의 영역에서도 지피지기가 얼마나 중요한가? 적의 실체를 알지 못하면 아무리 초인적인 노력을 경주하더라도 결국엔 허사로 끝나는 허망한 연극에 휘말리게 된다. 조심하고 또 조심해야 하는 무서운 함정임을 잊지 말아야 한다.

2-3. 제거대상은 분별

노자 도덕경을 강의하는 김기태 선생의 구도역정은 눈물겹다. 그는 진리를 얻겠다는 일념 하나로 모든 걸 버렸다. 직업인 교직에도 사표를 던지고, 지리산 토굴에 들어가고, 고기잡이배를 타고, 공사판의 막일을 하고, 관법 수련에 매진한다. 그리고 단식도 3차례나 단행했다. 그런 세월이 10년 넘게 계속됐다.

그러나 그놈의 진리는 사람 약을 올리듯 끊임없이 달아나기만 했다. 잡힐 듯이 잡힐 듯이 잡히지 않는 진리 때문에 김기태 선생은 피골이 상접해졌다. 구도를 위해 모든 걸 다 버렸건만 이토록 일그러지고 초라한 모습은 다 뭐란 말인가. 절망한 그는 차라리 죽겠다는 각오로 단식에 돌입했고 마침내 그토록 고대했던 각성을 했다. 하지만 그 내용은 너무나 어이가 없었다.

“정말 너무나 어처구니없게도 나는 이미 처음부터 진리 안에 있었고, 그랬기에 이렇듯 무언가 애쓰고 노력하여 진리를 얻으려던 나의 일체의 시도 자체는 처음부터 불가능을 전제로 한 것이었으며, 그것은 이미 진리 안에 있으면서 진리를 찾으려는 어리석음 이외의 아무것도 아니었다!”

기대와는 너무나 달랐던 진리의 모습, 그것을 알았을 때의 허탈한 심경을 그는 저서『아, 여기』에서 가감 없이 밝혔다. 청춘을 바쳐 매진했던 구도행각이 알고 보니 말짱 헛발질이었던 것이었다.

그런 체험을 바탕으로 김기태 선생은 고행에 가까운 장기간의 수행을 한사코 반대한다. 이미 완벽한 존재인 사람을 끝없이 헷갈리게 만드는 건 다름 아닌 분별심이고, 따라서 그것 하나만 놓아버리면 한 달 남짓한 단기간에 마음의 문제들이 풀린다는 게 그의 주장이다. 방법에 따라 단기간에 멘탈지능의 비약적인 상승이 가능하다는 얘기다. 그의 홈페이지에 소개된 상담 사례들을 보면 수긍이 가고도 남음이 있다.

극심한 불안감에 시달리던 어느 교감 선생님은 삶의 의욕과 자신감을 되찾았다. 이혼 직전까지 갔던 부동산 중개업자 부부는 눈물로 화해하고 금슬 좋은 부부로 거듭났다. 자신을 들들 볶았던 우등생 출신의 중년부인은 사는 게 너무 재미있다며 웃음을 터뜨렸다. 진리를 찾겠다며 십 년 이상 떠돌이 생활을 했던 중년 남성은 비로소 철이 들어 일상으로 복귀

했다. 너무 조숙하게 삶의 허망함을 고민했던 처녀는 하룻밤 대성통곡을 한 뒤 청춘의 생기를 회복했다. 심리적인 괴로움을 견디기 어려워 날마다 마라톤을 하며 자신을 혹사했던 중년남성도 평온을 되찾았다.

분별을 놓으면 어떻게 되는 것일까? 깨달음이나 완성 또는 행복에 대한 착각이 사라진다. '일체 경계가 사라진 밝은 깨달음의 경지.' 이런 환상에 집착했을 때 그의 인생은 계속 꼬이기만 했다. 식욕과 성욕이 천박하게 느껴졌고 수시로 들끓는 번뇌는 속물의 징표처럼 고통스러웠다. 그러나 그런 분별을 탁 놓아버리자 모든 게 싱싱하게 다시 살아났다.

식욕과 성욕은 인간을 추하게 만드는 비천한 욕망이 아니라 삶을 다채롭게 만들어주는 고마운 선물이었다. 끊임없이 솟아오르는 잡념과 망상은 여전했지만 그것이 나쁘다는 생각은 전혀 들지 않았다. 모든 것은 그냥 놔두면 저절로 사라지는 자연스런 현상에 불과했다. 그것을 몸으로 체득했기에 김기태 선생의 도덕경 강의에는 강한 울림이 있다. 자구 해석이나 하면서 서로 잘났다고 다투는 다른 강의들과는 차원이 다르다.

현명함을 숭상하지 않으면 백성들은 다투지 않는다. 不尙賢 使民不爭

노자 도덕경은 김기태 선생을 거쳐서 통치술이 아니라 인간의 내면을 다독이는 언어로 새롭게 해석된다. 지금 이 순간의 나, 그것을 뿌리치고 더 현명해 보이는 다른 나를 섬기지 말라는 것이다. 외로우면 외로움 속에 오롯이 머물고, 분노가 솟구치면 분노 속에 있고, 불안이 밀려오면 온몸으로 불안하고, 기쁨이 넘치면 기쁨 속에만 있으면 된다. 그렇게만 하면 오래지 않아 내 본연의 생명 에너지가 거침없이 분출된다는 게 김기태 선생의 지론이다.

마음 밖에 다른 법이 없으니心外無法
달리 무엇을 구하리오.胡用別求
나는 당나라에 가지 않으리라.我不入唐

분별이 허상임을 자각한 순간 원효는 바로 득도했다. 당나라로 유학을 가는 긴 여행에 지친 몸으로 갑작스레 쏟아지는 폭우를 피해 움집에서 잤던 어느 날 밤, 갈증에 목이 탔던 원효는 손에 잡힌 바가지의 물을 벌컥벌컥 들이킨다. 그지없이 시원한 감로수였다. 그러나 아침이 되면서 사정은 급변했다. 움집으로 알고 들어가 잤던 공간은 무너진 무덤 안이었고, 바가지의 냉수로 알고 마셨던 물은 해골에 담긴 썩은 빗물이었다. 원효는 역겨움을 참지 못해 구토를 계속한다. 그러다가 문득 머리가 탁 터진다.

아, 그렇구나! 문제는 내 마음이다. 어젯밤에 마신 물과 지금 본 물, 똑같은 물을 놓고 이토록 다르게 반응하는 건 단지 내 마음의 분별일 뿐이다! 그 자리에서 대오각성한 원효는 곧바로 당나라 유학길을 포기한다. 분별에서 자유로워진 그는 폭발적인 기세로 책을 저술하고, 불법을 전하면서 속된 외도마저 서슴지 않는다.

마음은 기억된 영상이라고 한다. 또 그 영상은 감정으로 둘둘 뒤덮혀 있기에 무시무시한 괴력을 발휘한다. 하지만 적절한 방법을 통해 그 허구성을 제거해 버리면 마음은 전혀 다른 차원의 에너지로 변하게 된다.

원효를 비롯해 수많은 사례가 바로 그 증거이다.

2-4. 문제의 핵심은 감정

살아온 날의 기억을 떠올리고 지우다 보면 여러 차례 깜짝 놀라게 된다.

1. 먼저 까맣게 잊었다고 생각했던 일들이 사실은 고스란히 저장돼 있다는 걸 알고 놀란다.
2. 그 당시에 느꼈던 악감정들이 똑같은 강도로 생생하게 남아 있는 걸 알고 또 놀란다.
3. 그 감정들은 아무리 버려도 좀처럼 사라지지 않는다는 걸 알고 다시 놀란다.

내 경우엔 분노가 가장 큰 문제였다. 사람에 대한 미움과 증오가 많았고 그것이 분노로 차곡차곡 누적되었다가 수련을 계기로 급속도로 분출되었다.

'이 괘씸한 놈...'

나는 미운 인간의 영상을 떠올렸고, 도끼로 머리를 찍어버리는 난폭한 방법으로 그를 죽이고 버렸다. 그러나 돌아서면 그 인간의 영상이 다시 톡 튀어 올랐다. 죽이고 버리고를 계속 반복했지만 분노의 감정은 좀처럼 사라지지 않았다. 분노의 감정은 대단했다.

그런데 분노보다 더 강력한 감정이 있었다. 세속에서 사랑이라 부르는 감정이었다. 가족들, 특히 자식들을 버리는 것은 그야말로 고역이었다. 미운 인간이야 증오심을 무기로 잔인하게 죽이고 버릴 수도 있었다. 하지만 사랑하는 대상은 사정이 달랐다. 그러니 상상으로 죽이고 버리는 데도 힘은 두 배가 들었다. 방법은 간단하고 쉬웠지만 실행은 결코 쉽지 않았다. 그것은 자신과의 치열한 전쟁이었다. 결코 장난이 아니었다.

사도세자는 광인으로 몰려 부왕인 영조에 의해 죽임을 당한다. 하지만 죽음에 처하게 되는 결정적인 원인은 광기가 아니라 분노였다. 부왕에게 시도 때도 없이 질책받고 미움받으면서 증폭된 분노가 결국 광기로 표출된 것이다. 왜 그러냐는 부왕의 물음에 사도세자도 울화증 때문이라고 대답했다. 그런 분노가 폭발할 때마다 사도세자는 내시나 수하를 100명 가까이 칼로 베어 죽였다. 그뿐 아니었다. 자신에게 직언하는 애첩을 때려서 죽였는가 하면 그 애첩이 낳은 자신의 자식마저 칼로 찌르고 우물에 던져버렸다. 그리고 결국엔 그 자신도 뒤주에 갇힌 채 비참하게 죽었다. 분노의 감정은 그 해악이 이토록 무섭다.

분노의 부산물인 미움, 증오, 우울, 자학 등도 사람의 심신을 해치는 악감정들이다. 이런 감정들을 정돈하는 게 멘탈을 바꾸는 핵심과제이다. 그 작업이 순조롭게 진행되면 비교적 짧은 시간에 놀랄만한 성과를 거둘 수 있다. 하지만 대부분의 사람들은 자신의 감정과 정면으로 마주하기를 두려워한다. 그래서 온갖 핑계를 만들어 그것을 외면하거나 달아나기 급급하다.

"그래서 계속해서 미친 듯이 행동한다. 끝없이 어울려 놀고, 대화하고, 문자를 주고받고, 책을 읽고, 음악을 틀고, 일하고, 여행하고, 구경하고, 쇼핑하고, 과식하고, 도박하고, 영화를 보러 가고, 좋다는 약을 복용하고, 마약에 손대고, 파티를 연다."

데이비드 호킨스 박사는 사람들이 많이 활용하는 이런 회피기제들이 효과를 보기는커녕 문제만 더 키운다고 진단했다. 이런 식으로 살면 끝내 몸과 마음이 병들면서 아프다가 이른 죽음을 맞는다고 경고했다. 게다가 사회적으로도 이기심과 냉담함이 증폭돼 각종 사회문제가 발생한다고 우려했다.

해법은 감정과 오롯이 마주하는 것이다. 자신의 감정에 대한 부질없는 판단, 즉 분별을 놓아버리는 것이다. 그러나 나는 그렇게 하지 못했다. 감정을 수용하는 대신 제압하려고만 했다. 그러다보니 나의 내면순례는 힘은 많이 들지만 성과는 신통치 않은 상태로 쳇바퀴 돌듯이 늘어지고 말았다. '일체 의문, 의심이 없는 확연한 경지.' 이 같은 분별을 만들어 적용한 순간 내게 결정적인 망조가 들고 만 것이다.

내면순례를 하는 과정에서 성공 사례도 많이 보았고, 실패 사례도 많이 보았다. 처절한 참회를 통해 각성을 이루고 일상이 확 달라졌던 사람들도 일정 시간이 지나면 다시 '도루묵'이 되었다. 감사로 충만했던 마음은 다시 불만으로 바뀌었다. 불화가 심각했던 부부는 신혼처럼 다정해졌다가 다시 이전처럼 데면데면해졌다. 원인은 간단했다. 분별을 완전히 놓지 않고 감정을 제대로 달래주지 못했기 때문이었다. 잡초의 뿌리를 그대로 둔 채 잎사귀만 제거하면 얼마 못 가서 다시 잡초가 무성해지는 법이다.

2-5. 원수가 스승으로 변하면

템플스테이를 창시한 마가 스님의 평생 원수는 부친이었다. 용모가 수려했던 그의 부친은 마가 스님이 어머니의 뱃속에 있을 때 딴 여자와 정분이 나서 처자식을 버리고 떠나버렸다.

"당신에게 평생의 고통을 안겨주겠다."

부친에 대한 복수심에 불탄 청년 마가는 어느 날 산속에 들어가 음독자살을 감행했다. 하지만 길을 가던 스님에게 발견돼 사흘 만에 깨어났다. 그 사건을 계기로 불문으로 출가한 청년 마가는 부지런히 정진을 거듭했다. 하지만 부친에 대한 원망은 좀처럼 사라지지 않았다. 그러던 어느 날 물방울이 바위를 뚫듯이 그는 마침내 마음의 임계점을 넘어서게 되었다.

"아버지, 감사합니다!"

마음의 차원이 달라진 마가는 가장 먼저 돌아가신 부친께 큰절을 올렸다. 한평생 미워했던 부친이 자신을 구원해준 은혜로운 존재로 180도 달라졌기 때문이었다. 아버지는 자신의 인생을 망쳐가며 자식을 진리로 인도하신 거룩한 분이었다. 아버지가 없었더라면 자신은 결코 도문道門에 들어올 수 없었고, 설사 들어왔다 하더라도 정진에 집중할 수 없었다는 것을 마가 스님은 확연하게 인지한 것이었다.

마가 스님의 일상은 이전과 달라졌다. 원망의 굴레에서 벗어난 그는 템플스테이를 만들어 세상의 빛이 되고 소금이 되었다. 사람들은 그의 말씀을 들으며 위안을 얻었다. 그가 어느 대학에 개설했던 〈내 마음 바로보기〉는 3초 만에 수강신청이 마감될 정도로 인기폭발이었다.

가을바람 괴롭게 읊조리는데秋風唯苦吟
세상엔 내 소리 알아줄 이 적구나世路小知音
창밖엔 삼경의 비 내리는데窓外三庚雨
등불 마주한 마음 만리를 달리네燈前萬里心

신라의 석학 고운孤雲 최치원 선생의 시와 마가 스님의 말씀을 비교하면 두 사람의 멘탈 차이가 좀 더 선명하게 부각된다. 고운 선생은 여전히 자신을 알아주지 않는 세상에 대해 한스러운 마음을 품고 있다. 세상을 구하고 싶었건만 뜻을 이루지 못한 채 등잔불 마주하며 회한에 잠긴 선생의 모습이 짠할 뿐이다. 반면에 마가 스님에게서는 흙탕물 속에서 자신을 연꽃으로 키워낸 성숙함이 느껴진다.

멘탈은 이렇게 사람과 사람 사이에서는 물론이고 동일인에게서도 각성의 정도에 따라 현저하게 차이가 난다. 원망에 집착했던 이전의 마가 스님은 멘탈지능이 범인凡人 수준에 불과했던 반면, 득도한 이후엔 천재급으로 상승했다고 평가할 수 있겠다. 멘탈이 저렇게 달라지면 불행하고 싶어도 불행할 수가 없다. 원수마저 은인으로 받아들이는 사람에게 무슨 재앙이 스며들 수 있겠는가. 세인들의 눈에 재앙처럼 보이는 일들도 그와 마주치면 하나같이 고마운 축복으로 바뀌고 말 것이다. 마가 스님은 불행을 행복으로 바꾸는 마음의 연금술사가 되었다.

그런데 문제는 일반인들의 환경과 조건이다. 마가 스님은 비록 모진 풍상을 겪기는 했지만 불문에 귀의해 온종일 구도에만 전념할 수 있었다. 그의 주변에는 덕스러운 스승도 있었다.

"자네는 출가 전에 어떻게 살았는가?"

어느 날 스승이 다정스레 물어주는 이 한마디에 마가 스님은 막혔던 울음이 터졌다. 그 통곡은 일주일 동안 계속되었고 마침내 그는 새로운 영혼으로 거듭날 수 있었다.

그렇다면 일반인들은 어떤가? 구도는커녕 처자식 먹여 살리고 공부시키는 것만 해도 벅차다. 덕스러운 스승은 고사하고 사방은 잡아먹지 못해 안달하는 적들로 가득하다. 그렇다고 낙담할 것까지는 없다. 길은 생각보다 많기 때문이다. 서울로 가는 길은 외길이 아니다. 오히려 사방이 길이다. 사통팔달인 것이다. 그리고 알고 보면 우리가 살아가는 일상의 현실이 그 어느 사찰보다 더 훌륭한 최고의 도량이다.

"미안해. 용서해. 고마워. 사랑해."

호오포노포노가 제시하는 만트라는 이렇게 4마디 뿐이다. 일상에서 이것만 부지런히 암송하면 마음속의 정보들이 말끔히 정화된다고 한다. 또 세속적인 문제들이 수월하게 풀리고 궁극적으로는 신성神性과 하나가 된다고 가르친다. 호오포노포노는 하와이에서 시작된 수련법을 휴 렌 박사가 현대적으로 발전시킨 것이다. 믿기지 않을 정도로 단순한 방법이지만 실제로 해보면 그 위력이 결코 장난이 아니다.

짚신에 괴나리봇짐을 지고 걸어가면 부산에서 서울까지 가는 데 몇 달이 걸린다. 그런데 비행기를 타면 1시간 안에 도착한다. 그렇지만 방향을 삼천포로 잡아버리면 아무리 걸어도 서울엔 이를 수가 없다. 먼저 방향을 제대로 잡고 그런 다음 빨리 가는 방법을 선택하는 게 마음공부의 영역에서는 무엇보다 중요하다. 그걸 도외시하면 결과를 장담할 수 없다. 어쩌면 열심히 하면 할수록 목적지에서 더 멀어지는 황당한 상황에 직면하게 될지도 모른다.

2막의 멘탈

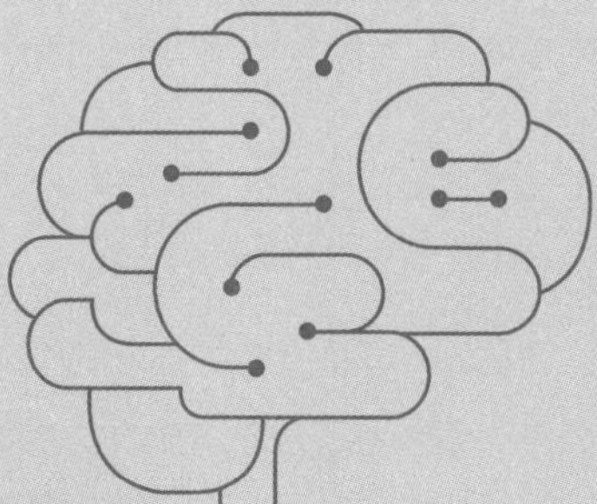

3

제3장 에고와의 결별

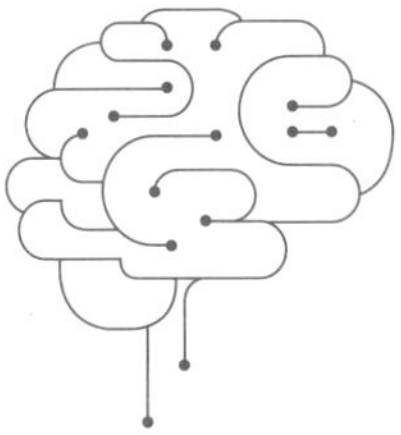

3-1. 참으로 가증스러운 에고

법무사를 하던 법대 후배가 스스로 목숨을 끊었다. 그와 가까웠던 다른 후배가 동호회 밴드에 글을 올려 비통한 심정을 토로했다.

"정말 믿을 수가 없다. 미망인은 쓰러져 링거주사를 맞고 있단다. 큰형님은 허공에 대고 이름을 부르며 얘기한다. 그렇게 힘들면 얘기하지 그랬냐며… 고1 상주는 애처럽다. 우리 법대 동문입니다. 그냥 명복을 빌어 주십시오."

그 이전엔 방송사의 후배 하나가 자살을 했다. 엔지니어였던 그는 숨지기 전날 뉴스 진행스태프로 근무하고 퇴근했다. 그런데 다음날 오전 자신의 집 욕실에서 목을 매 숨진 채 발견된 것이다. 숨지기 전날 약간의 방송사고가 있었고 문책을 걱정했다는 후문이 들리기도 했다. 하지만 정확한 동기는 아무도 몰랐다. 유서조차 없는 갑작스런 죽음이었다.

다른 방송사에 다니던 후배 부부의 사례는 더 극단적이다. 자존심이 강했던 부부가 어느 날 대판 싸웠다. 고성이 오가고 감정이 격화되면서 분을 참지 못한 남자가 고층 아파트에서 그대로 몸을 던져버렸다. 목숨 하나가 그렇게 속절없이 사라졌다. 집안이 발칵 뒤집혔다. 그 이튿날 부인도 남편과 같은 방식으로 목숨을 던져버렸다. 그들 사이엔 아직 병아리 같은 어린 남매들도 있었다. 왜, 도대체 왜?

주변에선 이렇게 크고 작은 자살 소식이 끊이지 않는다. 언론에서도 웬만하면 자살 사건 보도를 자제한다. 다른 사람까지 자살로 유도하는 이른바 베르테르 효과를 우려하기 때문이다. 정신과 의사나 저명인사들도 이런저런 진단과 처방을 내리며 자살을 막으려고 나름대로 애를 쓰고 있다.

"죽을 용기가 있었다면 그 힘으로 뭐든지 할 수 있을 텐데..."

살아남은 사람들, 특히 전문가들 가운데 이렇게 말하는 사람들도 있다. 용기라고? 이런 말을 들으면 개인적으로 거부감이 든다. 그래, 스스로 목숨을 끊은 사람이 비장한 용기를 짜내서 그렇게 했을 것 같은가?

공자가 불혹不惑이라 명명했던 40대, 정확하게는 42세에 나는 심리적으로 그로기 상태가 됐다. 하지만 겉보기엔 멀쩡했다.부분적으론 부러워하는 사람도 있었다. 나는 공영방송사의 중견 저널리스트로 세상에서 적어도 괄시는 받지 않았다. 결혼도 했고 1남1녀를 얻었다. 아이들은 탈 없이 잘 자라고 있었다. 가족의 울타리 안에 부모형제도 있었고, 많진 않았지만 친구와 선후배도 있었다. 직장에서도 비교적 선두그룹에 속해 있었다.

하지만 그 무렵 당사자인 나는 삶의 의지를 송두리째 잃어버렸다. 몸도 마음도 천근만근 무거웠다. 아침에 눈을 뜨면 살아갈 하루가 아득하게 느껴졌다. 저녁에 잠자리에 들면 그대로 깨어나지 않기를 소망하기도 했다. 모든 것이 시들했다. 승진? 그걸 해서 뭘 하게. 돈? 권력? 명성? 그게 무슨 의미가 있나? 여자? 피곤타. 소명? 봉사? 다 귀찮아. 가족? 내가 더 이상 뭘 어쩌라고?

지금 시점에서 돌아보면 마음이 병들어도 너무나 깊이 병든 상태였다. 내 마음속에 악성바이러스가 침투해 삶의 프로그램을 망가뜨렸다. 그러니 내 마음이 그토록 괴롭고 힘들었던 것이다. 내면이 그렇게 꼬였으니 외부세계 역시 그렇게 꼬일 수밖에 없었다. 그런데 그 바이러스를 불러들인 것은 다름 아닌 내 에고였다.

사람들은 대부분 에고를 자신과 동일시한다. 나도 예외는 아니었다. 자발적으로 에고의 노예가 되어 에고를 하늘처럼 받들어 모셨다. 하지만 잠깐, 에고가 하는 저 짓거리를 좀 보라. 사람을 그로기 상태로 몰아넣는 것도 모자라 결국엔 목숨마저 끊도록 다그치지 않는가. 그게 어떻게 나 자신이 될 수가 있는가? 종교에서 말하는 마구니는 외부에 있는 그 어떤 존재가 아니다. 내 안에 똬리를 틀고 있는 에고가 바로 마구니인 것이다.

3-2. 버림의 핵심대상은 '가짜 나'

버림의 영역에선 가장 먼저 버려야하는 게 에고이다. 모든 가짐이 바로 에고에서 비롯되기 때문이다. 모든 번뇌와 괴로움, 고통의 뿌리가 바로 에고이다. 구체적인 방법론은 이미 많이 나와 있다. 그중에서도 단기간에 가장 확실하게 버리는 방법은 '상상으로 죽고 버리기'이다.

찬 기운이 스며드는 10월 하순 어느 날, 나는 가야산의 한 선방을 찾았다. 선방의 기운은 과연 달랐다. 날마다 새벽까지 잠을 이루지 못한 채 뒤척였던 내가 선방 입소 첫날부터 곤하게 잠들 수 있었다. 버림의 에너지가 강한 곳이어서 그런 것 같았다.

하룻밤의 단잠으로 기운을 차린 나는 수련과정에 들어갔다. '죽고 버리기'는 한마디로 화끈했다. 그 방법은 처절했다. 내심 죽고 싶었던 내겐 아주 딱이었다. 나는 상상으로 원 없이 죽고 또 죽었다.

젊은 날 몇 년 동안 검도를 수련했기에 나는 할복을 죽음의 방법으로 선택했다. 상상으로 하는 거니까 실제로는 죽지 않는다는 일종의 안도감을 차단하기 위한 조치이기도 했다. 반가부좌 자세에서 두 손으로 단도를 움켜잡고 배꼽 아래 세 치 복부 왼쪽을 힘껏 찔렀다. 비록 칼은 없었지만 실제로 할복을 하는 것처럼 온 힘을 다해 단도를 복부 왼쪽에서 오른쪽으로 죽 그어나갔다. 다시 복부 오른쪽에서 명치 쪽으로 단도를 이동했다. 마지막으로 명치에서 단도를 뽑아 목의 왼쪽에 단도를 겨눈 뒤 두 손으로 사정없이 베어버렸다.

"웩!"

상상으로 감행한 자결인데도 구토가 왈칵 올라왔다. 하지만 죽는 놈이 그게 무슨 상관인가. 쓰러진 내 시신 위에 휘발유를 콸콸 부었다. 그리고 불을 켠 라이터를 그 위에 던져버렸다. 불길은 맹렬한 기세로 내 시신을 태우기 시작했다. 역한 냄새가 코를 찌르는 것 같았다. 화장이 끝난 뒤엔 다시 그 잔해 위에 폭약을 대량으로 장착해 폭파해버렸다. 내 몸은 흔적 없이 사라졌다. 이 지상엔 내 몸의 세포 하나 남지 않았다.

그렇게 육신을 떠난 내 영혼은 태초의 블랙홀 앞까지 올라갔다. 그리고 살아온 날의 기억을 시간 순서대로 떠올려 그 영상들을 블랙홀 속에 던져버렸다. 유아시절, 학창시절, 직장시절… 살아온 날들의 기억이 차례대로 블랙홀 속으로 사라졌다. 그렇게 모든 기억들의 영상을 버린 뒤 마지막으로 내 영혼마저 블랙홀 속으로 던져버렸다. 몸도 마음도 영혼도 모두가 그렇게 없어졌다. 나는 제로가 되었다. 존재하는 것이 하나도 남지 않은 절대공絕對空의 상태가 된 것이다.

이렇게 한 바퀴를 돌리는 데 최소한 네다섯 시간이 걸렸다. 그럼 한 바퀴만 돌리면 목숨에 대한 집착이 끊어지는가? 목숨에 대한 집착, 그 본능적인 욕망은 그렇게 호락호락하지 않았다. 그러나 단 한 번만 했어도 얻은 것은 분명히 있었다. '죽고 버리기'를 하면서 자각할 수 있게 되었다.

KBS에서 방영된 다큐멘터리 〈마음〉은 평범한 아가씨의 일상적인 사례를 통해 감정의 허구성을 실감나게 설명했다.

늦은 밤 으슥한 골목길을 혼자 걸어가던 아가씨. 뒤에서 자기를 따라오는 남자의 구둣발 소리가 들리자 갑자기 불안에 사로잡힌다. 혹시 치한? 불길한 예감이 드는 순간, 아가씨의 얼굴은 창백하게 변한다. 심장의 박동이 빨라지고 식은땀이 흐른다. 공포심에 짓눌려 필사적으로 달아나기 시작한다. 그러자 남자의 발걸음도 덩달아 빨라진다. 남자는 아가씨가 으슥한 골목길을 채 벗어나기도 전에 우악스런 손길로 아가씨의 어깨를 확 낚아챈다.

"아악!"

아가씨가 질겁해서 비명을 지른다. 두 손으로는 얼굴을 가린다. 일촉즉발의 위기 순간이다. 그러나 그다음에 극적인 반전이 일어난다.

"오빠? 아이, 놀랬잖아!"

아가씨는 생긋 웃으며 오빠에게 팔짱을 낀다. 공포나 불안은 순식간에 사라졌다. 둘은 팔짱을 낀 채 정겹게 걸어간다.

마음은 이렇게 스스로 환상을 만들고, 스스로 그 환상에 구속된다. 마음은 이 몸이 나라고 생각하고 몸에서 솟구치는 감정들을 내 감정이라고 생각한다. 끊임없이 흔들리는 이 마음을 내 마음이라고 생각한다. 어렴풋하게나마 영혼은 있을 거라고 생각한다. 또 그 모든 것이 하나로 어우러진 그 무엇을 나라고 생각한다. 그렇다면 몸이 죽어 없어지고, 마음이 없어지고, 영혼마저 블랙홀 속으로 사라지면 나는 어떻게 될까? 그 모든 것이 다 사라져도 그 사라짐 자체를 알고 있는 이 의식은 또 무엇이란 말인가?

멘토는 이 모든 게 가짜라고 말했다. 우리가 '나'라고 생각하는 건 '가짜 나'라고 했다. 하지만 나는 도대체 내가 무엇인지를 알 수가 없었다. 죽고 버리기를 하면서 한 바퀴를 돌리고 잠시 동안 명상을 하는 작업을 계속

했지만 여전히 알 수 없었다. 그런데 나라고 믿어 의심치 않았던 것들, 즉 내 몸과 마음과 감정들에 대해 왠지 석연치 않은 느낌이 들기 시작했다.

3-3. 사람의 오열

"한심하구나. 정말 한심하구나."

얼굴이 화끈거리다 못해 뜨겁게 열이 올랐다. 두 손으로 머리를 쥐어뜯어도 자괴감은 쉽게 사그라들지 않았다.

가야산의 단절된 선방. 살아온 삶을 시간 순서에 따라 하나하나 떠올리고 그 영상들을 지워나가면서 내 감정은 격렬하게 요동치기 시작했다. 마음속에서는 천불이 났다. 왜 나만 이래저래 당하기만 했나? 왜 나만 이토록 힘들게 살아야만 했나? 분하고 억울하고 나 자신이 불쌍해 보였다. 새벽부터 심야까지 일주일을 꼬박 '죽고 버리기'를 했지만 악감정은 더욱 거세게 분출됐다. 분노는 분노를, 미움은 미움을, 억울함은 억울함을 증폭시키며 내 감정을 벼랑 끝까지 몰고 갔다. 마침내 내 의지도 바닥이 나고 말았다. 나는 자포자기한 상태가 되었다.

"그래, 이렇게 살아서 뭐하나? 차라리 죽자. 삶은 이리저리 끌려 다니며 신통치 않았다. 죽음만은 내 의지로 결정하고 깔끔하게 끝내버리자."

열쇠고리에 달고 다니던 스위스제 손단도를 펼쳤다. 그리고 손단도를 왼쪽 목에 갖다 대었다. 충동적이었다. 이 단도로 목의 동맥을 확 그어버리면 다 끝난다. 그런데 바로 그 순간 느닷없이 통곡이 터졌다. 나도 모르게 그렇게 되었다. 울음은 내 의지를 넘어 거침없이 폭발했다. 목청껏 소리 내어 엉엉 울었다. 눈물과 콧물이 콸콸 쏟아져 상의와 하의를 흥건히 적시고 방바닥에까지 흘러내렸다. 자정이 넘은 시간에 느닷없이 시작된 통곡은 새벽까지 이어졌다.

"겨우 이 따위로 살았다니."

나는 목 놓아 울었다. 갑자기 나의 치부들이 선명하게 떠올랐던 것이다. 내가 가족들과 주변 사람에게 가했던 위해危害들이 고문처럼 가차 없이 내 앞에 펼쳐졌다. 코엘료의 말 그대로였다. 내가 배신자였다!내가 가해자였다!

"미안해. 정말 미안해."

머릿속에 영상으로 떠오르는 희생자들에게 나는 아프게 참회했다. 견딜 수 없을 정도로 부끄럽고 죄스러웠다. 두 아이에게, 아내에게, 부모형제에게, 친구들에게, 살면서 만났던 지인들에게 머리를 조아리고 사죄했다. 세상을 하직하는 마지막 순간에 내가 할 수 있는 건 그것뿐이었다. 우리는 이제 다시는 만나지 못한다. 손을 잡을 수 없고 품에 안을 수 없다. 정담을 나눌 수도 없다. 모든 것이 다 끝났다. 아무것도 할 수가 없다. 극도의 회한 속에 눈물과 콧물은 계속 쏟아져 나왔다. 내 몸 속의 액체가 모두 빠져나온 것 같았다.

계속된 통곡으로 몸은 탈진 상태가 됐다. 벽에 비스듬히 기대어 겨우 몸을 지탱했다. 기력이 쇠진해 더 이상 울 힘도 없었다. 생각하고 참회할 힘도 없었다. 살아 있다는 생각도 없었다. 죽어간다는 생각조차 없었다.

그냥 멍할 뿐이었다. 선방의 창문 너머로 저 멀리 새벽별이 희미하게 보였다. 그러나 아무 느낌이 없었다. 그냥 축 늘어져 있었다.

그러던 어느 순간 머릿속에서 구름이 걷히기 시작했다. 어, 어, 어 하는 사이에 구름이 다 걷히더니 갑자기 머리가 팍하고 터졌다.

"아, 그렇구나!"

순식간에 멘탈이 변해버렸다. 그냥 그렇게 된 것이다. '색즉시공 공즉시색色卽是空 空卽是色.' 그 말의 의미가 곧바로 이해되었다.

"나는 이 몸이 아니다!"

"죽음 같은 건 애초에 없다!"

형상이 있건 없건, 만물만상은 하나라는 게 그냥 인식이 됐다. 이해하고 납득한 것이 아니라 그대로 수용이 된 것이다. 너와 나의 경계가 저절로 없어졌다. 사람과 사물의 경계도 없어졌다. 사람과 나, 사물과 나, 허공과 나 사이의 모든 경계가 저절로 없어졌다.

경계는 본래 없는 것이었다. 본래 없는 경계를 있다고 착각했을 뿐이었다. 있음과 없음의 경계를 넘어서면 있고 없고는 저절로 하나가 될 뿐이다. 이런 자각은 개체의식에서 전체의식으로 넘어가는 과정이다. 즉, 몸과 마음으로 이루어진 내 모습을 나라고 믿으며 나와 남을 구분하는 것이 개체의식이고, 모든 것이 하나라는 걸 인지하는 게 전체의식이다. 거짓마음과 참마음 또는 가짜 나와 진짜 나 등으로 간단하게 표현하기도 한다.

"생각할 수 있는 모든 경계는 단지 천의무봉의 우주로부터 추상화해낸 것에 지나지 않는다. 따라서 모든 경계는 본래 있지도 않은 분리를 만들어낸다는 의미에서 순전히 환상이며, 사물과 사건 사이의 경계뿐만 아니라 대극들 간의 경계도 궁극적으로 철저한 속임수라는 것이다."

켄 웰버는『무경계』에서 경계의 본질은 속임수라고 지적했다. 그는 또 투쟁을 만들어낸 경계가 처음부터 환상이었기에 투쟁은 해결되는 것이 아니라 해소되는 것이라고 역설했다.

내면세계로 들어서면 빠르건 늦건 반드시 이런 과정을 거치게 된다. 그것이 자신의 본성이기 때문이다. 자기의 본성을 알지 못하면 더 이상 진도를 나갈 수 없다. 개체의식을 놓지 못하면 '마음 바꾸기'는 공염불에 그친다. 그러나 본성의 자리는 학문적인 연구나 논리적인 추론을 통해서는 좀처럼 이르기 어려운 곳이다. 그런 시도는 물에 빠진 사람이 자기 상투를 잡고 물 밖으로 나오려는 것이나 마찬가지다. 반면에 '상을 없애면', '분별을 놓아버리면' 저절로 알게 된다. 그 자리는 논리를 넘어선 자리로서, 좀 더 정확히 말하면 '극단적인 모순'이 아무런 모순 없이 공존하는 자리이다.

'있음'과 '없음'이 공존하는 자리.

있으면 있다, 없으면 없다, 이렇게 말했으면 사람들이 본성을 헤아리기가 훨씬 더 쉬웠을 것이다. 그런데 나중에 알고 보니 우주는 역시 그럴 수밖에 없었다. 이 현상계가 환幻, 즉 실상이 아닌 허상이지만 동시에 그 허상이 없었다면 상대적인 체험은 원천적으로 불가능하기 때문이다. 내가 불멸의 존재임을 미리 확연하게 알아버리면, 생로병사가 모두 짜고

치는 고스톱에 불과하다는 것을 미리 알아버리면, 이승에서 겪을 수 있는 온갖 체험의 기회는 존재할 수가 없는 것이다.

결국 인생이란 불멸의 존재인 내가 그 사실을 전혀 모르는 상태에서 생로병사의 과정을 겪으면서 나의 본성을 확인해가는 과정이다. 한바탕 꿈이요 한바탕 연극인 것이다. 하지만 그것이 진짜처럼 믿어질 정도로 현실이 너무나 생생하다는 것, 또한 우주의 실상이 표현되는 방법은 결국 이런 허상밖에 없다는 것, 그리하여 허상이 곧 실상이란 점에서 우주의 섭리는 얼핏 보면 모순처럼 보이기도 한다. 생각할수록 기가 막히는 우주의 섭리였다. 그러니 궁극적인 의미에선 선도 없고 악도 없으며 죄도 없고 벌도 없다. 삶도 없고 죽음도 없다. 업業도 없고 습習도 없다. 아무것도 없다.

드라마의 주인공이 아무리 열연을 한들 그건 배우의 본모습이 아니다. 악역이건 선역이건 배역에 따라 대본에 주어진 대로 배우는 연기를 할 뿐이다. 드라마 속의 삶은 그의 삶이 아니다. 드라마 속의 죽음도 그의 죽음이 아니다. 배우의 실체는 드라마 밖에 있는 것이다.

나는 벌떡 일어나 선방의 창문을 확 열었다. 새벽의 찬 공기가 시원하게 다가왔다. 모든 것이 근본적으로 변해버렸다. 하늘도 땅도, 그리고 나 자신도.

3-4. 섹스보다 더 황홀한 각성

섹스는 종족번식을 유도하기 위한 신의 미끼라고 한다. 하긴 섹스가 주는 그 짜릿한 쾌감인 오르가즘의 황홀경이 없다면 누가 임신과 출산, 육아의 그 무거운 짐을 기꺼이 지겠는가.

그런데 멘탈을 바꾸는 과정에도 이런 미끼가 있다. 바로 각성 또는 법열로 표현되는 황홀경이다. 그 느낌은 섹스보다 훨씬 더 강렬하다. 섹스에선 사정 순간에 잠깐 쾌감을 느끼는 남성도 각성 상태에 들어가면 온몸의 세포가 희열에 들떠 반응한다. 시력이 갑자기 2배 이상 좋아진 것처럼 온 세상이 훤하게 보인다. 가슴은 형언할 수 없는 감동으로 벅차오른다. 입에선 절로 노래가 나오고 몸도 춤을 추듯이 리듬을 탄다. 그런 황홀경이 보통 하루 이상 지속된다. 여성들이 간혹 체험한다는 멀티오르가즘도 이런 황홀경에는 도저히 비교가 안 될 것이다.

가야산의 가을, 첫 각성을 체험했던 그 날은 황홀했다. 숲속의 나뭇잎들은 하나같이 반짝반짝 윤기를 내뿜었다. 이름 모를 야생화들은 나를 향해 활짝 웃었다. 숲을 스쳐가는 바람은 시원하게 내 뺨을 쓰다듬었다. 산새들의 노랫소리는 천상의 노래처럼 감미로웠다.

"하나다! 모든 게 하나다!"

내 의식은 오직 그것만 인지하고 있었다. 저 꽃과 나는 하나다. 저 산과 나는 하나다. 저 하늘과 나는 하나다. 삼라만상과 나는 하나다. 살아가는 모든 존재와 나는 하나다. 죽어가는 모든 존재와 나는 하나다. 죽어버린 모든 존재와 나는 하나다. 그래 하나다!

나는 삶이다. 나는 죽음이다. 아니, 삶도 죽음도 없다. 만상은 있으면서 없고, 없으면서 있다. 존재하는 건 오직 하나, 영원불멸의 본성 그 하나다.

"오, 이걸 몰랐다니!"

각성의 순간은 먼동이 트듯 서서히 진행되다가 섬광처럼 찾아왔다. 그때의 환희, 이른바 법열로 표현되는 그 희열을 나는 지금도 잊을 수가 없다. 모든 것이 선명해졌다. 불가에서 말하는 공즉시색空卽是色이 무엇을 뜻하는지 확연하게 이해가 됐다. 성경에서 말하는 '나는 알파 이전의 알파, 오메가 이후의 오메가'란 말도, 불가에서 말했던 공空이란 개념도, 노자자가 언급했던 '도道의 자리도 저절로 이해가 됐다. 이 모든 게 같은 자리를 말한 것이었다.

"이토록 장엄하고 영감 어린 경험의 가장 매혹적인 측면은 그 안에서는 한 점의 의심도 없이 자신과 온 우주가, 높든 낮든 신성하든 세속적이든, 모든 세계와 근본적으로 하나라고 느낀다는 점이다. 이때의 '자기 정체감'은 몸과 마음이라는 협소한 한계를 훨씬 넘어 확장되며, 우주 전체를 감싸 안는다. 버크가 이러한 자각상태를 '우주의식'이라 불렀던 것은 바로 그 때문이다."

켄 웰버는『무경계』에서 '지고의 경험'이 내포한 의미를 이렇게 설명했다. 또한 그는 이런 형태의 경험이 워낙 광범위하게 확산되어 있기에 이젠 '영원의 철학'이란 범주를 갖추게 되었다고 말했다. 하지만 켄 웰버는 인위적인 노력을 통해 거기에 도달하려는 시도에 대해서는 강력하게 경고했다. 경계라는 개념 자체가 애당초 존재하지 않는 것을 편의에 따라 추상화한 것에 지나지 않기 때문이다. 진리를 깨치겠다고 반평생을 고행으로 보냈던 도덕경의 대가 김기태 선생의 설명도 맥락은 같다.

"정말 어처구니없게도 나는 이미 처음부터 진리 안에 있었고, 그랬기에 이렇듯 무언가 애쓰고 노력하여 진리를 얻으려던 나의 일체의 시도 자체는 처음부터 불가능을 전제로 한 것이었으며, 그것은 이미 진리 안에 있으면서 진리를 찾으려는 어리석음 이외의 아무것도 아니었다."

불가의 선승들도 오랜 정진을 통해 정작 각성을 이룬 뒤에는 "속았다"며 허탈해하는 경우가 적지 않다. 있지도 않은 경계를 있다고 철석같이 믿으며 몸과 마음을 그토록 혹사했으니 그런 한탄이 나오는 것도 무리는 아니다. 불경에선 사사무애事事無碍, 즉 사물과 사물 사이에는 아무런 경계가 없다고 가르쳤지만 그것마저 고도의 수행을 통해서만 겨우 이를 수 있는 또 하나의 경계로 착각한 대가이기도 하다.

어쨌든 황홀함으로 표현할 수밖에 없는 그 법열을 계기로 나는 속세로 출가했다. 깨달음을 얻기 위해서 세속과 인연을 끊을 필요가 없었다. 눈 덮인 히말라야를 찾아갈 필요는 더더욱 없었다. 모든 것이 지금 이 자리에 그대로 있고, 깨달음이 일상 속에 그대로 녹아 있는데, 다시 깨달음을 찾아 길을 떠나는 것 자체가 길 위에서 길을 찾는 모순에 불과했던 것이다.

입에선 계속 감탄사가 터져 나왔다. 기독교를 감정적으로 혐오했던 내

입에서 찬송가도 절로 흘러나왔다. 어린 시절 사탕과 과자에 눈이 멀어 예배당에 들어가 배운 노래, 까맣게 잊고 있었던 노래였다.

"참 아름다워라 주님의 세계는

저 솔로몬의 옷보다 더 좋은 백합화"

나는 희열을 주체하지 못해 온종일 가야산을 쏘다녔다. 웃고 노래하고 춤을 추었다. 감탄에 감탄을 거듭했다. 감사하고 또 감사했다. 섹스보다 훨씬 더 황홀했던 하루였다.

3-5. 티끌 속에 우주가 있다

그날도 여느 때처럼 수련방에서 나를 죽이고 상相을 버리고 있었다. 한참을 그러고 있는데 문득 이상한 느낌이 들었다. 팔팔하게 움직이는 동영상으로 나타났던 상들이 갑자기 조용해졌다. 눈을 감은 상태에서 찬찬히 살펴보니 이게 뭔가? 상들이 모두 멈췄던 것이다. 움직임이 정지된 상, 그토록 뻣뻣하게 저항하던 상들의 움직임이 정지된 것이다.

'이럴 수가?'

상들을 자세히 보니 한낱 종이 위에 그려진 만화 같았다. 불을 붙여보니 금방 타서 맥없이 없어져 버렸다. 모든 상들이 다 그랬다.

속았다!

상이란 애초에 없는 것이다. 본래 없는 상을 있는 것으로 잘못 알았던 것이다. 버리려고 했을 때 워낙 생생했고 저항이 강력했기에 그 상이 있는 것으로 믿어 의심치 않았건만 그것이 내 착각이었다. 나는 있지도 않는 상을 움켜잡고 버린다고 그렇게 용을 쓴 것이었다. 정말 허탈했다. 그 허탈감 속에 우주 허공을 둘러보았다. 아무것도 없었다. 그냥 텅텅 비어 광활하게 펼쳐져 있을 뿐이었다. 일체의 상이 없어진 우주는, 위도 아래도 앞도 뒤도, 그리고 시작도 끝도 구분할 수 없었다. 그냥 통으로 하나였을 뿐이었다.

문득 또 하나의 의문이 들었다. 우주가 정말 큰 것일까? 그러자 나도 모르게 명령이 내 속에서 나왔다.

"우주야, 압축되어라!"

그러자 우주는 급속도로 쫙쫙 압축되기 시작했다. 그처럼 광활했던 우주가 내 눈앞에서 먼지 하나 정도로 왜소하게 압축된 것이다. 정말 보잘것없는 우주였다. 다시 명령을 내렸다.

"펼쳐져라."

우주는 다시 무한대로 쫙 펼쳐졌다. 압축하고 펼치고… 그런 과정이 몇 차례 계속 되었다. 나도 모르게 눈물이 흐르기 시작했다.

우주는 한낱 먼지에 불과하구나. 무한대 크기의 우주가 가장 작은 티끌과 다를 것이 없다. 우주가 바로 티끌이고 티끌이 바로 우주다. 불가의 선승들이 티끌 속에 삼라만상이 있다고 한 말이 바로 이것이었다. 우주 속에 무수한 티끌이 있고 또 그 티끌 하나 속에 우주 전체가 그대로 담겨 있다.

이 같은 극단적인 모순에 기가 막혔다. 허공에서 나온 먼지 하나가 허공과 둘이 아니다. 모든 것이 둘이 아니다. 우주와 먼지 하나가 둘이 아니다. 볼펜 한 자루가 바로 우주 그 자체이다. 그 속에 삼라만상이 다 들어 있다.

이런 과정을 거치면 사람들은 크게 달라진다. 우선 얼굴에 화색이 돌고 화기가 넘치게 된다. 성격도 온화하게 변한다. 내가 바로 우주 그 자체이고 존재하는 모든 사람과 사물이 우주 그 자체이며, 모든 게 통으로 하나로 연결돼 있다는 것을 수용하고 나면 저절로 그렇게 되어버린다.

나의 경우엔 눈빛이 달라졌다. 아내의 표현을 빌리면, 내 눈빛은 분노했을 땐 종이를 갖다 대면 바로 불이 붙어 버릴 것 같은 이글이글 타오르는 눈매였다. 특히 진검을 빼어들고 나무베기를 할 땐 살기 그 자체였다. 그러나 나도 모르는 사이에 그런 눈매가 180도 달라졌다. 충혈 현상도 없어지고 눈빛 자체가 맑고 온화하게 바뀌었다. 내가 보아도 살기가 사라진 것을 느낄 수 있었다.

그러나 유감스럽게도 이런 약발도 오래 가지 못한다. '나'라는 에고는 그렇게 지독하고 대단한 것이다. 또 '마음비움'만으론 실상과 허상의 관계가 완전하게 규명이 되지 않는다. 의식 속에 드러난 상은 빙산의 일각에 불과하기 때문이다. 의식의 밑바닥인 잠재의식 속에 감추어진 상을 직접 마주하고 나면 그 엄청난 모습에 입이 딱 벌어질 정도로 놀랄 것이다.

3-6. 몸에 대한 집착을 끊으려면

병은 몸에서 발생한다. 온갖 집착도 일차적으로 몸에서 비롯된다. 그러나 몸이 가진 더 중요한 의미는 온갖 종류의 무의식을 반영하고 있다는 점이다. 그래서 마음세계에는 의식으로는 도저히 포착할 수 없는 무의식을 해결하기 위해 몸을 없애는 과정도 있다.

자, 상상해보자. 먼저 해부대 위에 죽은 내 시신을 올려놓았다. 그런 다음 해부를 하듯이 목을 자르고 머릿속의 뇌를 꺼내 염산 속에 넣어 녹여 버렸다. 눈알과 코, 입과 귀, 얼굴 등도 똑같이 그렇게 했다. 가슴을 짜개고 심장과 허파를 꺼내 역시 염산이 담긴 통에 던져 버렸다. 위장과 콩팥, 간과 쓸개 등 뱃속의 장기와 팔다리와 성기 등 내 몸의 모든 부분을 하나하나 그렇게 처리했다.

이런 과정에 들어가면 처음부터 그 반응이 강력하다. 손으로 장기를 꺼내 염산 속에 집어넣고 녹이는 상상을 계속하자 열 손가락 끝마디 부분에서 살의 껍질이 떨어져 나가 반들반들해졌다. 상상으로 하는 수련이 장난이 아닌 것을 확실히 알 수가 있었다.

또 수련 초기엔 눈을 감은 상태에서 장기의 영상만 보이더니 수련이 되풀이 되면서 서서히 온갖 종류의 숨은 영상들도 나타나기 시작했다. 뇌를 짜개면 구더기 같은 것이 툭툭 떨어지는 상이 보였다. 이런 상은 돈, 돈, 돈 하는 사람에게서 많이 나온다. 폐를 자르니 시꺼먼 뻘 같은 상이 펼쳐졌다. 한평생 담배 피운 골초들에게서 나타나는 상이다. 위장 속에선 이루 말로 다할 수 없이 기괴한 상들이 쏟아져 나왔다. 평소 상태가 좋지 않았던 잇몸도 마찬가지였다.

인체 장기 각 부분마다에도 온갖 종류의 영상들이 쌓이고 쌓여 있었다. 그 영상들은 계속 버려도 끝이 없을 정도로 쏟아져 나왔다. 특히 평소에 상태가 좋지 않았던 잇몸을 해부해서 버릴 땐 그 통증이 어찌나 심한지 더 이상 고통을 견디지 못하고 수련방에서 데굴데굴 구르며 비명을 질렀다.

어느 날 가슴 쪽이 이상했다. 가슴을 확실하게 빠개 버리려고 해머로 내리쳤다. 어? 가슴을 둘러싼 피부 바로 밑에 가로 세로로 겹겹이 쌓인 쇠창살이 드러났다. 쇠창살은 너무나 견고해 해머로 내리쳐도 꿈쩍도 하지 않았다. 아무리 내리쳐도 미동도 하지 않았다. 사람과의 관계에서 폐쇄적으로 살아온 내 일상을 그대로 반영한 것 같았다.

그대론 도저히 안 될 것 같아 상상 속의 도구를 바꾸었다. 쇠창살 바로 위에 수류탄을 던져 폭파를 시켰다. 쇠창살 마지막 부분 하나가 겨우 부서졌다. 부서진 틈새로 지렛대를 집어넣고 쇠창살을 뜯어내기 시작했다. 일주일 정도 밤이고 낮이고 그런 작업에 집중하자 내 가슴을 뒤덮고 있던 마지막 쇠창살이 마침내 떨어져 나갔다.

그러자 가슴의 허공 속에서 반짝반짝 빛나는 이상한 물체가 서너 개 보였다. 자세히 들여다보았다. 맙소사, 보기에도 섬뜩한 커다란 바늘이었다. 이런 게 왜 있지? 혼자서 고개를 갸웃거리는데 문득 머리를 탁 치는 게 있었다. 아, 이건 바로 내가 남들 가슴에 박은 바늘이다. 남의 가슴에 못을 박는다, 남의 눈에 눈물을 흐르게 한다, 세속에서 흔히 오가는 말,

그 말이 진짜일 줄이야.

그렇게 몸에서 탁기가 빠져 나오면서 몸의 상태도 수시로 변했다. 먼지 얼굴은 병색이 완연한 빛깔이거나 사색이라고 해도 좋을 정도로 시커멓게 변했다. 사흘이 멀다 하고 양쪽 눈에 번갈아 다래끼가 났고 자고나면 두 눈에 눈곱이 고여 눈을 제대로 뜨기가 어려웠다. 머리 밑에는 비듬이 허옇게 끼어 약간만 긁어도 눈송이처럼 비듬이 날렸다. 게다가 평소에 성치 않았던 잇몸에선 잊을 만하면 통증이 되살아났다. 세수를 하고 수건으로 얼굴을 닦으면 때가 왕창 벗겨져 나왔다. 상체를 큰 동작으로 움직이면 뼈마디에서 우두둑 소리가 났다.

하지만 해도 해도 장기의 상이 제대로 버려지지 않았다. 몸에 대한 집착이 얼마나 질긴지 확실히 알게 됐다. 그처럼 강력한 집착을 끊어내기 위해선 방법도 격해질 수밖에 없었다.

수련방에서 반가부좌 자세를 취했다. 심호흡을 하고 마음을 정했다. 그리고는 내 손으로 내 눈알을 확 뽑아냈다. 그다음 눈알을 입안으로 집어넣었다. 그리고 눈알을 이빨로 와작 씹어버렸다. 한두 번 씹기도 전에 구토가 올라왔다. 눈알에 이어 폐와 심장, 쓸개와 간 등 내 신체속의 장기를 꺼내 입으로 우적우적 씹어 나갔다. 위장은 워낙 크고 길어 아무리 씹어도 끝이 없었다. 숨이 턱턱 막힐 지경이었다. 씹으면서 토하고 또 씹으면서 토하고 위장이 없어질 때까지 계속 씹어 나갔다. 눈에선 고통스런 눈물이 줄줄 흘렀다. 그런 버리기가 계속되면서 몸이 서서히 없어졌다. 머리, 가슴, 배, 사지 등 전체적인 몸의 골격은 거의 사라졌다. 점점 허공으로 변해버린 몸 사이로 구름이 흘렀고 총총한 별들이 들어오곤 했다.

그러던 어느 날 눈을 감은 상태에서 별들이 총총한 우주가 내 앞에 펼쳐졌다. 무심코 그 별들을 지켜보고 있었다. 그때였다. 그 많은 별들이 갑자기 내 가슴속으로 확 밀려 들어왔다. 어, 어, 어... 놀랍고 당혹스러웠다. 하지만 총총한 별들은 내 당혹감과는 상관없이 내 가슴속으로 사정없이 치고 들어왔다. 내 몸 전체가 바로 별이 총총한 우주가 되어버렸다. 나는 사라지고, 내 몸은 없어지고, 우주만 남은 것이었다.

"내 경험 덕분에 나는 우리 모두가 다른 이의 치유를 돕는 것은 물론 스스로를 치유할 능력을 갖고 있다고 분명히 믿게 되었다. 우리가 내면의 무한한 장소에 연결되면-그 안에서는 우리가 곧 전체다-병은 몸 안에 남아 있을 수 없다."

아니타 무르자니의 설명 그대로다. 이 과정을 넘어선 사람은 건강이 아주 좋아진다. 외모도 아름답게 빛난다. 몸에 대한 집착을 끊어버리면 역설적으로 몸의 기능이 더 싱싱해지는 것이다. 마음은 생사일여生死一如의 의미를 이해하게 된다. 물론 여기에도 전제는 있다. 집착이 없는 마음을 그대로 유지해야 한다는 것이다. 하지만 쉽지 않은 과제이다. 그래서 일정 시간이 지나면 다시 이전의 상태로 돌아가는 경우가 적지 않다.

3-7. 잔머리 굴리면 크게 다친다

온 세상을 다 속여도 자기 마음만은 속일 수 없다. 마음세계에선 거짓이 전혀 통하지 않는다. 그렇기에 마음을 상대로 잔머리를 굴리면 누구보다 먼저 자기 자신이 치명상을 입게 된다.

흥부와 놀부. 제비의 부러진 다리를 고쳐준 두 사람의 행위는 비슷했다. 하지만 결과는 너무나 달랐다. 흥부는 엄청난 보상을 받은 반면 놀부는 박살이 났다. 진심인가 아닌가. 바로 그 점에서 두 사람의 흥망이 갈린 것이다.

"만일 너희가 뭔가를 자신에게 돌아오게 하려는 일종의 술책, 일종의 조작으로 남에게 준다면, 너희 마음은 이것을 안다. 너희는 자신이 지금 이것을 갖고 있지 않다는 신호를 마음에게 주었을 뿐이다. 그리고 우주란 너희 생각을 물질형상으로 재생산하는 거대한 복사기에 불과하니, 바로 이것이 너희의 체험이 될 것이다. 즉 너희는 계속해서 '그것을 갖지 않는' 체험을 할 것이다. 너희가 무슨 짓을 하든!

게다가 너희가 그것을 주려는 그 사람들도 이것을 체험할 것이다. 그들은 너희가 그냥 뭔가를 얻으려 할 뿐이라는 것, 그런 마음에서 나온 제 잇속만 차리는 천박함을 놓고 볼 때, 너희에게는 사실 내놓은 게 아무것도 없으니, 너희의 줌은 공허한 몸짓에 불과하리란 걸 알 것이다. 그리하여 너희는 끌어오려던 바로 그것을 밀쳐낼 것이다."

『신과 나눈 이야기』의 경고는 비정할 정도이다. 진심이 없는 기부는 술책이며 그것이 패망의 첩경이라고 단언하는 것이다. 하지만 잔머리들은 불나비처럼 위험한 게임 속으로 뛰어든다.

죽고 버리기를 통해 난치병이 치유가 됐다고? 병원에도 안 가고, 고통스런 수술도 안 받고, 비용도 안 들고. 그래 바로 이거야. 하지만 그런 심보로 접근하는 순간, 십중팔구 병세는 더 악화되고 명줄도 줄어든다. 진심 어린 버림이 아니라 술책으로서의 버림이었기 때문이다.

호흡수련을 통해 불치병에서 벗어난 40대가 있었다. 그 과정에서 생각지도 못한 치병능력까지 얻게 되었다. 가짐의 마음을 버리면 간혹 일종의 신통력이 생기는 경우가 있다. 알고 보면 진심 여부를 시험하는 무서운 독극물이지만 그 남자는 그걸 덥석 물어버렸다. 그는 잘 다니던 은행에 사표를 던지고 선방을 차렸다. 입소문이 나자 환자들이 몰려들었고 돈도 팍팍 들어왔다.

그러던 어느 날, 그의 치병능력이 갑자기 뚝 끊어졌다. 이어서 그 자신에게 병마가 덮쳤다. 환자들에게 받은 탁기가 쌓여 있다가 한꺼번에 터져버린 것이었다. 그는 거동이 불편하고 말이 어눌해졌으며 정신마저 온전치 않게 되었다. 직접 목격한 그의 모습은 참담했다. 그는 말 한마디 제대로 하지 못할 정도로 정신세계가 무너져 있었다.

"마음을 비우면 내 병도 나을까요?"

누군가 이렇게 묻는다면 내 대답은 간결하다.

"먼저 병원에 가보시지요."

"그럼 돈은 좀 벌 수 있을까요?"

난 역시 간결할 수밖에 없다.

"주식투자나 하시든가요."

"병도 낫지 않고 돈도 벌지 못하면, 굳이 멘탈을 정돈할 필요가 있을까요?"

저런 의심이 드는 건 일단은 자연스럽다. 먹고살기에도 빠듯한 게 우리네 일상이요, 아등바등 물고 늘어져야 겨우 잡히는 게 돈 아닌가. 그런 사람들에게 '버림'을 말하면 뜬금없이 들릴 수도 있다. 또 내면세계로 눈을 돌리더라도 십중팔구 세속적인 욕심에서 비롯됐거나 지푸라기라도 잡는 절박한 심정으로 그랬을 것이다. 나 역시 그랬다. 그러나 마음세계에 들어와 초보운전 딱지를 떼고 난 뒤에도 계속 잔머리만 굴리면 값비싼 대가를 치를 수밖에 없다.

스포츠와 무도에서도 공통적으로 강조하는 건 힘을 빼라는 것이다. 어깨의 힘을 빼라, 몸에서 힘을 빼라고 강조한다. 그래야만 수영에선 몸이 물 위로 뜨고 검도에선 칼날이 가벼워진다. 반면에 잘하겠다는 욕심에 사로잡히면 몸에 힘이 잔뜩 들어가 몸이 물속으로 가라앉고 칼날이 둔탁하게 된다. 욕심과는 정반대 현상이 나타나는 것이다.

"일단 네가 '되어 있는' 데서 출발할 때, 너는 이미 신성한 너 자신이라는 우주에서 가장 강력한 창조기의 기어를 넣은 것이다. 너희가 어떤 것으로 되어 있건 너희는 그것을 창조하고 있다."

『신과 나눈 이야기』의 설명 그대로다. 욕심을 놓아버려야 한다. 버려야만 힘이 빠진다. 힘이 빠져야 비로소 '되어 있음'의 마음 상태에 이를 수 있다. 그래야만 멘탈 에너지가 제대로 작동하게 된다. 환자들의 경우 무엇보다 먼저 낫고 싶다는 조급증부터 버려야 한다. 병을 치유하겠다는 생각을 할 때마다 무의식 속에는 내가 아프다는 메시지가 계속 각인

이 된다. 80% 무의식을 그렇게 만들어 놓고 20% 의식의 영역에서 마음을 비우겠다고 아무리 용을 써도 소용이 없다. 비운다는 건 포기하는 게 아니다. 치유에 치명적인 방해물을 말끔하게 제거하는 작업인 것이다.

3-8. 나는 개체이자 전체

버스를 타고 이동하면서 이상한 체험을 했다. 갑자기 버스 안에 있는 사람들이 모두 내 안에 있는 것처럼 느껴졌다. 어? 이상하다 싶어 둘러보니 이번엔 길 위를 달리는 버스마저 내 속에서 달리고 있는 것이었다. 이상해서 다시 한 번 쳐다보니 버스가 달리는 길은 물론 길 주변에 펼쳐진 산봉우리와 들판이 모두 내 속에 그대로 있었다. 하늘을 쳐다보니 하늘도 내 속에 있었다.

하지만 나는 한 개체로서 버스 안에서 의자에 그대로 앉아 있었다. 그리고 그 개체마저 내 속에 그대로 있는 게 느껴졌다. 저절로 동시인식이 이뤄진 것이다. 한 개체로서 이동 중인 나도 그대로 인식하고 삼라만상 전체가 내 속에 있음도 그대로 인식했다. 그러면서도 그 둘 사이의 분리나 모순이 느껴지지 않았다. 개체면서 전체이고, 전체면서 개체인 상태를 몸으로 증득證得한 것이었다.

"거리의 길들도, 교회도, 사람들도 내 것이었다. 하늘이, 해와 달과 별들이, 또한 세상의 모든 것이 내 것이었다. 나만이 그것을 보고 즐기는 유일한 존재였다. 나는 어떤 사회적 통념도, 어떤 속박도, 어떤 구분도 알지 못했다. 하지만 그 모든 통념과 구분조차도 내 것이었다. 나는 그 모든 보물의 주인이자 보물 그 자체였다."

켄 웰버는 『무경계』에서 트레헌의 이런 체험담을 소개하면서 이 같은 유형의 자각, 즉 '합일의식' 또는 '지고의 본성'이야말로 모든 지각 있는 존재의 본질이자 조건이라고 말했다.

"100% 내 책임이다."

호오포노포노는 합일의식에 근거해 온 세상에서 발생하는 일은 모두 내 책임이라고 가르친다. 내가 바로 전체이기 때문에 그렇다. 모든 것이 내 안에서 일어나는 현상이기에 그것을 정돈할 책임도 오롯이 내게 있다는 것이다. 내면의 합일을 외부의 합일과 하나가 되도록 만든 컨셉이다.

내가 가난하다? 내 책임이다. 내가 병약하다? 내 책임이다. 가족들이 엉망이다? 내 책임이다. 정치가 엉망이다? 내 책임이다. 강력범죄가 급증한다? 내 책임이다. 다만 주의해야 할 점은 내 잘못으로 자책해선 안 된다는 것이다. 내 잘못이 아니라 그것을 정돈할 책임이 내게 있다는 것이다.

모든 것이 내 책임이란 걸 자각하면 삶의 자세가 달라진다. 속으론 화가 나고 억울하지만 억지로 참으면서 내 탓이라고 하는 게 아니다. 그렇게 억지로 하는 건 소용이 없다. 진심으로 그렇게 인지가 되고, 그 바탕 위에서 잘못 창조된 현실을 다시 교정해나가는 게 정답이다.

남편이 암 진단을 받자 겁이 덜컥 난 K는 다급하게 남편을 정화하기 시작했다. 하지만 휴 렌 박사는 그녀를 제지했다.

"남편이 아니라 자신을 정화하십시오."

자신의 실수를 깨달은 그녀는 남편에 대한 걱정을 놓고 자신을 정화했다. '내 안의 무엇이 남편의 병을 유발했는가?', 그런 관점에서 호포의 만트라를 이용해 자신을 정화했다. 다행히 남편은 재검에서 오진으로 판명이 났다. 감격한 그녀가 휴 렌 박사에게 말했다.

"호포를 전파하는데 도움을 드리고 싶어요."

그러나 휴 렌 박사의 스탠스는 변함이 없었다.

"당신 자신을 도우십시오."

휴 렌 박사 자신도 하와이 정신병동의 환자들을 치유할 때 같은 방법을 썼다. 환자들을 면담하고 분석하는 대신 자신 속에 심어진 환자들의 정보를 지워나간 것이었다.

경영의 영역에서도 이런 방식의 활용이 가능하다. 회사대표이자 호오포노포노 연구회를 운영하는 가와이 마사미는 호오포노포노 기법으로 회사를 경영한다. 그는 비즈니스에 문제가 생기면 무엇보다 먼저 자기 자신을 정화한다. 그러면 얽혔던 문제들이 자연스레 풀려나간다는 것이다.

"자신이 제로 상태에 있게 되면... 자신의 주변에 적합한 인재가 모여들게 되는 것이다. 그것을 위해 필요한 것은 단 두 가지뿐이다. 우선 한 가지는 자신의 부서에서 일어나고 있는 모든 일은 모두 100% 자신의 책임이라는 입장을 취하는 것이다. 그리고 또 한 가지는 자신의 부서에 있는 낡은 정보를 정화하는 것이다."

가와이 마사미가 『호오포노포노 실천법』에서 밝힌 내용이다. 진부한 경영이론 대신 멘탈 정돈을 선택한 그는 한결 더 여유롭게 회사를 경영하는데, 성과도 더 좋다고 한다. 이제는 지식 경영이 아니라 지혜 경영의 시대가 도래했다는 게 그의 주장이다. 또한 과거의 성공 체험도 낡은 정보에 불과해 모두 제로로 만들어야 한다는 것이다.

"내가 이 우주 그물의 중심에 있기 때문에 전체가 나로부터 영향을 받는 것이다. 그러기에 내가 행복하면 우주도 행복하다. 내가 나를 사랑하면 다른 이들도 전부 나를 사랑하게 된다. 내가 평화로우면 모든 창조물이 평화롭다."

아니타 무르자니의 메시지는 개체와 전체의 관계를 간결하면서도 선명하게 정리한다. 그렇다. 한 사람의 존재는 우주 그 자체이다. 자신을 무한한 우주와 비교하면 티끌에 불과하다고 생각하는 건 자신의 존재에 대한 지나친 폄하이다.

3-9. 돌고 돌아 제자리

내 안에 우주가 있다는 자각은 일종의 각성이면서 동시에 위험한 망념이기도 하다. '나'라는 개념이 여전히 남아 있기 때문이다. '내가 바로 우주다.' 맞는 말이다. 하지만 그것이 에고와 맞물려 잘못 작용하면 과대망상으로 변질될 수도 있다. '진짜 나'가 아니라 '가짜 나'가 터무니없이 팽창하기 때문이다. 나 또한 그런 시행착오를 겪었고 값비싼 댓가를 치렀다.

"텅 빈 허공, 그것을 진공묘유眞空妙有라고 합니다. 정과 신이라고도 합니다. 법신불, 보신불 혹은 성부와 성령이라고 표현하기도 합니다. 도라고 하기도 합니다. 이 자리를 잘 보셔야 됩니다. 참으로 공한 가운데 묘한 기운이 있습니다. 이것이 바로 천지를 창조하는 원동력입니다. 만물만상이 나고 만물만상이 돌아가는 곳이기도 합니다."

멘토들은 그렇게 설명했다. 그러나 텅 빈 허공이 '진공묘유'라는 게 확연하게 인지되지 않았다. 이 단계에선 우주 전체를 폭파해 없애 버리는 작업이 주류였다. 내 스스로가 우주가 됐다는 망념을 없애기 위해서였다. 허공을 폭파하고 또 폭파했다. 영상도 없고 몸도 없는 허공을 버리는 건 막막하고 지루했다. 그러나 버리는 작업이 반복되면서 내 의식도 서서히 바뀌어갔다.

"일체가 끊어져도 여전히 남아 있는 의식, 그것은 내 의식이 아니라 신의 의식이다. 묘유란 바로 이것이다. 그러면 진공은? 이게 바로 만물만상의 형체이다. 상이 있으면 만물만상, 상이 없으면 텅 빈 허공으로 나타난다. 만물만상은 두 가지 뿌리에서 비롯된다. 묘유에서 의식이 나오고 진공에서 형체가 나온다. 그 둘은 하나이지만 작용은 둘로 나누어서

한다. 아, 그렇구나!"

양자물리학자들은 우주의 본질을 에너지와 빛으로 설명했다. 진공묘유와 같은 컨셉이었다. 눈을 감고 뜨고를 되풀이 해봤다. 눈을 감으면 텅 빈 허공이 있었다. 그 속에 진공과 묘유가 있다는 느낌이 있었다. 이번엔 눈을 떴다. 내 몸을 비롯해 만물만상이 그대로 존재하고 있었다. 나는 몸도 있고 의식도 있었다. 다른 존재들도 마찬가지였다. 사람도 동물도 식물도 정도의 차이만 있을 뿐 다들 형상이 있고 의식이 있었다.

눈 감은 우주와 눈 뜬 우주는 둘이 아니다. 눈 감으면 보이는 그 자리를 천극락으로 본다면 눈 뜨고 보이는 이 현상계 역시 천극락이다. 천극락이 따로 있는 게 아니다. 따로 있는 것 같지만 사실은 우리 살아가는 이 현상계가 바로 천극락인 것이었다.

그런 자각과 함께 내 의식의 관점도 달라졌다. 지금 내가 서 있는 이 지점이 바로 내가 도착할 지점이었다. 오고감이 없는 그 자리, 본성은 그대로 있을 뿐이었다. 그 자리에 있으면서도 그 자리를 찾기 위해 다시 길을 떠난 것이 내가 저지른 큰 오류였다. 하지만 그런 오류가 없었다면 오류 자체도 결코 알아채지 못했을 것이다. 참으로 아이러니한 과정이었다. 마음공부는 한마디로 '손바닥 뒤집기'였다. 손바닥 뒤집듯이 그냥 마음만 바꾸면 되는 것이었다. 알고 보니 너무 간단했다.

천극락에 있으면서도 그곳을 지옥이라 생각하면 어떻게 되는가? 그대로 지옥이 된다. 삶이 힘겹고 상황이 고통스럽다. 문젯거리가 계속 이어져 해도 해도 끝이 없는 것 같다. 그런 시간이 길어지면 사람은 마침내 번아웃burn-out이 된다. 살아갈 기력을 잃어버리고 은연중에 죽음을 동경하게 되는 것이다. 내가 겪었던 번아웃은 그런 식으로 전개되었다.

그러나 현재에 대한 관점이 천극락으로 바뀌면 삶의 물결도 달라질 수밖에 없다. 세상의 진면목이 비로소 눈앞에 펼쳐지기 시작한다. 날씨의 청명함이 보이고 자연의 수려함이 눈에 들어온다. 사람들의 정겨움이 피부로 느껴진다. 그러면 얼굴 표정도 말할 수 없이 아름답게 변한다. 수련원 식당에서 우연히 마주앉아 식사한 40대 여성이 그랬다. 뉴욕의 교포였던 그녀의 얼굴에는 소녀처럼 발그레 홍조가 깃들어 있었고, 웃음은 너무나 따사로웠다. 그렇게 아름다운 여성은 그 전에 한 번도 본 적이 없었다.

인생이 근본적으로 달라진 사람도 적지 않았다. 적게는 개인적인 우울이나 불안, 불평불만에서 벗어나 생기를 되찾았다. 크게는 난치병에서 회복되거나 가정불화가 해소되었고 직업이나 사업에서 비약적으로 성공하기도 했다.

하지만 이런 것을 머리로 아는 것은 소용이 없다. 마음으로 수용이 돼야 한다. 한 점의 의문과 의심 없이 그대로 받아들이는 게 수용이다. 99%의 이해가 아무 소용이 없는 것이 마음의 세계이다. 오직 100% 이해를 해야만 수용이 된다. 수용이 안 되면, 힘든 수련과정을 거쳐 힘겹게 아는 것이나 책을 읽고 머리를 굴려 대략 이해하는 것이나 큰 차이가 없다. 그건 어떤 의미에서는 하지 않느니만 더 못한 것이다. 자칫 잘못하면 입만 살아서 나불거리고 행동은 전혀 동떨어진 '불량품'이 되기 때문이다.

도고십장道高十丈 마고십장魔高十丈, 도가 십장 높아지면 마장도 그만큼 높아진다는 뜻이다. 그 말이 맞았다. 의문과 의심을 저버리지 못한 사람은 다시 다람쥐 쳇바퀴 돌듯이 비슷한 시행착오를 반복했다. 스스로 자초한 고초였다. 버려야 할 것은 에고에서 비롯된 의문과 의심이건만, 의문과 의심 그 자체를 풀려고 한 것이 결정적인 패착이었다. 또한 그것은 영원히 해법이 나오지 않는 헛된 몸부림이기도 했다.

2막의 멘탈

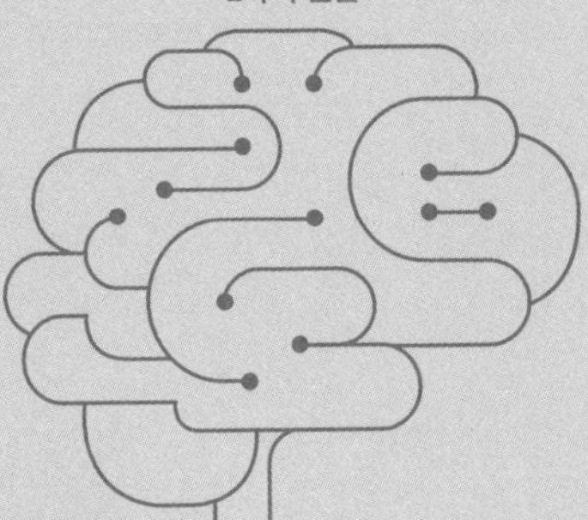

4

제4장 몸으로 다지는 멘탈

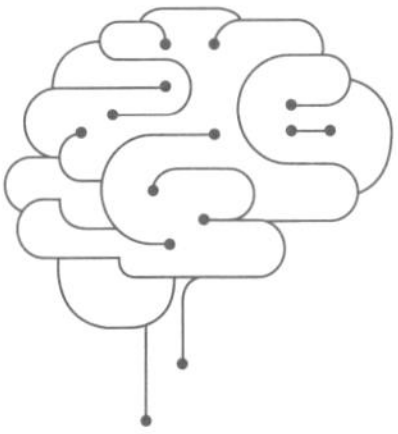

4-1. 가깝고도 먼 몸과 마음

마음이 달라지면 몸도 달라지는가? 다들 그런 줄 알겠지만 실제로 겪어보면 둘 사이엔 상당한 괴리가 있다. 마음은 시공을 초월해 자유분방하고 신속하게 작용하지만 몸은 물리적인 법칙에 단단히 구속받기 때문이다.

수련세계에선 그래서 각성된 멘탈을 몸으로 체화시키는 과정인 보림 과정을 둔다. 강도 높은 노동으로 진행되는 보림 과정은 고달프고 힘든 노동을 통해 습관으로 박혀 있는 나쁜 찌꺼기를 뽑아내고 마음과 몸을 하나로 일치시켜 나가는 작업이다.

"자아의 세 측면들은 결코 불평등한 관계가 아니다. 각자 한 가지 기능씩을 갖고 있으며, 한 기능이 다른 기능들보다 더 중요한 것은 아니다. 또 실제로 어느 한 기능이 다른 것들보다 먼저 작용하지도 않는다. 세 가지 기능들은 한 치의 차이도 없이 동등한 방식으로 연관되어 있다. 고안-창조-체험. 너희는 고안한 것을 창조하고, 창조한 것을 체험하며, 체험한 것을 생각해낸다."

『신과 나눈 이야기』는 사람의 몸과 마음, 영혼의 관계를 이렇게 설명한다. 세 가지 기능은 모두 동등하다. 그러므로 마음이 변했다고 해서 몸이 바로 변하지는 않는다. 몸은 어디까지나 몸의 논리에 따라 작용할 뿐이다.

"이 몸이 너무 거추장스럽습니다."

몸과 마음의 괴리에 지친 한 도반은 이렇게 호소했다. 마음은 급속도로 상승했건만 몸은 야생마처럼 끊임없이 오욕칠정이 분출되는 데 질렸던 것이었다. 수련세계에선 이걸 습習, 즉 세포 하나하나에 축적된 습관이 작용하는 것으로 본다.

"머리 위로 폭포수가 떨어졌다. 그 물의 충격은 신념과 힘이 가장 필요한 순간에 인간을 나약하게 만드는 냉엄한 현실감각을 일깨워주고 있었다. 물이 떨어지는 힘은 생각했던 것보다 훨씬 더 강해서, 못 바닥에 두 발을 굳건히 딛고 서 있어도 가슴 한가운데로 물을 받게 되면 뒤로 넘어갈 것만 같았다. 나는 물줄기를 뚫고 들어가, 바위에 몸을 바짝 붙인 채로 돌벽과 물 사이의 좁은 공간에 섰다. 안에 들어가서 보니 내가 생각했던 것보다 절벽을 오르기가 훨씬 더 쉬워 보였다."

작가 코엘료가 『순례자』에서 묘사했던 폭포 거슬러 오르기의 한 장면이다. 머리 위에서 세차게 떨어지는 물줄기를 뚫고 위로 올라가는 순간엔 몸의 힘이 절대적으로 중요해진다. 비상한 위력을 발휘한다는 상상력도 폭포를 거슬러 오를 땐 별로 소용이 없다. 몸으로 돌파해야 하는 저 순간엔 오직 몸 하나에만 전념해야 하는 것이다.

냉엄한 현실감각을 잃어버린 사람들은 내면순례의 여정에서 많이 휘청거렸다. 그러면서도 그들은 전율이 느껴질 정도로 멘탈의 각성을 체험했던 자신들이 어떻게 현실 앞에서 이렇게 맥없이 쓰러지는지에 대해 의아해했다. 자신의 에러를 인정하기 싫었던 몇몇 사람들은 기묘한 논리를 만들어 덩굴 속에 자신의 머리만 팍 처박기도 했다.

내가 잘못된 게 아니야, 세상이 잘못되고 사람들이 너무 사악한 거야. 그들은 그런 핑계를 만들어 세상에서 다시 수련세계 안으로 도망쳤다. 앗, 뜨거! 세상의 쓴 맛을 본 어린애가 다시 엄마의 품 안으로 들어가 숨어버리는 형국이었다.

하지만 멘탈의 상승은 몸을 통해서 완성된다. 몸의 임계점을 돌파하지 않으면 내면에서 반짝했던 멘탈의 빛도 다시 사그라져 버린다. 반면에 그 고비만 넘어서면 몸과 마음은 글자 그대로 혼연일체가 되어 서로 밀어주고 당겨주며 폭발적으로 성장하게 된다.

"범사에 감사하라."

방대한 성경의 처세훈도 한마디로 압축하면 이렇게 요약할 수 있다. 어린 시절 이웃집에 세 들어 살았던 가난한 전도사 부부는 그걸 이론이 아니라 실천강령으로 받아들였다. 내게 사탕과 과자를 주며 예배당으로 유혹했던 장본인들이었다. 몇십 년 뒤 우연히 만나 전도사였던 그들의 집에 가보니 가난 대신에 풍요와 행복이 넘쳐흐르는 듯했다. 끼니를 걱정했던 그들은 이제 수십억대의 부자였고, 자식농사도 잘 지었다. 가방끈이 길지 않았고 인맥도 없었으며 직업마저 변변치 않았던 그들이 말이다.

비결을 물어보니 부인의 대답은 심플했다. 성경은 어려워서 잘 몰랐지만 '범사에 감사하라'는 그 한마디만 죽어라 믿고 실천했다는 것이었다. 부부는 자신들도 모르는 사이에 마음이 아니라 몸으로 마음공부를 했던 것이다. 물론 법무사 사무실에서 일하며 법률을 익히고 부동산 거래를 배웠던 과정들이 있었다. 하지만 중요한 건 그 모든 과정들을 감사의 마음으로 수용했다는 점이다.

가깝고도 먼 것이 몸과 마음의 관계이다. 이것을 더 가깝게 만드는 것, 궁극적으론 하나로 만드는 것이 멘탈수업의 중요한 과제이다.

4-2. 노동, 반성 그리고 소인배 근성

몸이라고? 까짓것, 노동이 뭔 대수라고. 그래, 부딪히자. 여름휴가를 이용해 1주일간의 일정으로 가족들과 함께 수련단체에서 운영하는 영농반에 들어갔다. 때는 바야흐로 태양이 지글지글 타오르는 8월 초순, 영농당국은 고맙게도(?) 깻잎 비닐하우스에 배정을 해주었다.

아아. 하우스 안에 들어가자마자 숨이 턱 막혔다. 체감온도가 섭씨 50도를 넘는 것 같았다. 깻잎을 따는 데 10분도 지나지 않아 땀이 비 오듯 흘렀다. 땀방울이 눈 위로 떨어지면서 시야를 가렸다. 목장갑을 낀 손으로 연신 땀을 훔쳐냈다. 깻잎의 높이는 들쭉날쭉해서 선 것도 아니고 앉은 것도 아닌 엉거주춤한 자세를 취할 수밖에 없었다. 그렇게 1시간 정도 작업을 하자 허리가 끊어질 듯 아팠다.

원래 손재주가 없는 내가 이런 작업을 하자니 진도가 좀처럼 나가지 않았다. 고랑 저만치 앞서 나가고 있는 사람들을 보니 뒤에서 어기적거리는 나 자신이 한심하게 느껴졌고, 짜증이 밀려왔다. 그 감정은 마음 속 깊은 곳에 쌓여 있던 묵은 감정들까지 끌어냈다. 분노와 미움, 원망 같은 감정이었다.

오전 8시에 시작된 작업은 낮 12시에 점심을 먹기 위해 일단락됐다. 겨우 4시간 작업을 했는데도 머리가 어질어질했다. 얼굴은 이미 벌겋게 익어버렸다. 가족들은 원망스런 얼굴로 나를 쳐다보았다. 남들은 다들 좋은 곳에 휴가를 가는데 반강제로 농사판에 처박다니.. 그런 반감들이 강하게 느껴졌다.

1시간 30분 동안 점심식사를 겸한 휴식시간이 주어졌다. 점심 메뉴는 잡곡밥에 김치와 풋고추, 된장 등이 전부였다. 하지만 허기가 져서 그런지 기가 막히게 맛있었다. 식사 후에는 피곤이 몰려와 평상 구석에서 몸을 구긴 채 정신없이 낮잠에 빠져들었다.

"기상!"

작업반장의 우렁찬 구호가 징글징글했다. 다들 말없이 자리를 툴툴 털고 일어나 오후 작업을 준비했다. 그런데 반장은 내게 작업 부적격 판정을 내렸다. 깻잎 따기에 맞지 않으니 밭고랑 만들기 작업장에 가라고 했다. 나도 그게 좋을 것 같았다.

그러나 밭고랑을 만들고 흙덩어리를 부수며 돌멩이를 골라내는 작업도 쉽지 않았다. 로터리를 친 후에 검은 비닐을 덮고 그 위에 작은 구멍을 촘촘히 뚫어 씨앗을 몇 개 씩 땅속에 심는 작업도 고달프긴 마찬가지였다. 저녁 6시, 작업이 끝나는 시간만을 애타게 기다렸다. 하지만 일부러 사람 약을 올리기라도 하는 듯 시간은 너무나 느리게 흘러갔다.

"뭐? 이런!"

하루 농사가 겨우 끝났지만 수확한 깻잎의 판매가를 듣는 순간 절로 욕이 튀어나왔다. 그토록 힘들게 수확을 했건만 한 박스에 몇천 원밖에 쳐주지 않는다는 것이었다.

영농 하루 만에 몸은 피곤하고 마음도 어지러웠다. 간단치 않았던 수련과정을 마쳤고, 뭔가 상당한 각성을 이루었으며 격조 높은 선문답까지 폼 나게 읊조렸던 내가 고작 하루 농사에 형편없이 망가졌다. 나는 실전시험에서 보기 좋게 낙방한 것이다. 어깨가 절로 축 쳐졌다.

밤에 수련을 해보니 더 기가 막혔다. 눈을 감으니 온통 깻잎의 영상만 떠오를 뿐이었다. 힘겨운 수련을 통해 상을 다 지웠다고 생각했는데, 겨우 영농 하루 만에 이렇게 영상이 생생하게 살아나다니? 어이가 없었다. 자괴감이 밀려왔다. 마음공부는 몸으로 하는 거라더니 그 말이 딱 맞았다.

영농 이틀째, 아침에 눈을 뜨니 몸이 천근만근 무거웠다. 도저히 농사를 더 지을 수 없을 것 같아 작업장에 가지 않고 그대로 방에 머물렀다.

그런데 방지키기도 의외로 힘들었다. 냉방이 안 되는 방은 햇살이 들어오자 하우스 못지않게 뜨거워졌다.

억지로 잠을 청했지만 날이 밝아 그런지 1시간도 못 자고 깨고 말았다. 나머지 시간은 더 고역이었다. 할 일도 없고 갈 곳도 없었다. 자리에 누워 이리 뒹굴 저리 뒹굴 하다가 그것도 무료해지면 다시 일어나 고개를 빙빙 돌렸다. 그러다 손톱과 발톱을 깎고 나니 또 할 일이 없었다. 백수의 무료함도 간단한 게 아니었다.

마음공부라는 것도 문득 허망하게 느껴졌다. 분명 그 과정들이 간단치 않았고 진하게 참회도 했다. 다시는 스스로에게 부끄럽지 않겠다고 굳게 다짐도 했다. 하지만 일상으로 돌아와 몸에 묶이니 금방 본색이 드러났다. 이전과 크게 달라진 게 없는 것 같았다. 그렇다면 그동안 시간과 노력, 돈만 낭비했단 말인가. 어쩌면 현실과 정면으로 부딪힐 자신이 없으니 그럴듯한 핑계를 만들어 도피했던 것은 아닌가. 그런 자학이 뭉게구름처럼 피어올랐다.

보림(불교의 선종禪宗에서 깨달은 뒤에 더욱 갈고 닦는 수행법)으로서의 영농은 오전 7시에 작업장으로 이동해 8시부터 작업을 시작해서 오후 6시에 마감하는 일과였다. 주말이나 휴일 같은 건 당연히 없었다. 그렇게 강도 높은 1주일 기한의 영농작업이 끝자락에 접어들자 사람들도 슬슬 변하기 시작했다. 입에서 단내가 날 정도로 중노동에 시달려서 그런지 반성하는 얘기들이 많았다.

"난 이혼을 당해도 싸. 내가 남편이라도 이혼했겠어."

영농판에 오래 머물렀던 한 여성은 그렇게 말했다. 원망과 분노, 미움과 후회를 놓아버려서 그런지 표정이 평온해 보였다.

"내가 참 너무했어. 집에 가면 가족들한테 잘 해줄 거야."

그렇게 말하는 남성도 있었다. 가식이 아니라 마음에서 우러난 진심처럼 느껴졌다.

영농판에서 내 작업역량은 오락가락했다. 첫 배정을 받았던 깻잎 하우스에선 보기 좋게 잘렸다. 두 번째로 간 밭고랑 하우스에서도 인정을 받지 못했다. 그런데 세 번째로 간 소꼴 베기 작업장에선 두각을 나타냈다. 강둑에 거칠게 엉겨 있는 풀들을 낫으로 베어내고 소꼴로 쓸 만한 풀들을 골라 뭉치로 크게 묶어놓는 작업이었다. 난 손으로 풀을 잡지도 않은 채 낫만으로 신속하게 풀의 밑동을 베어나갔다. 주변에선 탄성이 흘러나왔다. 그게 입소문이 나자 메론 하우스 도랑 만드는 작업장에서 도와달라며 슬그머니 나를 스카우트했다.

"그것 봐, 나도 한칼 한다니까."

내게 작업 부적격 판정을 내린 깻잎 하우스의 작업반장을 만나면 나는 그렇게 말해주고 싶었다. 내친김에 칭찬도 받고 싶었다. 칭찬을 받으면 좋아하고 비난을 받으면 토라지는 게 인지상정이지만 다른 한 편으로는 사람을 위태롭게 하는 치명적인 약점이기도 하다. 노자는 도덕경에서 '총욕약경寵辱若驚', 즉 칭찬과 비난에 화들짝 놀라선 안 된다고 간곡하게 당부했다. 유가에선 그런 사람을 소인배라고 폄하했다.

하지만 어쩌랴. 난 여전히 칭찬받는 게 좋고 비난받는 건 싫었다. 화들짝 놀라는 그 상태에서 벗어나지 못한 것이다. 내면의 영역에서 우주를 논했던 내 마음이 현실의 영역에선 영락없는 소인배였다. 안과 밖의 경계가 그만큼 견고했던 것이다.

4-3. 마라톤? 너 미쳤냐?

영농은 몸의 악습을 빼는 데 효과적이었다. 하지만 지속적으로 할 수 없다는 게 큰 단점이었다. 직장생활을 하는 입장에선 휴가를 내지 않으면 할 수가 없었다. 일상과 병행할 수 있는 다른 대안이 필요했다.

그래, 마라톤이다! 회사에서 휴일 당직을 하던 어느 날, 섬광처럼 그런 생각이 떠올랐다. 혼자 감탄하면서 무릎을 탁 쳤다. 멘탈 교정의 중요한 변곡점을 맞는 순간이었다. 달리기는 출퇴근 시간을 이용해 날마다 할 수 있다. 그리고 풀코스 42.195 킬로미터, 그 아득한 거리를 완주하면 몸은 물론 마음의 때도 확 벗겨질 것만 같았다.

그날 퇴근길에 당장 실행에 옮기기로 했다. 회사에서 집까지 대략 10킬로미터였다. 우선 이 거리부터 달리자. 그리고 거리를 조금씩 늘리면 풀코스 완주도 금방일 거야. 생각만 해도 신이 났다. 풀코스를 완주하고 멋지게 테이프를 끊는 모습이 떠올랐다. 기분이 확 좋아졌다.

퇴근길에 구두 대신 운동화로 갈아 신었다. 복잡한 도심에선 슬슬 걸으면서 몸을 풀었다. 그러다가 도로에 조금 한산한 구간이라도 나오면 냅다 달리기 시작했다. 나는 기세가 등등했다. 마치 선수라도 된 것처럼 길가에 늘어선 관중들에게 답례를 하듯이 오른손을 흔들며 지축을 박차고 힘차게 질주했다. 그러나 300미터를 채 달리지 못하고 푹 주저앉고 말았다. 숨이 너무 찼고 밤하늘이 노랗게 보였다.

어쩔 수 없이 나머지 구간은 그냥 걸었다. 하지만 걷는 것도 만만치 않았다. 다리가 아프고 발바닥이 화끈거렸다. 차를 타면 금방이었던 10킬로미터의 거리가 이렇게 멀 줄이야. 가도 가도 끝이 없는 것 같았다. 마음속에서 자책하는 소리가 절로 올라왔다.

'풀코스 완주라고? 고작 몇백 미터 달리고 주저앉은 주제에..'

핼쑥해진 얼굴로 집에 도착했다. 가족들이 뭔 일이 있었냐며 걱정스런 표정을 지었다. 하지만 무안하고 머쓱해서 마라톤 얘기는 꺼내지도 못했다.

그러나 내 마음과 몸 사이의 괴리는 확실하게 인지가 됐다. 마음은 단기간에 파격적인 변화를 했지만 몸은 아직도 예전의 상태에 머물러 있었다. 몸에 대해서도 마음과 마찬가지로 버리는 작업이 필요했다. 우선 95킬로그램까지 늘어난 체중을 87킬로그램까지 8킬로그램을 빼기로 작정했다. 젊은 날엔 키 182센티미터에 체중 74킬로그램이었지만 나이가 들면서 과체중이 된 것이다. 그건 수치로 확인할 수 있는 버림의 과정이었다.

이튿날 나는 회사의 동료들에게 마라톤 풀코스에 도전하겠다고 공표를 해버렸다. 그들은 하나같이 어이가 없다는 반응이었다.

"너 미쳤냐? 지금 나이가 몇인데?"

주변에선 다들 말리는 소리뿐이었다. 힘이 팍 빠졌다. 하지만 어쩌랴. 칼은 이미 뽑은 상태였다. 잠시 따끔거리는 후회도 밀려왔다. 그렇지만 그만둘 수도 없었다. 말을 내뱉었으니 하다못해 10킬로미터라도 완주해야 실없는 인간이 안 될 것 같았다.

"아니, 할거야. 말리지 마."

고달픈 마라톤 행각은 그렇게 시작됐다. 그러나 내 몸에서는 둘째 날부터 강력한 거부반응이 나타났다. 아예 뛰겠다는 엄두가 나지 않았다. 할 수 없이 10킬로미터를 걸어서 퇴근했다. 걷기만 했는데도 며칠이 지나니 발바닥에 커다란 물집이 여러 개 생겨났다. 바늘로 물집을 터뜨렸지만 걸을 때마다 발바닥이 따끔거렸다. 빠르게 변하는 마음과는 달리 몸의 변화는 느리고 지루했다.

4-4. 심리적 임계점, 10킬로미터 완주

석 달 동안 계속해서 퇴근길에 10킬로미터를 걸었다. 처음엔 그토록 아득히 멀게만 느껴졌던 거리가 서서히 산책 코스로 바뀌었다. 운동화를 신어도 물집이 잡혔던 발바닥이 슬리퍼를 신고 걸어도 까딱없을 정도로 튼튼해졌다.

하지만 내 몸은 달리기를 계속 거부했다. 처음엔 걷기에 저항하더니 걷기에 가닥이 잡히자 다시 걷기에 안주해버리는 것이었다. 억지로 마음을 일으켜 달려도 허사였다. 1킬로미터를 달리지 못하고 멈추기 일쑤였다. 뭔가 특단의 조치가 필요한 시점이었다.

나는 한 달 뒤 마라톤 대회 10킬로미터 구간에 출전 신청을 해버렸다. 가족들에게도 공표했다. 마라톤 대회 출전이 처음이니 응원을 와달라는 부탁도 했다. 스스로를 사지로 내몬 것이다. 10킬로미터를 완주하든 중도에 포기하고 망신을 당하든, 둘 중의 하나였다.

그것은 에고의 약점을 역으로 이용한 방식이었다. 에고는 제멋대로이고 변덕스럽지만 망신을 참지 못하는 속성도 있다. 칭찬을 갈구하는 속성의 정반대 측면인 것이다. 망신살 카드는 과연 효과가 있었다. 덜컥 겁이 난 에고는 드디어 달리기 연습에 동참하기 시작했다. 하지만 때가 너무 늦었다. 대회는 한 달 앞으로 다가왔고 연습시간은 턱없이 부족했다. 에고 입장에선 갑갑한 상황이었다.

드디어 대회 날. 해변가 출발선에 많은 선수들이 자리를 했다. 모두 자신만만한 얼굴들이었다. 연습도 충분히 한 듯했다. 가족 단위의 응원객도 많았다. 나는 내심 걱정이 되면서 자신감이 없어졌다. 뒤늦게 연습을 시작한데다 한 번도 10킬로미터 거리를 달려보지 못했기 때문이었다.

출발신호와 함께 건각健脚들이 힘차게 달리기 시작했다. 나도 그 대열에 합류했다. 교통이 통제된 도로 위를 자유롭게 달리는 기분은 상쾌했다. 막상 달려보니 컨디션도 생각처럼 나쁘지 않았다. 이 정도면 10킬로미터는 무난히 완주할 수 있겠다는 자신감도 생겨나기 시작했다.

그러나 6킬로미터 구간을 넘어서자 체력이 급속도로 떨어졌다. 숨이 차고 다리가 무거워졌다. 한 걸음, 한 걸음 질주하는 속도 역시 눈에 띄게 떨어졌다. 고비에 이른 것 같았다. 마라톤은 정직한 스포츠이다. 기적이나 요행 같은 것은 바랄 수 없다. 자신이 땀 흘려 연습한 만큼만 결과가 나온다. 하지만 난 연습이 부족했다. 연습량이 충분했던 5킬로미터 구간에선 즐거움을 만끽하며 달렸다. 그러나 그다음 구간은 첫 연습처럼 달려야 한다. 정신력으로 버티어야 한다.

"힘!"

코스를 달리는 선수들은 그렇게 구호를 외치며 사정없이 나를 추월해 나갔다. 힘! 그것은 마라토너끼리 주고받는 구호이다. 그래, 힘을 내야지. 하지만 좀처럼 힘이 나지 않았다. 연습을 안 했으니 힘이 날 리가 있나? 여성 선수들이 하나둘 나를 추월할 땐 자괴감마저 들었다.

8킬로미터 지점에선 더 이상 달릴 수가 없었다. 그냥 포기하고 싶었다. 이거 뭐, 완주했다고 누가 상을 주는 것도 아니고 돈이 생기는 것도 아니었다. 게다가 중간에 포기했다고 내 목이 달아나는 것도 아니었다.

"그만하면 됐어. 이젠 포기해. 할 만큼 했잖아."

에고가 은근하게 속삭였다. 할 만큼 했잖아. 달콤한 유혹이었다. 내가 들어도 설득력이 있었다. 그런 고비에서 나를 지탱해준 건 가족이었다.

"안 돼! 저기 결승선에 우리 가족들이 기다리고 있어. 그들에게 패전의 상처를 안길 순 없어!"

내 안의 어떤 목소리가 준엄하게 외쳤다. 맞아. 난 가장이야. 이 세상 그 누구도 대신할 수 없는 가장이야. 내가 가족들 앞에서 맥없이 포기하면 우리 가족들이 위너의 기백을 갖기는 어려워. 그건 절대로 안 돼.

나는 이를 악물고 달렸다. 너무나 고통스러워 눈물까지 흘러내렸다. 그러나 멈추진 않았다. 나는 가장이니까. 그들의 영혼에 승전의 메시지를 심어줘야 하니까.

멀리서 희미하게 결승 테이프가 눈에 들어왔다. 서둘러 손등으로 눈물을 닦았다. 가족들 앞에서 눈물을 보일 수는 없었다. 눈이 따끔거렸다. 결승선 100미터 앞에서 나는 전력질주를 하기 시작했다. 기록 때문이 아니었다. 가족들 때문이었다. 그들 앞에서 지친 모습을 보일 순 없었다.

5, 4, 3, 2, 1.

마침내 결승 테이프를 힘차게 끊었다. 달려온 힘의 관성으로 한참을 더 달리다가 질주를 멈추었다. 박수를 치다가 내 뒤를 쫓아온 아내가 깜짝 놀랐다. 내 얼굴을 보더니 너무 핼쑥해졌다며 병원에 가보자고 했다.

"괜찮아. 별것 아니야. 달리면 다 그래."

난 애써 태연한 표정을 지으며 가족들을 안심시켰다. 동물의 세계에서 수컷은 죽기 1초 전까지 괜찮을 뿐이다. 그것이 수컷본능이다.

마의 10킬로미터. 그 구간은 당시의 내 심리적 임계점이었다. 내면에선 경계를 넘어섰던 마음이 몸과 관련해서는 분명한 한계를 드러내고 있었다. 그래서 돌파가 그토록 어려웠던 것이다. 나중에 마라톤 하프코스는 물론이고 42.195 킬로미터 풀코스까지 완주했지만 10킬로미터 구간의 첫 완주만큼 힘들지는 않았다. 그러니 임계점은 무조건 넘어서는 게 정답이다.

4-5. 멀리 가려면 함께 가라

10킬로미터 완주를 하면서 워낙 혼이 나서 그런지 혼자 연습하는 한계를 절감하게 되었다. 더 이상은 혼자서 연습을 계속할 자신도 없었다. 그래서 동네 마라톤 클럽과 인터넷 마라톤 동호회에 가입했다.

과연 단체로 하는 연습은 차원이 달랐다. 우선 고수들의 지도편달을 받으며 달리기 자세와 호흡, 부상 방지요령 등을 지도받은 게 큰 도움이 되었다. 같이 달리는 사람이 많다보니 외롭지도 않았다. 함께 달리면 10킬로미터는 아무것도 아니었다. 그냥 기본적인 몸풀기 정도에 지나지 않았다. 또 연습이 끝난 후에 뒤풀이에서 막걸리 잔을 주고받는 분위기가 유쾌했다. 비로소 마라톤이 고행이나 극기가 아니라 즐거운 취미로 다가왔다.

그런데 무엇보다 중요한 건 시야가 달라졌다는 점이다. 혼자서 연습할 땐 10킬로미터가 아득히 멀게만 보이는 목표였다. 하지만 풀코스 완주자는 물론이고 100킬로미터 울트라 완주자도 포진한 동호회에선 풀코스 완주가 별것 아닌 과제처럼 비쳤다. 관점 자체가 달라진 것이다.

역시 사람은 멘토나 스승이 필요하고, 사귀는 그룹의 수준이 중요하다는 걸 절감했다. 백 바퀴 도는 것보다 수박 한 바퀴, 혼자 힘겹게 용쓰는 것보다 멘토의 한 수를 배우는 게 훨씬 더 효과적이다. 고수 곁에 머물러야만 고수의 마인드를 흡수할 수가 있는 것이다.

감량, 즉 몸의 버림은 생각보다 쉬웠다. 하루 세 끼를 1.5식으로 줄였다. 아침은 우유 한 잔, 점심은 채식 위주의 소식, 저녁은 먹지 않았다. 그 결과 한 달 만에 체중이 95킬로그램에서 87.5킬로그램으로 7킬로그램 이상 줄었다. 마음도 그렇지만 몸의 영역에서도 구체적인 대상이 있는 게 쉽게 버려졌다. 반면에 무형의 상相, 예를 들면 마음속의 자존심이나 공포심 또는 몸의 나태함 등은 쉽게 버려지지 않았다.

마음속의 그런 저항을 수시로 가지치기하면서 단체로 일정 기간 연습한 뒤 하프코스 마라톤 대회에 출전했다. 그리고 21킬로미터 구간을 가볍게 주파했다. 그렇게 곤욕을 치렀던 10킬로미터의 두 배가 넘는 거리였지만 힘든 줄을 몰랐다. 또 완주를 한 후에도 힘이 남아돌았다.

"멀리 가려면 함께 가라."

누가 한 말인지는 모르겠지만 참 명언이다. 체험을 근거로 나는 그 말을 지지한다. 인생 2막도 이제는 단거리가 아니라 마라톤이 되었다. 평균수명이 예상외로 많이 늘어났기 때문이다. 이 구간을 허덕이지 않고 여유롭게 통과하려면 역시 함께 가는 게 좋을 것 같다.

하프코스 대회에 몇 번 더 출전하면서 현실적인 자신감도 생겨났다. 풀코스 완주가 더 이상 막연하고 선언적인 목표가 아니라 실제로 달성 가능한 거리로 성큼 다가왔다. 그래서 인터넷 마라톤 동호회에 가서는 여성 동갑에게 풀코스 결투를 신청하는 호기까지 부렸다. 이미 풀코스를 여러 번 완주했던 동갑내기 여성은 웃으며 내 도전을 받아들였다. 주변에선 내기를 걸겠다고 법석을 떨면서 재미있어 했다.

그리고 또 하나, 첫 도전의 부진도 말끔하게 설욕했다. 하프코스에 익숙해졌을 때 10킬로미터 구간 대회에 다시 한 번 출전했다. 이번엔 코스를 달리며 주변 환경까지 여유롭게 감상할 수 있었다. 첫 출전에서 그 구간이 왜 그렇게 멀고 고통스러웠는지 스스로 의아할 정도였다.

달리는 거리가 늘어나면서 내 몸과 마음의 괴리는 점점 더 좁혀졌다. 하지만 결정적인 변곡점은 10킬로미터 구간 완주였다. 만약 내가 그때 10킬로미터 구간 완주를 중간에 포기했다면, 이 같은 차원상승의 기쁨은 도저히 맛볼 수 없었을 것이다.

지금이 너무 힘들어 포기하고 싶은 영혼들, 10킬로미터를 넘어서면 약속처럼 하프코스를 넘을 수 있다. 그곳은 10킬로미터 구간보다 훨씬 더 멋지다. 그 고비만 넘기면 풍경이 달라지고 차원도 높아진다. 그러니 잊지 마시라. 힘!

4-6. 육체적 임계점 33킬로미터

하프코스를 완주하면서 마라톤이 익숙해졌다. 저건 도저히 내가 할 수 있는 게 아니다, 그렇게 지레짐작했던 심리적 임계점도 넘어섰다. 너 미쳤냐? 내가 마라톤을 시작할 때 그렇게 말렸던 주변의 시선도 이제는 감탄으로 바뀌었다. 그러나 또 하나의 임계점이 기다리고 있었다. 육체적 임계점이었다. 풀코스 과정에는 이른바 마의 구간이 있다. 33킬로미터 지점이다. 이 고비를 넘어야 러너즈 하이라는 마라톤 오르가즘 상태에 도달해 풀코스를 완주할 수 있게 되는 것이다.

휴일인 어느 날 혼자 연습에 나섰다. 단체훈련은 주로 하프코스 아니면 풀코스 구간만 했기 때문에 그 중간의 거리가 없었다. 30킬로미터 구간까지는 어렵지 않게 달렸다. 300미터도 못 달리고 폭삭 주저앉았던 시절에 비하면 장족의 발전을 한 것이다.

그러나 31킬로미터 구간을 넘어서자 피로가 본격적으로 몰려오기 시작했다. 먼저 갑자기 다리가 무거워지고 숨이 가빠졌다. 원인 모를 짜증이 나면서 불쾌한 기분이 들기 시작했다. 억지로 달리기를 계속했지만 점점 더 속도가 떨어졌다. 몸 전체에 고통이 느껴졌다.

33킬로미터 지점, 드디어 몸이 반란을 일으켰다. 길옆의 벤치가 눈에 들어오자 내 의지와는 상관없이 거의 자동적으로 몸이 그쪽으로 향했다. 그리고는 벤치 위에 축 늘어지고 말았다. 몸이 저절로 땅속으로 빨려드는 것 같았다. 더 달려야 하는데... 속으로 그런 생각이 희미하게 들었지만 손가락 하나 까딱할 수 없었다. 중상을 입은 부상병처럼 벤취 위에 쓰러진 채 숨만 거칠게 헐떡일 뿐이었다. 하늘이 노랗게 보였다.

30분 이상 그렇게 늘어졌다가 겨우 몸을 추슬렀다. 달리기를 포기하고 집으로 돌아가기로 결정했다. 하지만 걸음을 제대로 걸을 수가 없었다. 한 걸음을 떼자 몸이 휘청거렸다. 다리가 후들후들 떨리면서 내 말을 듣지 않았다. 공포감이 밀려왔다. 급히 집에 연락하려고 했지만 휴대폰이 없었다. 휴일 오후 한적한 길이라 그런지 지나가는 사람도 없었다. 억지로 걸을 수밖에 없었다. 몇 걸음 걷다가 쉬고 또 몇 걸음 걷다가 쉬고... 글자 그대로 엉금엉금 기었다. 집까지 남은 5킬로미터 정도가 50킬로미터보다 더 아득히 멀게만 느껴졌다.

"아니, 얼굴이 왜 그래요?"

겨우 집에 들어서니 아내가 대경실색을 했다. 난 거실에 폭 꼬꾸라졌다. 아내는 서둘러 내 신발을 벗기고 전신을 주무르기 시작했다. 목이 몹시 말랐지만 물을 달라는 말이 나오지 않았다. 손으로 물을 마시는 시늉조차 겨우 했다. 아내가 건네주는 물을 몇 모금 마시고 난 다시 축 늘어졌다.

그날 이후 휴일에 연습을 나서면 아내가 동행했다. 하지 말라고 해도 막무가내였다. 코스를 달리고 있으면 어느새 아내가 차를 천천히 몰며 지켜보고 있다가 적정 지점에서 물을 건네주었다. 스타디움 외곽을 달리면 아내는 주변 벤치에 대기했다. 물가에 내놓은 아이를 보는 것처럼 마음이 놓이지 않은 모양이었다.

"저놈들은 왜 저렇게 달리지?"

"저것들? 미친 거 아니가."

밭두렁에서 휴식 중이던 농부 몇 사람이 코스를 달리며 연습 중인 우리를 보고 한심하다는 반응을 보였다. 먹고 할 짓이 없으니 저 지랄을 하는 거지. 배부른 놈들이야… 그런 말도 들렸다. 혼자 하면 물가에 내놓은 아이, 단체로 하면 미친놈들. 그게 마라톤 연습이었다.

그러나 나는 연습을 통해 33킬로미터 임계점을 끝내 넘지 못했다. 이미 공포감에 사로잡힌 몸은 그 구간에만 도달하면 조건반사처럼 굳어졌고, 더 이상 치고 나가질 못했다. 이걸 넘어야 하는데… 내 마음은 그렇게 말했지만 몸의 거부는 완강하기만 했다. 심리적 임계점도 돌파가 쉽지 않았지만 육체적 임계점도 만만치 않았다.

4-7. 풀코스 완주, 드디어 끝났다

연습은 많이 부족한데 시합 날은 사정없이 다가왔다. 10월에 열리는 조선일보 춘천마라톤 대회. 호반의 도시 춘천에서 열리며 '가을의 전설'로 유명한 대회이다. 2월에 처음으로 마라톤을 시작하고 어느새 8개월이 훌쩍 지난 시점이었다. 초창기엔 혈기방장했고 하프코스를 돌파하고는 기고만장했다. 그런데 막상 시합 날이 다가오자 기가 팍 꺾이고 말았다.

33킬로미터의 벽을 넘지 못한 내가 과연 풀코스를 완주할 수 있을까? 게다가 이미 고참 반열에 오른 동갑 여성을 어떻게 이긴단 말인가. 이미 진 게임인 듯했지만 망신을 당하기 싫어 대회 신청은 인터넷 동갑 마라톤클럽 대신 동네클럽에서 했다. 그러면서도 대회 당일 컨디션이 좋으면 혹시 이길지도 모른다는 부질없는 기대감이 들곤 했었다.

이런 상황에 직면하면 믿을 것은 멘탈뿐이다. 그동안 익혔던 기법을 원용해 먼저 생각을 끊어버리는 명상을 했다. 명상을 하면 무엇보다 내면의 소리가 들린다. 내 내면의 소리는 심플했다. 풀코스 완주가 가능하다. 스스로의 역량을 폄하하지 말라는 것이었다. 그런 내면의 메시지에 힘입어 두 번째는 상상기법을 밀도 있게 진행했다. 두 팔을 번쩍 쳐들고 42.195 킬로미터의 결승 테이프를 끊는 장면을 상상했다. 오직 그 장면만 상상하고 또 상상했다.

드디어 시합 날.

새벽부터 약간의 사단이 났다. 단체버스가 있는 곳까지 차로 태워달라고 하자 느닷없이 아내가 반기를 들었던 것이다.

"가지 말아요. 집에서 쉬어욧!"

"뭣이?"

"연습이 부족하잖아요? 그러다 다쳐욧!"

"난 간다!"

화가 조금 난 나는 말리는 아내를 뿌리치고 혼자 집을 나와 4킬로미터 정도 떨어진 곳에 주차한 단체버스 방향으로 달리기 시작했다. 출발시간이 임박했기 때문이었다. 그래도 걱정이 됐는지 아내가 뒤늦게 차를 몰고 따라와 타라고 했다.

"필요 없어."

난 기어코 달려서 단체버스에 탑승했다. 아내도 차를 주차해두고 단체버스에 오른 뒤 내 옆에 앉았다.

풀코스 마라톤은 출발준비가 좀 요란한 편이다. 운동복으로 갈아입은 뒤에 몸 곳곳에 바셀린을 듬뿍 발라줘야 한다. 옷과의 마찰이 많은 사타구니와 젖꼭지 등에 바셀린을 바르지 않으면 시합 중에 살갗이 까져서 고통스럽기 때문이다. 장갑 속에는 파워젤을 넣었다. 부지런한 선수는 허벅지와 장딴지에 테이핑까지 했다.

탕!

출발 총성이 울렸다.

와아!

1만 명이 넘는 건각들이 일제히 함성을 지르며 운동장을 빠져 나갔다. 다들 기운들이 하늘을 뚫을 듯했다. 응원팀에게 팔을 높이 들어 힘차게 흔들었다. 힘! 힘! 곳곳에서 마라톤 구호가 우렁차게 울려 퍼졌다.

단풍이 곱게 물든 의암호는 풍광이 아름다웠다. 페이스를 유지해야 한다. 절대로 옆 주자에게 자극받아선 안 된다. 나는 자기암시를 하며 부족한 연습량을 고려해 최대한 천천히 달렸다. 10킬로미터 구간을 돌파했다. 21킬로미터 하프 구간도 돌파했다.

시간은 2시간 정도 지났다. 그렇게 힘든 줄을 몰랐다. 그건 관점의 차이에서 나오는 파워 같았다. 10킬로미터가 목표일 때는 10킬로미터가 아득하게 느껴진다. 하프코스를 목표로 잡으면 하프코스가 무거운 장벽으로 다가온다. 그런데 이번엔 풀코스가 목표다. 지향점이 그렇게 잡히면 10킬로미터나 하프코스는 평범한 거리에 불과해진다. 또한 동행하는 사람들의 마인드도 모두 그런 식이다. 그러니 돌파도 가볍게 해버리는 것이다. 목표를 크게 잡고 동행자들을 잘 선택하는 것, 그것이 마라톤은 물론이고 인생 실전에서도 중요한 전략이다.

마의 33킬로미터 구간이 나왔다. 내 몸이 또 흔들리기 시작했다. 왼쪽 다리에 약간의 마비증상이 나타났다. 여기서 주저앉는가. 불안감이 밀려왔다. 그러자 노련한 대회 가이드들이 33킬로미터 지점에서 주자들의 질주를 중단시키고 다함께 스트레칭을 하게 했다. 강압적으로 밀어 부치는 대신 신체적 거부감의 진을 빼버리는 방식이었다. 앙탈을 부리던 몸이 머쓱해하는 것 같았다. 내친 김에 코스 옆에 설치된 의무대에서 다리에 침을 맞았다. 마비증상도 풀리는 듯했다. 자원봉사자들은 바나나와 물을 나눠주며 선수들을 격려했다. 거기에 더해 비장의 한 수, 장갑 속에 넣어두었던 파워젤을 꺼내 단숨에 마셨다. 주눅이 들었던 몸이 마침내 기운을 추스르기 시작했다.

굿이다! 컨디션을 회복한 나는 회심의 미소를 지으며 다시 질주를 시작했다. 35킬로미터를 넘어서니 드디어 러너즈 하이가 왔다. 섹스의 오르가즘처럼 대단한 쾌감은 아니지만 몸이 가벼워지고 기분이 상쾌해졌다. 그런 기세로 40킬로미터까지 치고 나갔다.

마지막 2킬로미터 구간은 동트기 전의 짙은 어둠과도 같다. 몸이 다시 무거워졌다. 질주를 중단하고 걷고 싶은 유혹이 강렬했다. 실제로 많은 주자들이 달리기를 그만두고 절뚝거리며 걸어서 가고 있었다.

"안 돼. 이 고비만 넘기면 된단 말이야."

내면의 소리가 내게 제동을 걸었다. 그건 진군을 독려하는 북소리였다. 그 단호한 독려에 힘입어 달리기를 계속했다. 속도는 걷는 것과 다를 바 없었지만 달린다는 데 의미가 있었다. 힘은 이미 다 빠진 상태였다. 코스는 한없이 지루하게 느껴졌다. 이 구간을 넘어서는 건 더 이상 체력이 아니었다. 그건 정신력이었다.

드디어 출발점이었던 스타디움이 눈에 들어왔다. 스타디움 안에 들어서니 응원의 함성이 사방에 가득했다. 마라토너의 가족과 동호인들이 던져주는 뜨거운 응원이었다. 그런 분위기 때문에 힘이 살아났다. 영화 〈마이 웨이〉의 주인공처럼 마지막 코스를 있는 힘껏 탄력 있게 질주했다. 그렇게 마지막 구간의 질주를 하는데 가슴속에서 뭔가 울컥 올라오는 것이 느껴졌다. 나도 모르게 눈물이 핑 돌았다. 스스로가 대견스럽게 느껴졌다.

마침내 결승선. 나는 두 손을 번쩍 들고 결승선의 테이프를 힘차게 끊었다. 그 액션은 상상 속에서 그렸던 장면과 정확하게 일치했다. 먼저 완주를 마친 마라톤 클럽의 도반들이 열렬한 박수로 환영해주었다. 그중에 아내도 있었다. 완주와 함께 아내에게 화났던 마음도 눈 녹듯이 사라졌다. 멀고도 멀었던 여정이었던 42.195 킬로미터 풀코스 도전은 그렇게 막을 내렸다. 드디어 끝이 났는가? 말할 수 없을 정도로 만족스러웠다. 마침내 몸과 마음이 하나가 된 것 같았다.

나중에 확인해보니 동갑 여성의 기록은 나보다 1시간 정도나 빨랐다. 난 카페 게시판에 글을 올려 그녀의 승전을 축하하면서 체력전에서도 여성에게 밀린 내 자괴감을 솔직히 털어놓았다. 그녀는 댓글로 날 위로했다. 다른 동갑내기들도 이구동성으로 격려해주었다. 하지만 자괴감을 이기지 못한 나는 그 동갑모임에 발을 끊고 말았다. 풀코스의 벽은 넘었지만 남자다움의 굴레는 여전히 벗어나지 못했던 것이다. 형체가 없는 무형의 상은 좀처럼 제압이 되지 않았다.

4-8. 마라톤의 빛과 그림자

마라톤은 무엇보다 정직한 스포츠이다. 길고 긴 코스를 하염없이 달리다 보면 부질없는 욕심들이 절로 정돈이 된다. 체력도 강해지고 심폐기능도 당연히 좋아진다. 그러나 호사다마인가. 좋은 점이 있으면 나쁜 점도 있게 마련이다.

육군사관학교를 졸업하고 군대에서 근무하다 퇴역한 60대 중반의 Y. 무릎 연골이 다 닳았다는 그는 풀코스는 물론 100킬로미터 울트라 마라톤 대회에도 심심치 않게 출전한다. 주변에선 그의 대단한 에너지에 탄복을 금치 못한다.

Y는 무릎 연골이 좋지 않았다. 아마 강도 높은 군사훈련과 사선을 오갔던 월남전의 후유증 때문인 것 같았다. 그는 무릎근육을 키우기 위해 주변에서 좋다는 말을 듣고 먼저 검도를 했다. 하지만 유단자가 되도록 수련을 했지만 무릎의 통증은 사라지지 않았다. 두 번째는 수영이었다. 전문가들도 수영이 좋다고 했다. 하지만 수영을 해도 차도는 없었다.

Y가 마지막으로 욱하는 기분에 시작한 게 마라톤이었다. 어느 날 운동장에서 몸놀림도 가볍게 달리는 주자들을 보자 몹시 부러운 마음이 들었다. 그와 동시에 아무리해도 차도가 없는 자기 무릎에 화가 나면서 직업군인 특유의 근성이 발동했다. 이왕 죽을 몸, 원 없이 한번 달려나 보자. 그런 기분에 휩쓸려 바로 주자들 틈에 들어가 달리기 시작한 것이다. 신기하게도 달릴수록 무릎의 통증이 느껴지지 않았다. 내심 놀랐던 그는 달리기에 폭 빠져 42.195 킬로미터의 풀코스를 완주하고 100 킬로미터 울트라의 벽도 넘었다. 드물지만 아주 성공적인 사례라고 할 수 있다.

"내가 마라톤을 안 했으면 어떻게 됐을까? 아마 지금쯤 다리를 절뚝거리고 다녔을 거야."

Y 스스로도 입만 열면 마라톤 덕분에 무릎이 튼튼해졌다는 걸 인정했

다. 또 주변에서 무릎이 좋지 않은 사람들을 보면 마라톤을 적극 권유하기도 했다.

반면에 J는 불운했다. 젠틀한 스타일에 귀티 나게 생겼던 그가 기록욕심이 강할 줄은 미처 몰랐다. 서브쓰리sub-3, 즉 3시간 안에 풀코스를 완주하는 기록에 집착했던 J는 끝내 무릎을 심하게 다쳐 목발을 잡는 신세가 되었다. 뒤늦게 후회한 그는 카페에 글을 올려 자기처럼 어리석은 짓은 하지 말라고 신신당부를 하기도 했다.

물론 동호회의 분위기에도 문제는 있었다. 즐겁게 달리자! 그런 슬로건을 내세우지만 실제로는 기록에 대한 집착이 많았다. 서브쓰리는 학력, 경력, 인품 등에 상관없이 거의 절대적인 대접을 받았다. 여성 주자들 사이에서도 마찬가지였다. 세속과는 달리 미모보다 서브쓰리가 우선이었다.

결국 유명을 달리한 C의 사례는 가슴이 아프다. 풀코스에 만족하지 못한 그녀는 100 킬로미터 울트라 마니아가 되었다. 주변에선 다들 대단하다며 감탄을 금치 못했다. 그러나 햇빛에 너무 많이 노출되어서 그랬을까, 어느 날 그녀에게 피부암이 발병했다. 초기엔 치료가 잘되는 것 같았다. 그런데 증상이 재발했다. 결국 C는 인생 2막을 제대로 누리지도 못한 채 세상을 뜨고 말았다.

"하얀 쌀밥에 김치 얹어서 한번 먹고 싶어."

그녀의 마지막 소망은 이처럼 소박했다. 우리가 일상에서 쉽게 누릴 수 있는 한 끼의 식사도, 건강을 잃어 더 이상 먹을 수조차 없었던 그녀에겐 간절한 소망이었다.

과유불급過猶不及. 넘치면 모자람만 못 하다는 뜻이다. 맞는 말이지만 일상에선 그게 제대로 절제가 안 된다. 다들 넘치기 위해 안달이다. 부귀권세도 그렇고, 명예도 그렇고, 정직한 스포츠인 마라톤의 영역에서조차 그렇다. 직접 해보니 마라톤은 버림의 기운이 강했지만 가짐의 기운 역시 만만치 않은 운동이었다.

마라톤 입문 초기엔 체력의 한계를 넘어서느라 몸의 악습들을 미련 없이 버리게 된다. 그러나 그 단계를 넘어서면 다시 그 이상을 넘어서려는 새로운 욕심에 휘둘리게 된다. 게다가 풀코스를 넘어섰다는 자긍심은 아집을 더욱 단단하게 만드는 부작용으로 이어지기도 하는 것이다.

무지개를 쫓는 소년의 이야기가 생각났다. 풀코스를 완주하면 마음과 몸의 경계가 사라질 것으로 기대했건만 막상 그것을 넘어서니 경계는 다시 저만치 달아나 있었다. 마음에선 다시 안타까운 갈증이 일어났다. 마라톤이 아니라면 그 대안은 무엇이란 말인가. 실망감에 사로잡힌 나는 마라톤과 결별하고 말았다. 그 대신 선각들의 사례들을 참조해 산행 쪽으로 방향을 돌렸다.

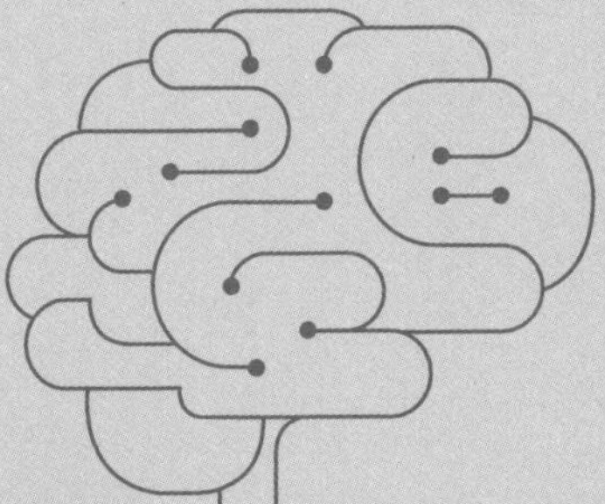

5 제5장 자연의 힘을 빌린다

5-1. 산이 주는 선물

시장에 가면 거래를 한다. 도서관에 가면 공부를 한다. 링에 올라서면 피터지게 싸운다. 직장에선 업무를 처리한다. 각자의 영역에는 거기에 적합한 에너지의 장이 형성된다. 그렇다면 산은 어떤 영역일까?

산행으로 눈길을 돌린 나는 관악산을 시작으로 북한산, 도봉산, 함백산, 지리산, 설악산 등 주말마다 전국의 명산을 찾아가며 하나씩 섭렵하기 시작했다. 백두대간 산행에 합류하기도 했다.

산행팀은 스트레칭으로 간단하게 몸을 푼 후에 산을 오르기 시작했다. 산에 들어서면 삽시간에 기분이 달라진다. 일상에서 찌들었던 스트레스가 산바람을 타고 가볍게 풀린다. 헉헉 가쁜 숨을 쉬며 산에 오르면 폐 안의 탁한 공기도 신선한 산소로 대체된다. 몸 안에 쌓였던 노폐물도 땀과 함께 몸 밖으로 배출된다.

내 반드시 절정에 올라會當凌絕頂
뭇 산의 작음을 한번 보리라一覽衆山小

시성詩聖 두보가 혈기방장했던 20대 시절에 지은 시 〈망악望嶽〉의 마지막 구절이다. 정상에 올라 세상을 내려 보는 호쾌함을 씩씩한 기상으로 표현한 작품이다. 어디 두보뿐이랴.

산 정상에 올라서면 누구나 '마운틴 오르가즘'을 느끼기 마련이다. 내 발밑에 왜소하게 펼쳐진 속세가 그저 가소로울 따름이다. 개미집 같고, 성냥갑 같은 저 속에서 빵 부스러기 하나를 놓고 아옹다옹하는 군상들이 안쓰럽기까지 하다. 나는 천하의 주인, 온 세상이 나를 떠받들고 있다.

"위하여!"

정상에서 막걸리 한 잔 시원스레 들이키면 뱃속까지 다 시원해진다. 유쾌한 웃음소리가 터져 나온다. 산에서 먹는 음식은 왜 그렇게 맛이 좋을까. 빙 둘러앉아 저마다 배낭에 싸온 음식들을 꺼내 서로 권하고 나눠 먹으면 이른바 초딩시절의 소풍날처럼 즐겁다.

일상에서 쫀쫀했던 소인배도 산에 가면 대인배로 변한다. 산이 가진 에너지와 산이란 영역의 속성 때문이다. 산은 무엇보다 버림의 기운이 강한 곳이다. 구도자들이 하나같이 산을 찾는 것도 다 이유가 있다. 산은 또한 순리로 존재한다. 또 언제나 그 자리에 있다. 산은 그래서 만인에게 마음의 고향인 것이다.

하산길의 서정은 등산과는 정반대이다. 오직 정상만을 쳐다보면서 땀

뻘뻘 흘리며 오르는 게 등산이라면 하산은 속절없이 다시 출발점으로 돌아가는 허전한 여정이다. 속도를 내기 어려운 내리막길, 그래서 하산길은 천천히 조심조심 걸을 수밖에 없다. 하지만 그 느림은 색다른 선물을 안겨준다. 올라갈 땐 보이지 않았던 이름 모를 야생화와 정상만을 바라볼 땐 잘 들리지 않았던 계곡의 물소리가, 그제야 비로소 보이고 제대로 들리기 시작한다.

그대 보지 못했는가
임금의 좌우측근
아침에 총애받다 저녁에 사약받네

인생사의 허망함이 절절하게 묻어나는 백거이의 시 〈태행로太行路〉의 애잔함이 가슴에 저미는 시간도 하산길이다. 세상이 가소롭던 득의의 세월도 잠깐, 돌아서니 약사발이 대령하는 처참한 추락도 하산길의 여정에 접어들어야 비로소 인지가 된다.

돌고 돌아 제자리에 온다. 힘들게 정상에 올라 기세 좋게 사자후를 외쳤지만, 허전하게 다시 내려와 출발점으로 돌아가는 게 산행인 것이다. 어차피 내려올 것을 뭐 하러 힘들게 올라가느냐고 반문하는 사람도 있다. 그럼 그대는 어차피 죽을 인생, 왜 사는가. 산행은 손바닥 뒤집기와 비슷하다. 힘들게 올라갔다 하릴없이 제자리로 돌아온다. 하지만 그 차원이 달라진다. 출발점에서 손등이 보였다면 도착점에선 손바닥이 펼쳐지는 것이다.

등산과 하산, 단맛과 쓴맛을 고루 맛본 영혼은 내공이 깊어진다. 유쾌하지만 경박하지 않고 꼿꼿하지만 오만하지 않다. 산행을 하면 사람은 그렇게 산을 닮아 간다. 그리고 자기도 모르는 사이에 자신이 누구인지를 알아가게 되는 것이다.

5-2. 욕심은 산에 버린다

주식투자로 심신이 피폐했던 한 남자가 인터넷에 체험담을 올렸다. 울림이 있는 글이었다. 그는 밤낮없이 차트를 보고 연구를 하고 거래에 나섰다. 하지만 결과는 매번 참패였다. 어느 날 거울에 비친 자신의 초췌한 모습에 충격을 받은 그가 마음을 고쳐먹었다. 차트 공부에 매달리는 대신 달리기와 등산을 시작한 것이다. 담배도 끊었다. 날마다 달리기를 하고 날마다 등산을 하자, 머리가 맑아지기 시작했다. 그뿐 아니었다. 주식투자에서 수익이 나기 시작했다. 행복한 변신이었다.

하지만 자신감이 붙은 그는 또 헛발질을 한다. 달리고 산에 오르는 시간에 주식연구에 더 매진하기로 한 것이다. 그렇게 하면 단기간에 부자의 반열에 올라설 것만 같았다. 그러나 몇달 뒤 그의 계좌는 다시 깡통 직전까지 쭈그러져 있었다.

"이럴 수가? 그 많던 나의 기법이 다 어디로 갔단 말인가."

절망 속에 실패과정에 대한 복기에 나섰던 그는 돈에 대한 욕심이 실패의 원흉이었다는 걸 뼈저리게 통감했다. 또한 욕심이 무럭무럭 자란 시점이 달리기와 등산을 그만둔 시점과 비슷하다는 것도 알아챘다. 늦었지만 그는 달리기를 다시 시작했다. 날마다 산에도 올라 큰소리로 외쳤다.

"욕심 덩어리야! 내 곁을 떠나거라!"

어느새 그의 계좌는 손실분의 몇 배 이상 불어났다. 하지만 그는 더 이상 욕심을 내지 않았다. 달리기와 산행도 중단하지 않았다. 멘탈이 달라졌기 때문이었다.

사람을 망치는 원흉은 욕심이다. 누구나 머리로는 그걸 잘 안다. 그러나 몸이 말을 안 듣는다. 이번만, 이번만 하다가 결국에는 욕심과 타협하면서 점점 더 과속을 하다가 한방에 훅 가는 것이다. 그런 추락은 대부분 너무 처참해서 재기조차 어렵다.

매스컴에는 사흘이 멀다 하고 추락하는 군상들이 등장한다. 추락의 영역에선 남녀가 따로 없다. 뇌물을 드셨다가 이른바 '국립호텔'로 가는 관료들, 육탄돌격으로 무리하게 이권을 잡았다가 망신살이 뻗치는 미인들, 기세 좋게 호기를 부리다가 하루아침에 빚쟁이로 전락하면서 스스로 목숨을 끊어버리는 사업가들… 저널리스트로 살아오면서 그런 몰락을 신물 나게 많이 보았다. 그들은 결코 바보가 아니었다. 다만 욕심이 과했을 뿐이었다.

인간의 욕심은 원래 끝이 없다. 천하를 통일했던 고대 중국의 진시황은 불로장생을 추구했지만 지역 순방 중에 급사하고 말았다. 또 후계다툼의 여파로 장례를 제때 치르지 못해 시체에선 구더기까지 나왔다. 총애를 믿고 방자함이 도를 넘었던 당나라의 양귀비는 반란군에 쫓기다가 원한 맺힌 호위병사들의 강한 압박을 받아 결국 목을 매 죽었다. 역사상 가장 광대한 제국을 건설했던 칭기스칸도 마찬가지다. 북중국의 도인 리우웬을 중동까지 불러 무병장수의 비법을 물었지만 낙마의 후유증에 시달리다 진중에서 죽고 말았다.

"어떤 것을 욕망한다고 말하는 것은 그것이 내 것이 아니라고 말하는 것이다. 그것이 내 것이 아니라고 말하면, 나와 내가 원하는 것 사이에 마음의 거리가 생긴다. 이 거리가 에너지를 소모시키는 장애물이 된다.

자신을 완전히 항복하자마자 불가능한 일이 가능해진다. 무엇을 원하면 그것을 받는 데 장애가 되며 그것을 얻지 못할까 두려움이 생기기 때문이다. 욕망의 에너지는 원하는 것을 바라기만 하면 가질 수 있다는 사실을 본질적으로 부인한다."

데이비드 호킨스 박사가 『놓아버림』에서 말한 그대로이다. 욕심은 버리는 게 상책이다. 하지만 인간의 의지만으론 그렇게 하기가 어려운 것이 또한 사실이다. 그래서 자연의 도움이 필요하다. 산은 버림의 기운이 강한 영역이다. 그래서 산에 오르면 쉽지 않은 그 작업이 한결 더 수월하게 진행될 수 있다.

토목사업에 실패했던 고교동창 P는 매일 새벽 집 부근의 검단산에 올라 떠오는 해를 보면서 좌절감을 달랬다. 그리고 몇 년 뒤 그는 재기에 성공했다.

다른 고교동창 K는 총경 승진에서 계속 밀리자 답답한 마음을 달래기 위해 주말마다 명산을 섭렵하기 시작했다. 설악산 대청봉에 오른 어느 날이었다. 안개 자욱했던 사방이 갑자기 거짓말처럼 걷히며 일출이 눈에 확 들어왔다. 탄성이 나왔다. 그렇게 1년여를 보내고 K는 마침내 총경으로 승진했다. 그 후엔 더 높은 직급까지 수직으로 상승했다.

산은 그렇게 사람을 도와준다. 돈이 들어오고 벼슬이 담길 수 있도록 그릇을 넓혀주고 멘탈의 차원을 높여준다. 도자기를 굽는 친구는 말했다. 세상이 다 잠든 새벽에 혼자 요에 불을 지피고 있으면 천지에 가득한 에너지가 분명히 느껴진다고. 그런 에너지가 강하게 응축된 곳이 바로 산이다.

5-3. 지리산 남북종주의 감동

우와! 산죽山竹 사이로 장엄하게 떠오르는 새빨간 해를 보는 순간, 절로 탄성이 터져 나왔다. 그렇게 강렬한 붉은 빛은 평생에 처음이었다. 일행들도 다들 감탄을 금치 못하면서 일출의 정경을 카메라에 담느라 정신이 없었다.

백두대간 지리산 무박 남북종주. 새벽 4시부터 헤드렌턴 불빛에 의지해 산죽 빽빽한 난코스를 힘겹게 오르는 도중에 일출을 맞이했다. 너무나 장엄한 일출에 말문이 막힐 지경이었다. 오랫동안 잊고 살았던 소년 시절의 감동이 되살아나는 것 같았다.

인생에서 진실로 소중한 건 감동이다. 하지만 일출보다 더 진한 감동은 역시 사람이다. 어려웠던 시절 처참했던 순간에 내 곁에 있어준 사람이라면 그야말로 감동 중의 감동이다. 일출의 여운 속에 그런 은인들의 얼굴이 실루엣처럼 떠올랐다.

봉우리를 넘고 또 넘어 하루에 보통 20킬로미터 이상을 주파하는 강행군이 백두대간 산행이다. 웬만해선 도전할 엄두조차 안 난다. 어렵사리 백두대간 산행을 결심하고 몸만들기에 착수했다. 그런데 내 몸과 마음은 이번에도 계속 꾀를 부리며 거부반응만 보였다.

몸은 수시로 술을 찾았고, 한밤중 허기 때문에 벌떡 일어나 허겁지급 음식을 먹게 했다. 88킬로그램이었던 체중이 단기간에 95킬로그램까지 7킬로그램이 더 늘어났다. 또 마음은 걸핏하면 삐치거나 화를 내는 성마른 성격으로 변해갔다. 몸과 마음은 한사코 백두대간 산행이 어려운 쪽으로 뒷걸음만 쳤다.

그러던 어느 날 내면에서 소리가 들렸다.

"승부를 걸어라!"

난 곧바로 백두대간 인터넷 밴드에 들어가 지리산 무박 남북종주에 참가하겠다는 댓글을 달았다. 도망치기에 급급한 몸과 마음을 제압하기 위해 주사위를 던진 것이다.

에고는 당황한 기색이 역력했다. 아니, 그건 아니야. 제발 다시 생각해봐. 그 체중으로 어떻게 무박종주를? 잘못하면 무릎을 심하게 다쳐 병신이 되는 수가 있어. 청계산, 북한산 같은 동네 산에서 4시간 전후로 안전하게 놀자, 응? 백두대간 산행은 나중에 몸이 충분히 만들어진 후에 해도 되잖아.

에고는 구구절절 지당하신 말씀만 늘어놓으며 포기를 종용했다. 그러나 논리를 이기는 건 비논리다. 이번엔 내가 완강해졌다. 노생큐. 난 죽을란다. 죽는 놈이 건강이 무슨 필요가 있나. 존경하는 에고, 이제 그만 물러나시지.

백두대간 지리산 무박 남북종주는 그렇게 시작됐다. 컴컴한 새벽에 산죽 빽빽한 고운동재 구간을 3시간 이상 헤쳐 나갔다. 70도가 넘는 가파른 경사를 숨 헉헉대며 기어서 올랐고, 사납게 꺾어지는 한신계곡 내리막길을 어기적거리면서 13시간의 산행을 겨우 마쳤다.

도중에 고비도 있었다. 세석 대피소 부근에서 왼쪽 무릎에 통증이 느껴졌다. 일행들에게 민폐를 끼치지 않으려고 대열이탈을 생각했다. 하지만 그 지점에선 탈출이 의미가 없었다. 탈출로인 거림까지의 거리는 5킬로미터, 당초 계획노선인 한신계곡으로 빠지는 6.5킬로미터와 차이가 크지 않았다. 어쩔 수 없이 한신계곡으로 내려오게 되었다. 하지만 하산길은 멀고도 멀었다. 몸은 지치고 무릎은 아프건만 아무리 걸어도 도대체 거리가 단축되는 것 같지 않았다. 징글징글한 하산길이었다.

그러나 대간 무박종주는 내 멘탈을 파격적으로 업그레이드시켰다. 무모한 시도였지만 성공한 도박이었다. 땀에 흠뻑 젖은 채 정신없이 나아가다가 온몸으로 선명하게 느꼈던 새벽 기운의 상쾌함, 조망이 180도로 탁 트인 삼신봉 정상에서 맛보았던 호쾌함, 신록 사이를 걸을 때 가슴 속으로 스며들던 싱그러운 생기, 이른바 '마운틴 오르가즘'을 멀티로 체감하면서 몸과 마음이 확 달라졌던 것이다.

열심히 살아가는 것인가?
미련 없이 훌쩍 떠나버려도
좋을 만큼 살아왔는가?

시인 용혜원 님은 〈가을비를 맞으며〉에서 그렇게 물었다. 지리산 대간 산행은 그 물음에 답을 주었다.

"열심히 살아가라. 삶의 기쁨을 만끽하라. 더불어 살아가고 베풀며 살아가라."

그런 삶의 이면이자 마무리가 죽음이다. 선승 만공滿空은 76세로 열반하던 저녁, 거울을 보며 자신과 담담하게 작별인사를 나눴다고 한다.

"이 사람 만공. 자네와 나는 70여 년 동안 동고동락 해왔지만 오늘이 마지막일세. 그동안 수고했네. 나는 가네."

과연 만공이다. 작별이 깔끔해서 좋다. 여한 없이 삶을 살았던 사람만이 저렇게 담담하게 죽음을 맞을 수 있을 것이다. 우리 또한 언젠가 떠날 날이 오면 저렇게 미련 없이 훌쩍 떠나야 하지 않겠는가. 지리산에서 무박 남북종주를 감행했던 그 기세 그대로.

지리산이 던져 준 "멋진 삶, 멋진 죽음, 멋진 드라마"라는 메시지는 삶에만 편중됐던 시각을 죽음으로까지 넓혀주면서, 실체처럼 보이는 일상이 사실은 드라마라는 점도 다시 일깨워 주었다. 그러나 만약 나 혼자였다면 지리산 무박종주는 엄두도 내지 못했을 것이다. 무리하게 시도를 했다 하더라도 십중팔구 중간에 포기했을 가능성이 높다. 멀리 가려면 역시 함께 가는 게 맞다. Alone With, 홀로 다함께. 그 말에 새삼 공감이 간다.

5-4. 배낭은 가벼워야 한다

지리산 무박종주 다음날인 일요일, 걱정했던 무릎이 멀쩡하기에 내심 안도했다. 낮에는 혼사에 하객으로 참석했다가 다시 부리나케 고등학교 동문 산행 뒤풀이가 열리는 청계산 입구로 향했다. 지하철로 1시간이 넘는 거리였지만 자리가 없어 계속 선 자세로 이동했다.

그러나 방심도 잠깐이었다. 기어이 허리에 탈이 나고 말았다. 월요일 아침에 불편한 자세로 양치를 하다가 기침을 두어 차례 세게 했더니 허리 쪽에 뜨끔 하는 통증이 느껴졌다. 한의원에 들렀더니 허리의 근육이 많이 부었다며 침을 놓고 물리치료를 해주었다. 그다음 날인 화요일엔 휴가를 하루 내고 집에서 쉬면서 몸조리를 했다. 그런데 수요일 아침이 되니까 아예 자리에서 일어날 수가 없었다. 상체를 일으키려는 순간, 허리통증이 너무 심해 비명을 지르고 말았다. 침대에서 몸을 겨우 옆으로 돌린 뒤 힘겹게 다리를 방바닥에 내리고 억지로 일어설 정도였다.

"요추염좌 같습니다. 허리에 주사 맞고 약을 복용하고 물리치료 받으십시오. 2주 뒤에 다시 봅시다."

동네 정형외과에선 엑스레이 사진을 보고 그렇게 진단했다. 엑스레이에는 4번 물렁뼈 하나가 안쪽은 넓고 등 쪽은 좁아진 모습으로 나타나 있었다. 다행히 척추 측만증은 없었고 무릎에도 이상이 없었다. 하지만 의사는 최소한 2주 이상 산행을 중단하라고 했다. 처방에 따라 허리주사를 맞고 물리치료를 받으니 신기할 정도로 통증이 줄어들었다.

"종주 때 배낭을 넘 무겁게 지신 건 아닌지??... 행동식으로 싸오신 보냉 케이스 과일 무게가 좀 나가보이던데... ㅠㅠ 후배들 준다고 바리바리 많이 싸오신 듯~^ 종주 배낭은 좀 냉정히 꾸려야겠더라구요.~^^"

백두대간 밴드에 댓글로 당분간 산행을 중단하겠다는 사실을 알리니, 여자후배 하나가 위와 같은 답글을 달았다. 듣고보니 그랬다. 배낭이 평소보다 많이 무거웠다. 아내가 무박종주엔 시간이 많이 걸린다고 생각해 두 끼 분량의 식사에 과일과 물 4병을 넣었던 것이다. 덕분에 허기와 갈증은 면했지만 허리가 탈이 나고 말았다. 장시간 산행에선 무엇보다 배낭의 무게를 가볍게 하는 게 중요하다는 것을 절감했다.

배낭의 무게가 몸의 중심인 척추를 상하게 한다면 우리 내면을 망치는 무거운 짐은 무엇일까? 바딤 젤란드는 단연코 죄책감이 문제라고 강한 톤으로 역설했다.

"이 모든 쓰레기 중에서도 가장 파괴적인 것은 죄책감인데, 그것은 의식적인 것이건 무의식적인 것이건 똑같다. 세상이 당신을 벌주고, 모욕하고, 조롱하고, 정복하려고 하는 것처럼 보인다면 이 더러운 것을 발로 차 내쫓아버리라. 죄책감은 당신의 집에 쳐들어온 불청객이다. 그는 소파에 퍼져 앉아 다리를 테이블 위에 올려놓고 당신에게 자신의 조건을 제시하고 있다. 그를 내쫓는 것은 당신의 권리임을 인식하라. 그러면 언제든지 그를 쫓아낼 수 있다. 당신이 정말로 무엇을 잘못했을 때, 당신은 용서를 구할 권리가 있다. 그것도 단 한 번만이다."

저명한 정신의학자인 엘리자베스 퀴블러 로스도 마음의 평화와 죄의식은 서로 반대편에 있다고 지적하면서 죄의식은 분명히 치유돼야 한다고 강조했다.

"우리는 실수를 저지를 수밖에 없으며, 그것이 인간경험의 일부입니다. 죄의식은 시간과도 밀접한 관계가 있습니다. 죄의식은 언제나 과거의 일에서 비롯되기 때문에 죄의식에서 벗어나지 않는 한 과거는 계속해서 우리를 찾아 다닙니다."

바딤 젤란드는 이에 더해 열등감 콤플렉스를 포함해서 의심과 걱정, 두려움도 버려야 할 목록으로 제시했다. 또 후회나 원망, 미움도 그 짐이 결코 가볍지 않다. 낭비했던 지난날을 돌아보면 후회가 드는 건 인지상정이다. 억울하게 당했던 사연이라도 떠오르면 가해자를 원망하고 미워하는 심정도 십분 이해가 된다. 그러나 저렇게 무거운 짐을 잔뜩 넣어둔 배낭을 짊어지고서 인생 2막을 시작하면 초반부터 휘청거릴 수밖에 없지 않겠는가.

누구나 저마다 생명을 꾸려가기에 충분한 에너지를 가지고 있다. 하지만 그 에너지를 엉뚱한 데 허비하면 삶의 스텝이 꼬일 수밖에 없다. 그런 점에서 바딤 젤란드의 조언은 강한 울림이 있다.

"자질구레하고 무거운 많은 짐들이 언뜻 보기에는 꼭 필요한 것처럼 여겨지지만, 결국은 실현시키지도 못하면서 지고 다니기만 한다면 무슨 소용이 있겠는가? 예컨대 나는 무조건 최고가 되어야 하고, 항상 가장 높은 위치에 있어야 하고, 내가 최고라는 걸 모두에게 확인시켜주어야 하고, 내가 선택한 길을 꼭 걸어가야 하고, 내가 나 자신을 존경하기 위해 꼭 승리해야만 하며, 나에게는 더 이상 실수할 권리가 없다는 생각 등이다. 그에 더해서 담배 끊기, 외국어 배우기, 또는 월요일부터 새로운 삶을 시작하기 등과 같은 종류의 일이 그런 것들이다."

인생의 백두대간은 멀고도 험한 길이다. 그렇기에 배낭은 최대한 가벼워야 한다. 제 아무리 튼튼한 사람이라도 배낭을 무겁게 한 채 그 길을 걸어가면 중도에서 허리를 다치거나 무릎에 탈이 나기 십상이다. 멀리 가려면 먼저 배낭부터 비워야 한다.

5-5. 둘이면서 하나, 하나면서 둘

운길산에 올라 산중턱에 있는 수종사에서 내려 보면 두물머리의 풍광이 한눈에 들어온다. 북한강과 남한강이 하나로 합쳐지는 곳이다. 서로 다르게 흘러온 두 강이 두물머리에서는 큰 섬을 경계로 자연스레 하나의 강으로 변한다. 강 너머 먼 곳엔 용문산 줄기의 백운봉이 우뚝 서 있고, 그 옆으로 펑퍼짐한 유명산과 삼각형 모양의 중미산이 구름 속에 이어져 있다.

해질 녘 수종사 담벼락에 서서 멀리 두물머리를 하염없이 내려 보았다. 운무가 서린 날씨여서 강의 윤곽이 더 흐릿했다. 산의 윤곽도 그랬다. 산과 하늘의 경계, 강과 산의 경계도 그랬다. 강인 듯 산이 이어졌고, 산인 듯 하늘이 이어졌다. 그 고즈넉한 정경을 계속 바라보면서 나 자신도 서서히 없어졌다.

내면세계에 입문해 초발심으로 강도 높게 정진하면 내가 없어지는 경지는 비교적 쉽게 증득할 수 있다. 내가 사라지면 삼라만상 각각이 바로 나라는 것도 이론이 아니라 마음으로 증득이 된다. 저 산이 바로 나이고 저 물이 바로 나이고 저 하늘이 바로 나인 것이다. '공즉시색, 색즉시공'을 이해한다. 얼핏 들으면 상당한 수준에 이른 것 같기도 하다. 하지만 알고 보면 절반의 각성이라서 자칫 잘못하면 위태롭게 되는 인식이기도 하다. 우리가 사는 세상에서 산은 산이고 물은 물일 뿐이다. 산이 물이고 물이 산은 아닌 것이다. 게다가 여전히 '나'라는 에고를 꽉 움켜잡고 있는 상태이다. 그러니 일상에서 실전에 나서면 수시로 헷갈릴 수밖에 없게 된다.

숭산 선사는『선의 나침반』에서, 선원을 그려 설명하면서 0에서 출발해 360도를 돌아 원래의 자리로 돌아와야 한다고 강조했다. 180도 영역에선 공함을 깨치지만 거기에 머물면 공함에 집착하게 되고, 270도에 멈추면 자유에 집착한다고 경고했다. 만물이 있는 그대로 존재하는 360도는 0도와 같은 위치지만 본질은 달라진다. 0도는 집착인 반면 360도는 무애無碍인 것이다.

또 우주 만물은 똑같은 실체이지만 동시에 이 모든 것에는 특정한 기능이 있다는 게 숭산의 설명이었다. 모든 존재는 객관적으로 그 자체로서 존재하는 것이 아니라, 그 존재가 지니는 기능에 의해 존재한다는 것이다. 공즉시색 색즉시공이 아니라, 색즉시색 공즉시공이었다. 모양은 모양이고, 공은 공이고, 본질은 본질이고, 기능은 기능인 것이었다.

그랬었구나. 두물머리를 응시하며 혼자 그렇게 중얼거렸다. 강의 본질은 같지만 북한강은 북한강, 남한강은 남한강이다. 또 둘이 합쳐지면 다시 한강이다. 내 마음과 몸의 관계도 마찬가지였다. 마음과 몸의 본질은 분명 하나이지만, 그럼에도 불구하고 현실 속에서는 마음은 마음, 몸은 몸인 것이었다. 기능이 엄연히 다른 두 존재를 하나이어야 한다고 생각했던 내 분별이 잘못이었다.

"문제는 우리가 언제나 경계를 '실재하는' 것으로 받아들인 이후에, 경계에 의해 만들어진 그 대극을 조작하려고 한다는 데 있다. 우리는 그 경계 자체는 결코 의문시하지 않는 것 같다...

대립하는 양극을 떼어놓으려고 애쓰면서 소위 고통 없는 쾌락, 죽음 없는 생명, 악 없는 선 따위의 긍정적이라고 판단한 것들에만 집착할 때, 우리는 실체가 없는 유령을 쫓는 꼴이 되고 만다. 이것은 골 없는 마루, 파는 자 없는 사는 자, 오른쪽 없는 왼쪽, 출구 없는 입구만을 얻으려고 애쓰는 것과 같다. 따라서 우리의 문제가 너무나 고상한 것이어서가 아니라 그저 환상이기 때문에 비트겐슈타인은 '우리의 문제는 풀기 어려운 것이 아니라 성립되지 않는 난센스'라고 지적했던 것이다."

켄 윌버는 『무경계』에서 잘못된 경계의 문제점을 이토록 신랄하게 지적했다. 나는 양극을 떼어놓는 게 아니라 한쪽을 제압하려고 했지만 난센스였다는 점에선 켄 윌버의 지적과 차이가 없었다. 경계에 대한 어리석은 분별 때문에 나는 그 고달픈 마라톤 풀코스를 완주하고서도 도리어 더 갈증에 시달렸던 것이다. 부지런히 산행을 하면서도 마찬가지였다. 나는 결코 잡을 수 없는 무지개를 잡을 수 있다고 착각했다. 그래서 산 넘고 물 건너 정처 없이 걸으면서 한마디로 개고생을 자초했던 것이다.

뱀장어로 알고 두 손으로 꽉 움켜잡았던 게 독사였다니. 질겁한 나는 곧바로 던져버렸다. 오랫동안 나를 괴롭혔던 망념 하나가 그렇게 떨어져 나갔다.

노을 진 석양 하늘 속에 무거워도
구름을 배경으로 서 있는 혹은 걸어가는
저 삶이 진짜 아름다움인 줄
왜 이렇게 늦게 알게 되었을까

이성선 시인의 〈도반〉이 연상되는 하산길, 내 마음은 홀가분했다. 발걸음도 절로 가벼워졌다. 산은 그렇게 말없이 가르침을 주는 든든한 도반이었다.

5-6. 산책, 일상 속의 산행

문제는 스스로 마음속에 선을 그어놓은 경계였다. 산행을 통해 그걸 자각한 후로는 관점이 빠른 속도로 바뀌어갔다. 산행과 산책 사이의 구분도 느슨해졌다. 주말엔 산행을 하고 평일엔 산책을 하면서도 산책을 '일상 속의 산행'으로 생각했다. 산책과 명상 사이의 경계도 지워버렸다. 산책이 명상이고 명상이 산책이 되었다. 부질없는 생각을 끊어버리고 순간에 집중하면 일상의 모든 행위들은 다 명상이 되었다.

"내면의 힘을 기르고 싶다면 기회가 있을 때마다 걷기 명상을 하기 바란다. 실내나 야외 어디든 상관없다. 회의실로 오고 가는 길에, 주차해 놓은 차로 걸어가는 길에, 그리고 계단을 내려갈 때도 걷기 명상을 하라. 어디든 걸어갈 기회가 생길 때마다 걷기 명상을 할 수 있도록 충분한 시간을 두고 출발하라. 이전에 그 길을 가는 데 3분이 걸렸다면 이제는 8~9분을 허용하라."

틱 낫한 스님은『힘』에서 산책과 명상이 이렇게 하나가 될 수 있다고 설명했다. 아니, 참선 형식의 명상보다 걷기 명상을 더 중시했다. 스님은 자신의 머리로 도저히 풀기 어려운 현실적인 난제가 발생하면 걷기 명상을 통해 해결했다고 고백했다. 근심과 걱정을 모두 놓아버리고 오롯이 걷기에만 몰입하면 어느 순간 내면에서 해결책이 번쩍 떠오른다는 것이었다.

나도 그와 비슷한 경험을 여러 번 했다. 방에서 혼자 고요히 하는 명상은 주로 추상적인 의문을 푸는 데 도움이 많이 되었다. 특히 강도 높은 수련에도 불구하고 임계점을 넘지 못해 허덕대는 일종의 슬럼프 상황에선 언제나 명상이 그 길을 열어주었다. 신기한 느낌이 들 정도였다.

반면에 세속적인 문제에 대한 해답은 대부분 움직이는 명상 과정에서 답이 나왔다. 산책은 그런 움직임 중에서 단연 으뜸이었다. 산행처럼 운동량이 많은 움직임에서도 마지막 구간의 산책 같은 이동, 즉 아무런 생각 없이 천천히 걸어가는 과정에서 해법이 번쩍 떠올랐던 것이다. 나는 그것을 '내면의 소리'라고 이름 지었다.

산책의 유익함은 이뿐이 아니다. 상상력의 작동원리를 과학적으로 정교하게 분석했던 러시아의 양자물리학자 바딤 젤란드도 상상은 산책을 하면서 하는 게 가장 효과적이라고 설명했다. 편안히 앉거나 누워서 상상을 한다는 일반적인 인식과는 정반대의 컨셉이다. 아마 무언가를 현실로 끌어당기기 위한 목적 있는 상상은 주체가 분명해야 하기 때문에 그럴 것이다.

자신이 포상을 받는 장면을 상상할 때의 핵심은 상상 속에서도 현실과 마찬가지로 자신이 주체가 되어야 한다. 내가 연단에 걸어서 올라가고, 상을 받고, 감사인사를 하는 장면들 하나하나가 실제처럼 진행이 되어야 하는 것이다. 반면에 편안히 누워서 상상을 하면 내가 아니라 나를 닮은 다른 누군가가 상을 받는 장면을 스크린을 통해 구경하는 방식으로 진행되기 쉽다. 그렇게 남이 받는 상은 남의 상일 뿐 내 것이 되기는 어렵다. 착상은 좋았지만 잘 나가다가 삼천포로 빠져버리게 되는 것이다.

먼 길에 올 제
홀로 되어 외로울 제
플라타너스

너는 그 길을 나와 함께 걸었다.

잔잔하지만 가슴을 치는 김현승 님의 시 〈플라타너스〉 중의 한 구절이다. 산책을 표면에 내세우고 있지만 우리의 인생살이가 오버랩되는 작품이다. 아무도 대신할 수 없는 길, 혼자 태어나 혼자 살고, 혼자 가는 길, 그래서 다들 인생은 외로운 것이라고 생각한다. 살을 섞어 함께 아이를 만들고 고락을 같이한 부부도 생사만은 서로 다르다. 사고나 동반자살로 같은 날 생을 마감했다 하더라도 혼자 간다는 점에서는차이가 없다.

그런 본질적인 외로움과 오롯이 마주하는 시간도 산책이다. 가로수길을 혼자 무심코 걷노라면, 그동안 애써 외면했던 자신의 모습이 절로 떠오른다. 남에겐 관대하면서도 자신에겐 유독 혹독했던 나, 그렇게 도를 넘어선 학대가 무서워 겁에 질린 채 떨고 있는 내 내면의 불쌍한 아이도 어렴풋하게나마 인지가 된다.

"세상엔 내 소리 알아줄 사람 적구나."世路小知音

신라의 석학 최치원 선생이 호소했던 절절한 외로움이다. 높은 벼슬, 귀한 술, 아리따운 미인들... 문장으로 중국 대륙을 진동시킨 선생에게 부상처럼 많은 것들이 주어졌지만 정작 자신은 이토록 외로움에 사무쳤다.

세상살이에 지음知音을 얻기가 어디 쉬운가. 그러나 내면으로 들어가면 얘기는 달라진다. 비가 오나 눈이 오나 언제나 그곳에 서 있는 동구 밖의 느티나무처럼 내 지음은 언제나 그곳에서 변함없이 나를 기다리고 있다. 산책은 내면의 지음을 만나는 시간이기도 한 것이다.

하지만 사실 외로움은 일종의 속임수이다. 실체가 없는 외로움은 그 존재가 없으면 체험조차 할 수 없기 때문에, 대자연이 부득이 그런 속임수를 구사한 것이다.

"우리는 자주 자신이 타인과 분리되어 있다고 느낀다. 이 내적 고독감과 분리감 때문에 인간관계가 애착의 관계를 띠며, 이런 애착을 느끼는 것에 대해서는 공포와 분노, 질투를 느끼기 마련이다.

이런 내면의 부정성으로부터 '사람은 홀로 태어나 홀로 죽는다'와 같은 신념이 생긴다. 사실 이보다 더 진실과 거리가 먼 이야기도 없다. 임사체험을 다룬 책들이 밝히고 있듯, 사람이 혼자라고 느낄 때는 살아 있는 동안이고, 죽음의 순간에는 전적으로 일체성과 연결성을 느낀다."

데이비드 호킨스 박사는 『놓아버림』에서 외로움이 허구라는 걸 예리하게 간파했다. 그의 말이 옳다. 그러나 그가 은근히 감춘 것도 있다. 밤의 어두움이 없으면 낮의 밝음도 없다는 것을, 그래서 환상에 불과한 밤낮이 현실처럼 존재한다는 것을, 세상에 오직 사랑 하나밖에 없다면 그 사랑마저 없게 된다는 것을.

5-7. 영원한 지금을 걷는다

'지금 여기', 내면세계를 상징하는 이 언어가 이제는 일상에서도 보편화되었다. 불가의 '인연'과 기독교의 '회개'처럼 일상 속에 자연스럽게 녹아드는 언어가 된 것이다. 물질에서 정신으로 넘어가는 21세기의 여정을 가리키는 나침반 같기도 하다.

그러나 일상에서 원용되는 '지금 여기'는 그 본질이 많이 왜곡되어 있다. 흘러가는 시간 속에 과거와 현재, 미래가 있지만 그중에서도 특히 지금 이 순간에 집중한다는 의미로 받아들여지고 있는 것이다. 그런데 사실 시간은 그렇게 존재하지 않는다. 개념상의 편의를 위해 어쩔 수 없이 과거와 현재, 미래라는 이름을 지었지만 내게 실제로 작용하는 시간은 오직 지금밖에 없다. 10년 전의 나를 추억하는 것은 지금의 내가 하는 것이다. 10년 뒤의 미래를 걱정하는 것도 지금의 내가 하는 것이다.

오늘은 개념상으로 판단하면 어제이고 기준에선 내일이 되기도 한다. 그러나 실제로 살아가는 나는 오늘도 오늘을 살고, 어제도 오늘을 살았고, 내일도 오늘을 살 것이다. 우리는 누구나 오늘, 더 정확히 말하면 지금만을 체험할 수 있을 뿐이다. 그래서 과거와 현재, 미래를 끝없이 이어붙인 것이 영원이 아니라 바로 지금이 영원이 된다. 영원한 지금인 것이다. 그럼에도 불구하고 사물과 사물, 현상과 현상 사이에 경계를 나누고 이름을 짓다보니 이상한 혼선이나 왜곡까지 뒤따르는 것이다.

도를 도라고 하더라도 그게 본래의 도는 아니고道可道 非常道

이름을 그렇게 부르더라도 본래의 이름은 아니다名可名 非常名

노자『도덕경道德經』의 첫 문장도 이렇게 개념에 속아 본질을 놓치지 말라는 경고로 시작하고 있다. 사랑이라 부르면 본래의 사랑이 아니고, 미움이라 부르면 본래의 미움이 아니고, 구원이라 부르면 본래의 구원이 아니고, 해탈이라 부르면 본래의 해탈이 아닌 것이다. 그럼에도 불구하고 그렇게 이름 짓고 그렇게 구분하는 것은 그렇게 하지 않으면 서로를 인식할 수 없기 때문이다. 어쩔 수 없이 그렇게 했을 뿐이다.

'지금 여기', '지금 있는 그대로' 같은 왠지 있어 보이는 고품격 언어도 자칫 잘못하면 자신에 대한 속임수로 작동하기 십상이다. 켄 윌버는『무경계』에서 그 교묘한 자기기만을 통렬하게 지적했다.

"도대체 어떻게 해야 달아남을 중지시킬 수 있단 말인가? 예컨대 그는 지금 이 순간 자신이 지금으로부터 달아나려고 애쓰고 있음을 안다. 따라서 그는 지금으로부터 달아나는 짓을 멈춰야겠다고 결심한다. 그러나 멈추려는 행위 자체는 또 다른 움직임에 지나지 않는다. 달아나지 않으려는 것도 멈춤이 일어난 미래의 순간이 필요하기 때문에 또 하나의 움직임에 불과하다. 달아남을 멈추는 대신, 단지 달아남으로부터 달아나는 것에 지나지 않는다. 조잡한 저항의 자리를 보다 미묘하지만 똑같은 저항이 대체하게 되는 것이다."

이른바 진퇴양난에 빠진 형국이다. 움직이면 움직여서 문제고 멈추면 멈춰서 문제가 된다. 앉으면 앉아서 잘못이고, 서면 서서 잘못이고, 엉거주춤하면 엉거주춤해서 잘못이다. 무엇을 해도 잘못이고 어떻게 해도 문제가 될 뿐이다. 그럼 도대체 뭘 어떻게 하라고? 켄 윌버가 제시하는 해답은 의외로 심플하다.

"자신의 모든 움직임이 달아나려는 하나의 저항에 불과하다는 사실을 진실로 이해하게 되면 모든 저항의 음모는 진정된다. 자신의 모든 움직임 속에서 이 저항을 알아차리게 되면 자발적으로 모든 저항을 전적으로 내려놓게 된다. 이 저항의 내려놓음 자체가 합일의식의 열림이며 무경계 자각의 실현이다. 개인은 마치 꿈에서 깨어난 듯 그간 언제나 알고 있던 사실, 즉 '분리된 나'로서의 자신은 존재하지 않는다는 사실을 발견한다. 그의 진정한 나인 전자the All은 결코 태어난 적이 없으며, 죽지도 않을 것이다. 유일하게 존재하는 것은 전방위에 전조건으로서 빛을 발하면서 절대적으로 편재하는 '진여로서의 의식'이다."

그런가? 모든 것은 바다 속의 작은 포말에 지나지 않는단 말인가? 그 많은 시도와 노력들이 하나의 저항이나 외면 그리고 달아남에 불과했단 말인가? 그렇다면 다른 선택의 여지는 없다. 놓아버리고 내맡기는 것, 그것뿐이다.

산책을 하면 할수록 점점 더 놓아버리게 된다. 그냥 담담하게 내맡기게 된다. 하지만 걱정할 필요는 없다. 우리는 현재는 물론이고 과거와 미래까지 녹아든 지금을 걷는 것이니까. 영원한 지금을 말이다.

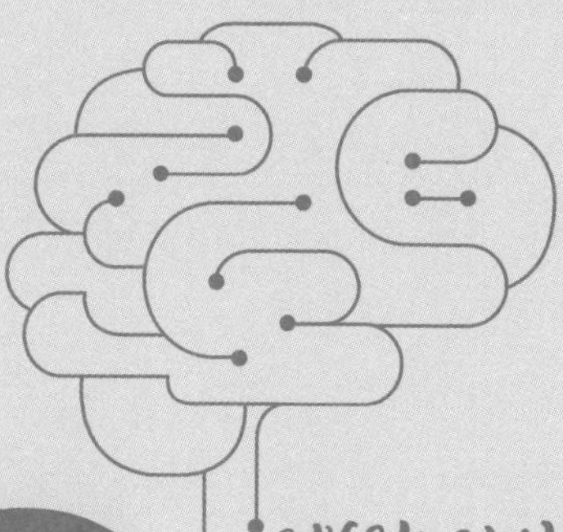

6

제6장 자신의 재발견

6-1. 고난의 양면성

산이란 산은 새 한 마리 날지 않고千山鳥飛絕
길이란 길은 인적이 다 끊겼다.萬徑人蹤滅
외로운 배 위에 삿갓 쓴 늙은이孤舟蓑笠翁
혼자서 낚시질 강에는 눈만 내리고獨釣寒江雪

당나라의 유종원이 권부에서 밀려나 오지로 좌천된 심정을 표현한 시, 〈강설〉江雪이다. 사면초가에 직면한 한 남자의 좌절감이 절절이 배어 있다. 사노라면 시기나 정도의 차이만 있을 뿐 이런 추락은 누구에게나 예외 없이 찾아온다. 계절이 사계로 순환하듯이 인생도 흥망성쇠로 리듬을 타는 것이다.

그런 고난을 피하고 싶은 건 인지상정이다. 그런데 켄 윌버는『무경계』에서 '고통은 거짓 경계를 알아차리는 최초의 움직임'이라며 긍정적인 측면도 있다고 평가한다. 고통을 너무 미화해도 문제지만 지나치게 폄하해서도 안 된다는 주장을 편다.

"삶의 괴로움을 느끼기 시작한 사람은 동시에 보다 심층적이고 진정한 실재로서 깨어나기 시작한다. 고통은 현실의 소위 표준적인 자기만족에 대한 기대를 산산조각 내며, 우리로 하여금 지금까지 회피해왔던 방식과는 다르게 자신의 세계를 세심하게 보고 깊이 느끼고 접하게 함으로써, 특별한 의미에서 살아있게끔 강요하기 때문이다. 고통이야말로 '최초의 은총'이란 말이 전해오는데, 나는 이 말이 진실이라고 생각한다. 특수한 의미에서 고통은 거의 환희의 순간이기도 하다. 고통은 창조적인 통찰력이 탄생하는 기점이기 때문이다."

그러나 고통에 대한 올바른 이해가 없다면 환희는 고사하고 인생이 무너지는 시그널이 될 가능성이 훨씬 더 높다. 겉보기엔 남부럽지 않게 잘 살 것 같았던 선남선녀들이 스스로 생을 마감한 사례가 어디 한둘인가 말이다. 숱하게 많은 영혼들이 이 고비를 넘지 못하고 황폐하게 몰락하거나 심할 경우 스스로 목숨을 끊기도 했다.

켄 윌버도 이런 점에 대해서 깊이 우려하면서 진심으로 온전히 신뢰할 수 있는 '영혼의사'가 없는 점을 개탄했다. 그런 점으로 미루어 판단하면 멘탈 교정의 가장 우선적인 목적은 자신의 진정한 가치와 삶의 의미를 자각하는 데 있다.

하지만 유감스럽게도 마음의 영역에서 멘토마다 서로 모순되는 진단과 처방을 내리면서 자기만 옳다고 주장하는 게 오늘날의 현실이다. 그러니 정작 고통받는 개인들은 치유나 성장의 도움은 고사하고 방법론의 선택에서부터 혼란에 빠져들기 십상이다. 또한 궁지에 몰려 찾아온 개인들에게 교정이나 시술을 통해 일정한 도움을 준 뒤에는 그것을 미끼로 상대를 노예로 만들어 심신을 착취하는 악행들도 분명히 있다.

돈을 자발적으로 바치게 하고, 자의반 타의반으로 몸도 바치게 하고, 그것도 모자라 영혼까지 헌납하도록 강요하는 가짜 구루들. 바로 그런 존재들 때문에 "도판이 개판이다"는 말까지 나오고 있는 것이다. 따라서 고난기에 접어든 사람은 무엇보다 먼저 가이드나 멘토를 조심스럽고 신중하게 선택해야만 한다.

"과거에 내가 길을 잃었다고 느꼈을 때 가장 먼저 한 일은 답을 찾으러 '바깥'으로 나가는 것이었다. 책을 찾았고 선생과 구루를 찾았다. 그들이 영원한 미제의 해결책을 들려주지 않을까 기대했다. 처음 암 진단을 받았을 때도 그랬다. 하지만 뭘 어떻게 해야 할지 더 알 수 없었다. 내 자신의 힘을 자꾸만 바깥의 누군가에게 줘버리고 있었기 때문이다."

아니타 무르자니가『그리고 모든 것이 변했다』에서 고백한 저런 에러는 모두가 타산지석으로 경청할 만한 가치가 있다. 궁극적으로 내 답은 내 안에, 당신 답은 당신 안에, 저마다 자신의 내면에 있는 것이다.

브라질 출신의 작가 코엘료의 인생 1막은 대략 난감이었다. 10대 시절부터 부모와의 갈등이 심해 반강제적으로 정신과 치료를 세 번이나 받았고 히피에 빠졌는가 하면, 밀교 세계도 들락거렸던 것이다. 잡지사 기자 노릇도 신통치 않았고, 노래의 작사와 작곡으로 돈을 좀 만진 뒤에도 행복감을 느끼지 못한 채 방황만 거듭했다. 그러나 마음공부의 스승을 만나 산티아고 순례길을 걸은 후에 코엘료의 인생 2막은 확연하게 달라졌다.

"나는 스스로를 배신한 유다였다!"

산티아고 순례길 막바지에 코엘료는 자신의 잘못을 절절히 참회하며 언덕 위에 세워진 십자가 앞에서 뜨겁게 오열한다. 그리고 죽음이 찾아온 그 순간에 결코 후회만은 안고 가지 않겠다고 결연히 맹세한 것이다.

그 후로 코엘료는 작가의 길로 과감하게 뛰어든다. 되고픈 욕망은 있었지만 왠지 유치해 보이고 자신감도 없어 늘 멈칫거리기만 했던 그 길 말이다. 그리고『순례자』와『연금술사』같은 대작을 잇달아 터뜨렸다.

오늘날 코엘료는 내면을 탐구하고 삶의 본질을 일깨우는 작가로 전 세계 사람들의 사랑을 받고 있다. 게다가 재산도 재벌 수준으로 늘었다. 인생 1막이 엉망이었다고 해서 코엘료가 이룬 인생 2막의 저 눈부신 성취를 누가 부정할 수 있겠는가.

『피에트로 강가에서 나는 울었네』. 코엘료가 발표했던 소설의 제목이다. 많은 사람들이 오늘도 이 소설의 제목처럼 삶의 무게에 짓눌려 고통스럽게 울고 있다. 나도 일상의 강변에서 아프게 울었다. 힘들고 외롭고 두려워서 울었다.

하지만 가엾은 영혼아, 아무리 힘들고 외롭고 두려워도 스스로를 배신하면 안 된다. 오늘 잘나가는 사람들아, 울고 있는 이들을 비웃지 마

라. 코엘료보다 더 빛나는 성취가 그들 속에서 나올 수도 있을 테니까.

6-2. 두려움 없이 네 삶을 살아라

사람은 왜 난치병에 걸릴까? 의료적인 원인으로는 여러 가지를 들 수 있다. 하지만 마음의 측면에서 보면 두려움이 가장 큰 원인으로 작용한다. 그렇다면 난치병에서 다시 건강체로 돌아오게 하는 요인은 무엇일까? 역시 다양한 치료법이 있겠지만 내면의 영역에서 판단하면 자신에 대한 사랑을 회복하는 것이 무엇보다 우선이다. 이 문제에 정통한 아니타 무르자니에게 마이크를 넘겨보자. 그녀는 임사체험이란 특별한 경험을 한 사람이다.

아니타 무르자니: "사람들이 가장 많이 물어보는 질문은 왜 내가 암에 걸린 것 같으냐는 것이다. 그 대답은 한 단어로 요약할 수 있다. 바로 '두려움'이라는. 무엇이 두려웠던가? 그저 모든 것이 다 두려웠다. 실패할까 봐, 누가 날 싫어할까 봐, 착한 사람이 못될까 봐. 또 병도 두려웠다. 그 중에서도 특히 암이 두려웠고, 암 치료법도 두려웠다. 사는 것도 무서웠고 죽는 것도 무서웠다."

아니타 무르자니가 『그리고 모든 것이 변했다』에서 밝힌 암의 원인이다. 자신의 정체성을 몰랐기에 언제나 두려움에 떨었고, 그것이 쌓여 결국 암으로 나타났다는 설명이다. 그럼 여기서 잠시 동양의 멘탈 대가인 노자의 멘트도 들어보자.

노자: "머뭇거리는 모습은 마치 겨울에 시냇물을 건너는 듯하고, 망설이고 두려워하는 모습은 마치 사방 이웃을 두려워하는 듯하며, 삼가는 모습은 마치 손님 같고, 풀어진 모습은 마치 녹아내리는 얼음 같다."

노자 도덕경 15장에 언급된 '옛날에 도를 잘 닦은 자古之善爲道者'의 모습이다. 주뼛주뼛, 멈칫멈칫, 조심조심, 주저주저. 근데 어디서 많이 본 것 같지 않은가? 바로 우리들 대부분이 일상에서 수시로 연출하는 모습이 이렇지 않은가. 이렇게 분명하지 못하고 자신 없고 흐리멍텅한 자신을 우리는 얼마나 싫어하고 한심해하며 모질게 자책했던가.

그런데 노자는 그게 바로 예로부터 도를 잘 닦은 자, 즉 인간의 완성된 모습이라고 단정한다. 우리가 완성된 존재라니 어안이 벙벙할 지경이다. 이런 논리에 따라 판단하면 속인이 바로 성인이고 중생이 바로 부처라는 얘기가 된다. 그에 따르면, 속인인 우리가 더 이상 나아갈 곳이 없는 최고수준의 경지에 이미 도달했기 때문이다. 더 놀라운 건 임사체험을 거친 아니타 무르자니의 증언이 노자의 주장과 일치한다는 점이다.

아니타 무르자니: "나는 모든 사람이 자기의 모든 부분이 장엄하다는 걸 알았으면 좋겠어요. 당신의 에고도, 지성도, 영혼도요. 그게 바로 당신이에요. 이 우주가 만든 아름다운 작품이지요. 당신의 모든 면이 완벽합니다. 버려야 할 것도, 용서해야 할 것도, 얻어야 할 것도 없습니다. 당신은 이미 당신이 될 필요가 있는 모든 것이에요."

그렇다면 문제의 초점이 분명해진다. 우리들 자체가 문제가 아니라 우리가 모자라고 부족하며 많이 멀었다고 생각하는 그 오판이 문제인 것이다.

남자라도 좋다, 여자라도 좋다, 잘나도 좋다, 못나도 좋다, 어려도 좋다, 늙어도 좋다, 다 좋은 것이다. 연령과 성별과 역량은 차이가 있을 수 있다. 하지만 완벽하다는 점에서는 전혀 차이가 없다. 그리고 각자의 차이로 인해 태피스트리 같은 전체는 더욱 다채로워진다. 이것을 진심으로 인정하면 서로를 분리했던 경계가 무너지고 사물의 본성으로 돌아가게 된다.

아니타 무르자니: "내 자신의 장엄함을 보고 우주와 내가 하나이며 같다는 것을 깨닫자 나는 병이 나았다. 나로부터 분리된 외부 창조물이란 존재하지 않는다는 걸 깨닫게 되었다. 외부라는 낱말 자체가 분리와 이원성을 나타내기 때문이다."

이 같은 고백은 경계를 넘었다는 선언이다. 나와 사물, 나와 너, 건강과 질병, 사랑과 두려움... 이렇게 인위적으로 설정한 경계를 풀어버리자 불과 2주 만에 온몸에 20개 이상 생겼던 달걀 크기만 한 암세포가 모두 사라져버렸다.

이런 과정은 이른바 천지창조의 역순이다.

"하나님이 가라사대 빛이 있으라 하시매 빛이 있었고 그 빛이 하나님이 보시기에 좋았더라. 저녁이 되며 아침이 되니 이는 첫째 날이니라..."

천지창조는 이렇게 무에서 유를 만들며 하나하나 이름을 붙여나가는 과정이다.

반면에 경계를 넘어서는 것은 이름을 없애고 영역을 해체하면서 본래로 돌아가는 것이다. 그 본래는 만물만상이 창조되기 이전의 상태, 즉 우주 그 자체가 되는 것이다.

임사체험을 거친 아니타 무르타니는 가치관이 확 달라졌다. 무엇보다 먼저 자신에 대한 인식이 달라졌다.

아니타 무르자니: "나는 내가 평생 자신을 얼마나 가혹하게 대했고 얼마나 심하게 판단했는지 깨달았다. 나를 벌주는 이는 따로 없었다. 내가 용서하지 못한 것은 다른 누가 아니라 바로 '나'였음을 나는 마침내 이해했다. 나를 판단한 사람, 내가 저버린 사람, 내가 충분히 사랑하지 못한 사람은 바로 '나'였다. 다른 누구와도 관계가 없었다."

우리는 본질적으로 우주 에너지이다. 이 에너지에 이르기 위해 그 무엇도 할 필요가 없고 그 무엇이 될 필요도 없다. 그렇지만 내 마음과 내 생각 중에서 특히 자기를 부정하는 생각이 그것을 알아차리지 못하게 가로막고 있다는 게 아니타의 설명이다. 놓아버림이 필요한 것은 바로 이 때문이다.

아니타 역시 자신에게 가장 악독한 적이 되기를 그만두고, 자신이 곧 사랑임을 이해하면서 모든 두려움을 놓아버릴 수 있었다. 두려움을 놓아버리자 병도 곧바로 사라졌다. 그리고 모든 것이 변했다. 그렇게 달라진 그녀가 들려주는 메시지에는 가슴 속에 메아리치는 강한 울림이 있다.

아니타 무르자니: "우리 삶이 우리의 기도이다. 우리의 삶은 이 우주에게 주는 우리의 선물이다. 그리고 언젠가 이 세상을 떠날 때 남겨두고 가는 기억들은 우리가 사랑하는 이들에게 주는 우리의 유산이 될 것이다. 행복하게 사는 것, 그 기쁨을 주변에 퍼뜨리는 것은 우리 자신에게 또 우리 주변의 모든 사람들에게 우리가 갚아야 할 빚이다."

6-3. 에고를 놓아버리면

아동학대와 폭력, 가난으로 얼룩진 그녀는 내면이 형편없이 망가져 있었다. 성인이 됐을 땐 변변찮은 직장마저 잃고 무일푼이 됐다. 유일하게 의지했던 남자에게도 버림받았다.

"한심하다, 한심해."

극심한 열등감에 사로잡힌 그녀는 습관처럼 이렇게 자신을 학대했다. 또 끊임없는 자살 충동에 시달렸다. 그러던 어느 날 그녀는 더 이상 버티지 못하고 쓰러졌다. 그리고 엉엉 울면서 절대자에게 절규하듯이 애원을 했다.

"신이 있다면 제발 절 좀 도와주십시오. 더 이상은 견디지 못하겠습니다."

울다가 지친 그녀는 마침내 모든 걸 놓아버렸다. 더 이상 악착스레 버티는 걸 포기했다. 그냥 철저히 한심할 정도로 비참해지기로 했다. 참으로 두려웠지만 그녀는 한심함의 끝자락까지 그대로 내려갔다.

"이럴 수가."

그녀는 희미한 배신감을 느꼈다. 지옥 중의 지옥이 도사리고 있을 것으로 예상했던 그곳엔 아무것도 없었다. 텅 비어 있었다. 그 순간 그녀는 언어 이전의 느낌으로 분명하게 자각했다.

"아, 이거였구나. 내가 이걸 느껴보려 했구나. 자기학대를 비롯해 온갖 부정적인 감정들. 이걸 체험하고 싶었구나. 이젠 됐어. 이만하면 충분해."

이튿날 잠에서 깬 그녀는 깜짝 놀랐다. 주변의 세상이 너무나 아름답게 보였기 때문이다. 길가에 버려진 오물마저 보석처럼 아름답게 보였던 것이다.

"드디어 내가 미친 건가?"

잠시 이런 생각도 들었지만 그녀는 거대한 환희 속으로 빠져들었다. 미친 듯이 웃고, 미친 듯이 울고, 감동을 주체하지 못해 열렬한 감사의 기도를 올린다. 길가의 오물조차 저토록 아름다운데 어떻게 내가 아름답지 않을 수 있단 말인가? 이렇게 아름다운 나를 그토록 한심스러워 했다니. 세상은 창조주인 나의 표현이다! 그런 자각들이 폭죽이 터지듯 연쇄적으로 이어졌다. 그녀는 마침내 자신의 내면 깊숙한 곳에 감춰져 있던 보물섬을 찾아낸 것이었다.

그날 이후 많은 것이 빠른 속도로 변했다. 과분하게 느꼈던 직장이 장난처럼 쉽게 구해졌고, 사람들이 그녀를 너무나 좋아하기 시작했으며, 마음에 딱 드는 셋집과 차를 구했고, 목소리가 미성으로 변해 노래를 즐겨 부르게 됐다. 모든 것이 감사로 충만했다. 생기면 생겨서 고마웠고, 사라지면 사라져서 고마웠다.

이상은 익명으로 인터넷에 올린 20대 여성의 경험담이다. 그녀의 반전 스토리는 너무나 극적이고, 너무나 짧은 시간에 일어났기에 꾸며낸 이야기로 의심받을 수도 있을 것이다. 우리가 사는 세상과 현실의 탈을 쓴 거대한 환상이 너무나 생생하고 견고하기 때문이다. 하지만 마음으로 판단하면 그녀의 경험담은 포기의 역설과 놓아버림의 진면목을 가감 없이 보여준 사례로서 꾸밈이나 거짓이 없다고 하겠다.

림프암에 시달렸던 아니타 무르자니의 사례도 마찬가지다. 그녀는 4년 동안 온갖 대체치료 요법에 매달렸지만 병세는 점점 더 악화되었다. 치료에 지치고 통증에 시달린 그녀는 마침내 항복했다. 살고 싶다는 욕망의 끈을 놓아버린 것이다. 삶을 진심으로 포기한 순간 그녀에게 일차적으로 죽음이 찾아왔다. 그리고 이차적으로 새로운 삶이 열렸다. 임사체험을 통해 이면의 세계를 한꺼번에 알아버린 그녀가 몸으로 돌아온 뒤 불과 2주 만에 암세포가 다 사라진 것이다.

진정한 놓아버림은 이런 것이다. 의도적으로 포기하는 것이 아니라 진심으로 포기하는 것이다. 에고 입장에서는 죽으라는 얘기다. 그래서 놓아버림이 어려운 것이다. 그러나 에고가 죽는다고 해서 진짜 내가 죽는 건 결코 아니다. 작은 내가 죽으면 큰 내가 살아난다. 그래서 진심으로 놓아버리면 모든 것이 근본적으로 변하게 되는 것이다.

6-4. 에고는 죽지 않고 사라질 뿐이다

에고와의 대결은 대개 결투처럼 시작된다. 에고를 극기의 대상으로 보고 저마다의 방법을 동원해 에고를 넘어서거나 제거하는 것이 무엇보다 주요한 과제이다. 개인적으로 수련 초창기에 접했던 '죽고 버리기'는 에고를 강력하게 제거하는 방식이었다. 나라는 존재를 마귀로 규정하면서 하나도 남김없이 처절하게 죽이고 버리는 과정이었다. 그런 만큼 수련의 효과도 강력했다. 6개월 안에 각성을 여러 차례 경험하면서 몸은 물론이고 성격까지도 많이 변했다.

그러나 의식을 동원해 그렇게 죽이고 버린다 해도 에고가 어디 가겠는가. 진정한 내가 우주 또는 합일의식이라면 버린 것마저도 궁극적으로는 내 안에 그대로 남아 있게 된다. 강도 높은 수련은 결국 멘탈의 단계적인 상승을 유도하기 위한 하나의 방편이었을 뿐 에고를 제압하는 데는 한계가 있었다. 그럼 아니타 무르자니는 이 문제를 어떻게 보고 있을까?

아니타 무르자니: "당신이 에고를 부정한다면 에고는 당신을 향해 더욱 거세게 돌진해 올 테니까요. 무엇인가를 거부하면 할수록 그것은 살아남기 위해 더욱 끈질기게 대듭니다. 하지만 당신의 에고를 전적으로 아무런 조건 없이 사랑해 주고, 그것을 이 삶에서 당신이 표현되는 한 모습이라고 받아들인다면, 당신은 더 이상 에고로 인해 골치 아파할 일이 없을 겁니다. 에고는 당신의 성장을 가로막지 않습니다. 오히려 성장의 발판이 되지요."

에고가 영적 성장을 방해하기 때문에 떨쳐버려야 한다는 생각에 그녀는 동의하지 않았다. 왜 그랬을까? 그녀의 말을 좀 더 들어보자.

아니타 무르자니: "우리는 모두 에고를 가지고 태어납니다. 에고는 여기에 있는 우리의 자연스런 일부분이에요. 살면서 에고에 저항해 싸운다면 이는 더 많은 자기 판단을 만들어낼 뿐이에요. 자신의 에고를 조건 없이 사랑할 수 있을 때에만 우리는 다른 이들의 에고도 받아들일 수 있어요. 그러면 에고라는 게 더 이상 문제되지 않습니다."

이번엔 국내 고수의 입장을 들어보자. 노자 도덕경의 달인이자 멘탈의 영역에서 일가를 이룬 사람이다.

김기태: "그렇다면 어떻게 하면 그 나라는 에고로부터 자유로울 수 있을까? 다른 길이 없다. 있는 그대로의 자기 자신을 받아들이고 인정하는 길밖에 다른 길이 없다. 지금 여기 있는 그대로의 자기 자신이 아닌 남이 되려는 모든 욕망과 노력을 포기하고, 어딘가에 도달하기 위한 그리고 깨달음이라는 목표를 성취하기 위한 모든 실천과 수행을 버려보라. 그리곤 가만히 있어 보라. 그냥 있는 그대로의 자기 자신을 살아보라는 말이다. 시간이 그렇게 오래 걸리지 않을 터이니, 그렇게 조금만 기다리라. 그러면 스스로 알게 되리라, 모든 것을."

이렇게 역설적인 에고 제거법은 김기태 선생이 『아, 여기』에서 제시한 것이다. 강압적인 제압 대신 에고를 있는 그대로 받아들이는 것이 결과적으로 에고를 사라지게 한다는 것이다. '빅 마인드'를 창안한 겐포 머젤 선사의 입장도 이와 비슷하다.

겐포 머젤: "빅 마인드 과정은 에고와 싸우지 않는 것을 기본으로 한다. 나의 접근법은 싸움을 피하는 것이다… 우리가 할 일은 기본적으로 에고를 우리 편으로 만들어 에고로 하여금 그 싸움에서 우리를 돕게 만드는 것이다. 그건 적에게 다가가서 '당신을 무찌르도록 날 도와주시겠습니까?'라고 묻는 것과도 같다… 나는 에고를 초대하여 에고 자신을 무찌르는 나의 일을 에고가 돕게 만든다. 에고에게 할 일을 주는 것으로 그렇게 만들 수가 있다. 그리고 에고는 할 일을 얻으면 꽤나 만족해서 나를 돕는 것 같다. 그 점이 놀라운 점이다. 자신이 무슨 짓을 하고 있는지를 알면서도 에고는 실제로 나를 돕는다."

이런 기법들의 특징은 작위적인 노력을 철저히 배제한다는 점이다. 김기태 선생의 방법은 당면한 감정을 그냥 있는 그대로 감수하는 것이다. 겐포 머젤의 방법은 필요한 관점의 목소리를 불러내 바로 그 상태로 이동하는 것이다. 에고에게는 다른 차원의 목소리가 끼어들지 못하게 통제자의 역할을 부탁한다. 예컨대 초월적 자아의 수준이 궁금하면 자신의 내면에 대해 "초월적 자아와 대화하도록 허용해 주시겠습니까?"라고 질문하고, 자신이 즉시 초월적 자아의 목소리가 되어 내면에서 나오는 소리를 말하는 것이다. 초월적 자아는 에고가 사라진 상태이지만 에고는 그 목소리에 다른 잡음이 끼어들지 못하게 열심히 통제자 노릇을 한다. 에고 자신을 죽이는 일에 기꺼이 협조하는 야릇한 시추에이션인 것이다.

가을이 되면 외로움이 두려운 남자들은 부지런히 친구를 만나 술잔을 기울인다. 주말이면 산행이나 모임에도 빠지지 않는다. 하지만 그렇게 하는 건 에고와 하나가 되는 게 아니라 에고를 외면하는 것이다. 외로움을 잠시 잊을 수는 있겠지만 그 자체를 사라지게 하지는 못한다. 그런데 외로움의 심연 속에 푹 빠져들면 상황이 근본적으로 달라진다. 외로움이 몰아치는 그 순간은 분명 더 힘들지만 그 동력이 다 떨어지면 내면에서 기쁨의 에너지가 솟아오르는 것이다.

목소리와의 대화도 마찬가지다. 외로움의 목소리를 불러내 그 설명을 듣고 이어서 두려움, 기쁨, 자아, 초월적 자아 등의 목소리를 들으면 외로움은 어느새 자취를 감추게 된다. 나를 보는 시각이 외로움 하나가 아니라 수십 가지로 이동하면 에고는 저절로 약해지거나 사라질 수밖에 없다.

김기태 선생은『아, 여기』에서, 자아가 사라진 상태가 어떤 것인지를 조금은 감성적인 톤으로 들려준다. 그의 설명을 들으면 에고를 수용하는 게 왜 필요한지 자연스럽게 이해가 된다.

김기태: "그러고 나니 짜증이 곧 도, 분노가 곧 진리였으며 게으름이 곧 보리였다. 탐진치가 그대로 여여함이었으며 미칠 것 같던 번뇌와 망상이 그대로 부처였다. 아, 우리네 삶, 우리네 일상, 그리고 그 속에서 살아가는 나의 안과 밖 그 어디, 그 어느 한 순간도 도가 아님이 없었다.

그러니 도란 얼마나 구체적인가? 우리가 지금 현재 그렇게 살고 있지 않은가. 때로 짜증내고, 때로 분노하며, 때로 망상에 사로잡히기도 하고, 슬퍼하기도 하면서 그렇게 오욕과 칠정 속에서 울고 웃으며 살아가고 있지 않은가. 그 모두가 다 도요, 어느 하나 진리 아님이 없으며, 이 모습 이대로가 부처인 것이다. 우리는 모두 이미 깨달아 있다."

에고의 부정적 측면으로 알려진 짜증, 분노, 번뇌, 망상이 모두 완벽하며 아무런 문제가 없다는 입장이다. 이것은 좋고 저것은 나쁘다, 이것은 맞고 저것은 틀리다고 분별하는 것과는 너무나 다른 관점이다. 에고를 껴안으면 역설적으로 에고가 사라진다는 것이다. 그러면 우리 역시 아무런 문제가 없는 사람으로 바뀌게 된다는 것이다.

6-5. 도대체 나는 누구인가?

꿈속에서 나는 나비가 되어 훨훨 날았다.
깨어보니 꿈이었다.
그렇다면 꿈속의 나비가 나인가,
아니면 깨어난 사람이 나인가?

장자가 나비우화를 통해 제시한 의문이다. 얼핏 보면 형이상학적인 질문 같은 화두를 던졌다. 이에 대한 뇌과학자들의 답변은 이중적이다. 우뇌만 작동하면 나비와 사람의 구분 자체가 안 되고, 나와 나비는 물론이고 삼라만상 전체가 온통 하나로 연결됐다는 점만 인식이 된다는 것이다. 반면에 좌뇌가 기능하면 나비는 나비, 나는 나, 서로 엄연히 다른 개체로 인식이 된다. 뇌의 영역에 따라 판단의 잣대가 달라진다는 것이다. 그렇다면 수면이나 사망처럼 뇌의 기능이 제한되거나 작동이 중단되면 어떻게 되는가? 애석하게도 뇌과학은 그 점에 대해서는 답을 주지 못한다.

수련을 통해 의식적으로 접근하면 이와는 다른 자각에 이르게 된다. 내 몸에 대한 상을 지우고, 살아온 날들의 기억된 상을 지우고, 내 영혼마저 지워버리면 오직 하나만 남는다. 텅 빈 허공, 이름하여 '우주'라는 것이다. 내가 바로 우주인 것이다. 인간을 소우주로 표현하는 것은 그 비중을 지나치게 축소한 것이다. 하지만 우주라는 컨셉은 너무 거창해 왠지 피부에 와 닿지 않는 측면이 있다.

물론 수련과정의 자각도 단계가 있다. 처음엔 이 몸과 마음이 나라고 철석같이 믿는다. 나는 나, 너는 너, '산은 산, 물은 물'인 것이다. 그다음에 너와 내가 하나라는 걸 인지한다. 나는 산이고 바다이고 꽃이고 곤충이다. '산은 물, 물은 산'이다. 그 사이에 구분은 전혀 없다. 그 단계를 넘어서면 내 속에 우주 전체가 들어온다. 나는 우주를 관장하는 창조주가 된다. '산은 졸졸 흐르고 물은 우뚝 선다.' 그리고 다시 나는 나로 돌아온다. 나는 나, 너는 너, '산은 산, 물은 물'인 것이다. 출발한 그 자리가 바로 도착한 자리가 된다.

이쯤해서 의식혁명의 대가인 데이비드 호킨스 박사의 견해를 들어보자. 본질적인 문제를 검증하려면 아무래도 네임밸류가 있는 사람이 나서는 게 더 나을 듯하기 때문이다.

데이비드 호킨스: "처음에는 '나는 몸이다'라고 동일시한다. 그러나 항복 기제가 계속되면서 '나는 몸을 느끼는 마음이지 몸이 아니다'라는 사실이 매우 뚜렷해진다. 감정과 신념을 더욱 항복하면서 마침내는 '나는 마음도 아니다. 나는 마음과 감정, 몸을 목격하고 경험하는 그 어떤 것이다'라고 자각한다."

데이비드 호킨스 박사가 『놓아버림』에서 한 설명이다. 그는 이것을 '내면의 큰 나'라고 부르면서, 이것이 바로 우리가 항상 추구하면서도 몰랐던 것이라고 단정한다. 우리는 정신없이 바쁜 삶의 외곽에서 일어나는 현상들과 자신을 동일시하는 잘못을 했다는 것이다. 호킨스 박사는, 자신은 그런 '큰 나'를 자각했지만 '큰 나'는 과연 현실 속에서 어떻게 살아가는지에 대한 호기심을 갖고 속세로 돌아왔다고 고백했다.

하지만 박사가 돌아온 속세의 본질은 예나 지금이나 달라진 게 별로 없다. 전염병과 기근, 전쟁과 질병, 태풍을 비롯한 온갖 자연재해와 개인의 극심한 불행, 세계적인 재난이 끊이지를 않는다. 수많은 사람들이 더 나은 세상을 만들기 위해 노심초사했건만 도대체 세상은 왜 이 모양일까? 이 문제에 대해선 신에게 마이크를 넘긴다.

신: "절대계를 제외하고는 대립물 없이 존재할 수 있는 건 하나도 없다. 그러나 절대계는 너희에게도 내게도 충분치 못했다. 나는 거기에서 언제나 그대로임 속에 존재했으며, 너희가 나온 곳도 거기이다.

절대계 속에는 앎만 있을 뿐, 체험은 없다. 앎은 신성한 상태이지만 가장 위대한 기쁨은 존재 속에 있다. 존재는 오로지 체험한 뒤에만 이루어질 수 있다. 그것을 순서대로 펼치면 앎, 체험, 존재가 된다. 이것이 바로 '성삼위일체', '삼위일체'인 신이다."

『신과 나눈 이야기』에서 신은 속세의 의미를 이렇게 설명한다. 수많은 사람들이 고통에 신음하는 이 속세는 체험을 위해 그렇게 창조됐다는 것이다. 그리고 그런 삶이 절대계 속의 여여함보다 더 위대한 기쁨이라고 강조한다. 그렇다면 이승과 피안을 모두 경험한 사람의 견해는 어떨까?

아니타 무르자니: "오, 삶은 원래 그렇게 발버둥쳐야 하는 게 아니었어. 삶이란 즐기면 되는 것, 재미있게 살면 되는 거였어. 이걸 몰랐다니!"

임사체험을 통해 피안을 경험했던 아니타 무르자니의 외침이다. 삶이란 즐기면 되는 것, 그렇게 했을 때 위대한 기쁨도 체험이 된다는 증언이다. 그녀의 증언은 계속 이어진다.

아니타 무르자니: "나는 깨달았다. 지금까지 그 지난한 삶 동안에 내가 해야 할 일은 단 하나뿐이었다는 것을. 그것은 바로 내가 결함이 있다는 그 어떤 느낌이나 판단 없이 그저 내가 되는 것이었다. 동시에 우리의 본질은 그 핵심이 순수한 사랑으로 되어 있다는 것을 나는 알게 되었다. 우리는 순수한 사랑이다. 우리 한 사람 한 사람 모두가. 우리가 전체에서 왔고 또 전체로 돌아가는 존재라면 어떻게 그렇지 않을 수 있겠는가. 나는 이를 깨닫게 되면 자기 자신이 되는 것을 결코 두려워하지 않게 된다

는 것을 알 수 있었다. 그러니 사랑이 되는 것과 본연의 자기 모습이 되는 것은 하나이며 같은 것이다!"

믿음이나 신앙 따위는 '앎' 앞에서는 무용지물이었다고 고백하면서 그녀가 들려준 앎의 내용이다. 그럼 저렇게 살다 가면 어떻게 될까? 『신과 나눈 이야기』가 그 해답을 제시한다.

신: "성신은 아들이 그 자신에 관해 체험한 모든 것의 탈육화인 존재다. 그것은 오직 알고 체험한 것에 대한 기억을 가질 때만 가능한, 소박하면서도 절묘한 있음is-ness이다. 이 소박한 있음은 더없는 기쁨이다. 그것은 알고 체험한 뒤에 오는 신의 상태이며, 신이 태초에 갈망했던 상태이다."

그렇다면 나는 도대체 누구인가? 나는 그냥 나다. 지금 이 순간에 있으며 지금 이대로 충분한 존재다. 돌고 돌아 제자리, 더 이상의 답변은 그다지 의미가 없다. 그리고 내 역할은 스스로를 조건 없이 사랑하고 두려움 없이 자기 자신이 되는 것이다. 아니타의 증언처럼 내가 행복하면 온 우주가 행복하다. 그녀의 설명처럼 우리의 삶은 이 우주에 주는 우리의 선물이다.

6-6. 나는 왜 여기에 왔는가?

삶이란 덧없는 줄 알건만
너 이렇게 앞서 떠나면서
한마디 인사도 없었구나

인생사의 허망함을 담고 있는 신라의 향가 〈제망매가祭亡妹歌〉의 한 구절이다. 승려 월명사가 먼저 간 누이를 추모하며 지은 추도시이다. 구도에 일생을 바치는 승려마저도 이렇게 허무감에 젖게 만드는 게 우리가 살아가는 속세의 삶과 죽음이다.

죽음과 마주하면 우리는 새삼 본질적인 의문과 마주하게 된다. 나는 왜 태어났을까? 여기 세상에 온 이유나 목적은 무엇일까? 이 질문에 대해서는 다양한 설명이 가능할 것이다. 하지만 무엇이 정답인지 입증이 곤란한 측면도 있다. 그러므로 TV 토크프로그램의 형식을 빌려 될수록 다양한 관점을 들려주고 그에 대한 판단은 저마다의 내면에 맡기는 게 더 적절할 것 같다. 먼저 『신과 나눈 이야기』에 등장하는 신의 설명을 들어보자.

신: "영혼은 진화라는 목적을 위해 몸에 깃들고 몸에 생명을 불어넣는다. 너희는 진화하고 있다. 너희는 되어가고 있다. 그리고 너희는 자신이 어떤 존재가 될지 결정하기 위해서 모든 관계를 활용하고 있다.

이것이 너희가 이 세상에 와서 할 일이다. 이것이야말로 자신을 창조하는 즐거움이고, 자신을 인식하는 즐거움이며, 자신이 되고자 하는 바를 의식하면서 일궈가는 즐거움이다. 이것이 자의식을 갖는다고 할 때의 참뜻이다.

너희는 '자신이 참으로 누구인지' 알고 체험할 수 있는 도구들을 갖고자 자신을 상대계로 끌어들였다. '자신'이란 너희가 자신 이외의 모든 것들과 관계하기 위해 스스로 창조해낸 존재이다."

신의 관점은 우선 삶에는 목적이 있다는 것이다. 영혼의 진화가 바로 그것이다. 또한 개인의 영혼이 주체적으로 몸에 깃든다고 했다. '어머니, 왜 저를 낳으셨나요?'가 아니라 나라는 존재가 자의로 부모를 선택해 몸을 만들었다는 것이다. 그리고 어떤 존재가 될지의 여부도 각자가 독자적으로 결정한다는 것이다.

그렇다면 림프암으로 삶을 마감하고 피안으로 가서 임사체험을 거친 후 다시 삶으로 돌아온 사람의 관점은 어떨까? 『그리고 모든 것이 변했다』에서 밝혔던 아니타 무르자니의 입장을 다시 들어보자.

아니타 무르자니: "내가 아주 명료한 상태에 있었기 때문에 굳이 돌아와서 아픈 몸을 통해 표현하고 싶어 하는 이유가 뭔지 이해한 상태로 돌아오지 않았을까 싶네요. 어쩌면 그런 걸 자각한다는 사실이 나의 내적 고통을 없애거나 줄여주었을지도 모르지요. 육체의 병은 도와주지 못하더라도 말이죠. 나는 육체적 조건과는 상관없이 모두가 나름의 목적을 가지고 있다고 믿어요."

삶에 목적이 있다는 점에선 두 존재의 견해가 일치한다. 그럼 어떻게 사는 게 목적에 부합하는 것일까? 이번엔 그녀에게 먼저 발언권을 준다.

아니타 무르자니: "아, 그래서 모든 어리석은 생각과 자신에 대한 판단, 제한적인 믿음 때문에 내 몸이 암이란 걸 만들어냈구나. 이 모든 것들이 내 안에서 그토록 많은 혼란을 만들어냈던 거야. 세상에, 우리가 여기 온 건 그저 우리 자신을 기분 좋게 느끼고 삶을 기분 좋게 느끼기 위해서라는 걸, 그저 우리를 표현하고 재미있어하기 위해서라는 걸 몰랐다니!"

삶이란 즐기면 되는 것이라고? 정말 그렇게만 살아도 괜찮은 것일까? 금욕주의자들이 들으면 반감을 가질 수도 있는 견해이다. 다시 신의 판단을 들어보자.

신: "자식이 있건 없건, 배우자가 있건 없건 간에 누구나 기쁨을 누릴 권리가 있다. 그것을 추구하고 그것을 찾아내라! 그러면 네 가족들은 네가 돈을 벌고 못 벌고 상관없이 기쁨에 찬 가족이 될 것이다. 그리고 만일 그들이 기뻐하지 않고 일어나 내 곁을 떠나려 한다면, 그들 나름의 기쁨을 찾을 수 있게 사랑으로 그들을 떠나보내라.

한편, 만일 네가 몸의 일들에 아무 관심도 없는 정도로까지 성숙해지면, 너는 하늘에서 그러한 것처럼 이 지상에서도 훨씬 더 자유롭게 자신의 기쁨을 추구하게 될 것이다. 신은 행복한 건 좋은 일이라고, 자신이 하는 일에서 행복해하는 것까지도 좋은 일이라고 말한다."

이 부분에서도 두 존재의 견해가 일치한다. 즐겁고 기쁘게 사는 게 좋고, 그렇게 사는 것이 삶의 목적인 영혼의 진화에 이바지한다는 것이다.

그렇다면 진화의 종착점은 어디인가? 진화란 무엇이고, 어디까지 진화해야 그 여정이 끝나는 것일까? 이번에는 아니타 무르자니와 신의 말을 차례대로 들어보자.

아니타 무르자니: "내 경험의 본질상 이렇게밖에 말씀드릴 수가 없습니다. 우리 중심에서 우리 모두는 하나라고요. 우리 모두는 일체에서 분리되었다가 다시 전체로 돌아갑니다. 나는 내 임사체험이 그 하나임의 단면을 살짝 엿본 것이라고 생각해요… 나에게 신은 분리된 어떤 존재가 아니라 존재의 상태입니다. 신은 이원성을 넘어서 있고, 따라서 나는 내면으로부터 영원히 합일되어 있으며 결코 분리될 수 없습니다. 내 물질적 표현은 이 전체의 한 단면에 지나지 않아요."

신: "삶의 목적은 어딘가에 이르는 게 아니다. 삶의 의미는 너희가 이미 그곳에 있고, 예전에도 항상 있어왔다는 걸 깨닫는 것이다. 너희는 항상 순수한 창조의 순간 속에 있으며, 영원히 있을 것이다. 그러므로 삶의 의미는 '자신'을 창조하고 그런 다음 그것을 체험하는 데 있다."

사람이 일체에서 나왔다가 다시 전체로 돌아간다는 설명은 사람들 각자가 전체에서 분리된 존재가 아니라는 의미다. 많은 선각들도, 나는 혼자이며 전체와 분리되어 외롭게 존재한다는 생각은 순전히 착각이자 진실과 동떨어진 견해라고 지적했다. 또한 그것을 직접 증득한 사람도 매우 많기 때문에 반론의 여지도 별로 없다. 우리가 이미 그곳에 있다는 설명도 마찬가지다.

그러나 체험이란 개념은 즐겁게 산다는 것과 반드시 일치하지는 않는다. 체험 속에는 즐거운 것은 물론이고 괴로운 사연도 있지 않은가. 아니타보다는 신의 관점이 더 많은 측면을 포괄하고 있는 것이다. 하지만 삶이란 각자의 선택이고, 그 선택의 결과로 나타난 고통마저 성장의 계기로 받아들일 수만 있다면 그런 체험 역시 즐겁게 사는 것이 될 터이다. 그런 관점에서 판단하면 두 존재의 견해가 다르다고 단정하기도 어렵다.

반면에 켄 윌버나 데이비드 호킨스 같은 영성계의 대가들은 에고를 용해시켜 합일의식 또는 임재臨在와 하나가 되는 것을 궁극적인 체험으로 본다. 나라는 개체가 사라지고 전체 그 자체가 되면 더 이상 체험을 할 수 있는 내가 없어지기 때문이다. 그래서 마지막 체험의 단계에서는 죽음을 눈앞에 둔 자아의 극심한 공포감이 밀려온다고 한다. 물론 그 고비를 넘어서면 기쁨의 폭소를 터뜨리게 된다. 사람의 체험에도 일종의 단계가 있다는 입장인 것이다.

하지만 『신과 나눈 이야기』는 한 개인에게 그런 순환의 끝이 일어나도 순환이 끝난 것은 그 한 사람일 뿐이며, 다른 사람과 세계는 여전히 그들만의 순환을 계속한다고 설명한다.

실제로 일상을 살아가는 대부분의 사람들에겐 '순환의 끝'이란 컨셉이 요원하게 느껴지기 십상이다. 먹고사는 문제가 더 시급하고, 처자식을 부양하는 것만도 힘에 부치며, 온갖 현실적인 갈등들은 생각만 해도 골치가 아플 정도이기 때문이다. 물론 나도 예외가 아니다.

이렇게 세속을 살아가는 우리로서는 거창하게 해탈이나 구원을 논하기 이전에 자신의 수준에 맞는 삶의 목표를 설정하고 거기에 필요한 멘탈을 다지는 게 더 적절하다. 그렇게 하는 것이 영혼의 진화라는 목적에도 부합될 것이다. 그걸 수준이 낮은 상태라고 폄하할 이유는 당연히 없다. 하나님의 것은 하나님에게, 시저의 것은 시저에게. 이것이 서로에게 더 좋지 않겠는가.

2막의 멘탈

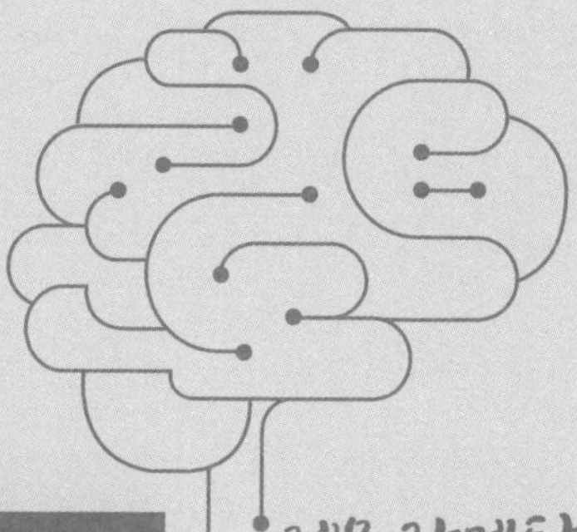

7 제7 장 멘탈의 연금술

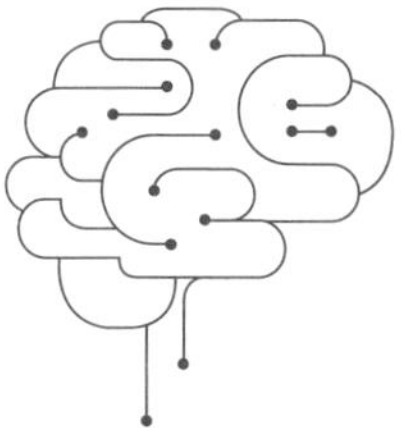

7-1. 실전의 기반은 생각 다이어트

"그냥 살아라."

각성을 체험한 사람들에게 멘토는 이렇게 조언한다. 달관의 냄새가 물씬 풍기는 아포리즘이다.

"왜 사냐건 웃지요." 그런 시의 구절과도 일맥상통한다. 하지만 너무 추상적이다. 그냥 산다는 건 어떻게 산다는 것인지 명확하지가 않다. 그러다보니 수련과정을 웬만큼 거친 사람들도 현실 속에선 그 행보가 서로 엇갈린다. 그 차이는 무엇보다 생각에서 비롯된다. 생각이 끊어지거나 심플하게 정돈된 사람들은 일상이 확 달라진다. 반면에 생각의 자투리가 남은 사람은 다른 뭔가를 찾아 또 다시 방황을 계속하기 때문이다.

도박에 중독됐던 40대의 K는 멘탈이 바뀐 후로 도박과는 완전히 담을 쌓고 한우식당을 열었다. 첫 손님으로 오신 어르신이 K에게는 돌아가신 선친처럼 보였다. 그는 그 손님을 선친을 모시듯이 극진히 대했다. 손님은 아주 흡족해했다.

이 만남을 계기로 K는 모든 손님을 돌아가신 선친을 모시는 자세로 영접했다. 또 종업원들에게도 매상이 오르면 거기에 비례해 월급을 더 주는 시스템을 도입했다. 그러자 종업원들은 자기 돈을 더 많이 벌기 위해서라도 더 열성적으로 일했다. 가게는 입소문이 나면서 하루가 다르게 번창했다. 휴일이면 K는 음식을 만들어 양로원 등에 무료로 돌리기도 했다. K의 얼굴에서는 미소가 떠나지 않았다.

그런데 나는 K와는 정반대였다. 뭔가 좀 더 확연한 경지와 의문 또는 의심이 전혀 없는 경지가 있을 것으로 생각하고 추구를 계속했다. 이른바 '분별의 함정'에 빠졌던 것이다. 당연한 결과로서, 일상도 좋았다 나빴다를 반복했다. 직장에서도 순탄하게 잘나가다가 느닷없이 하루아침에 바닥으로 추락하기도 했다. 육체적인 고행의 기간도 불필요하게 길어졌다. 이런 오락가락 현상은 생각이 많거나 따지기 좋아하는 사람, 특히 이른바 가방끈이 길어 시비분별이 많은 사람들에게 주로 나타난다.

아니타 무르자니는 임사체험을 통해 삶의 근본을 확실히 인지한 후로 모든 것이 달라졌다. 하지만 체험 전에는 정반대였다. 두려움이 많아 끊임없이 암에 대한 공포에 시달렸고 결국 림프암에 걸렸던 것이다. 그 후에도 두려워서 항암치료를 거부하고 4년 동안 명상이나 수련 또는 민간요법 등에 필사적으로 매달렸다. 그러면서도 마음 한켠에는 '이래봤자 아무 소용없을 텐데'라는 의심이 있었다. 몸과 마음이 엇갈렸고 마음마저 다시 두 갈래로 찢어졌다. 결국 그녀는 병세가 점점 악화되어 피골이 상접한 채 죽어갔던 것이다.

루이스 헤이도『치유』에서, 잘못된 생각 때문에 자신이 겪어야 했던 혼선을 솔직하게 고백했다.

"내가 처음으로 '모든 사람이 우주의 풍요로움을 누릴 수 있다'는 말을 들었을 때, 말도 안 되는 얘기라고 생각했다. 가난한 사람들을 봐, 라고 나는 중얼거렸다. 나도 이렇게 가난한데 말이야. 당신이 가난한 이유는 당신이 머릿속으로 그렇게 생각하기 때문이다, 라는 말은 나를 화나게 했다. 내가 돈이 없는 이유는 바로 나 때문이라는 사실을 깨닫고 받아들이기까지 많은 시간이 걸렸다. 주범은 바로 내가 가치 없고, 자격이 없으며, 돈 벌기는 어렵고, 나는 돈을 벌 수 있는 재능과 능력이 없다는 생각이었다. 나는 가질 수 없다는 생각에 빠져 있었던 것이다."

그녀의 세속적인 일상은 생각을 바꾼 후에 비로소 달라지기 시작했다. 곡절은 있었지만 그녀는 마침내 멘탈 영역에서 독보적인 존재로 떠올랐으며, 그녀가 창업한 헤이 하우스도 비약적으로 성장했다.

"생각은 전혀 필요 없음을 깨달았다. 생각은 물고기 앞의 미끼와 같다. 생각을 덥석 무는 순간 우리는 사로잡힌다. 생각이라는 미끼를 물지 않는 것이 가장 좋다. 우리는 생각이 필요 없다. 자각하고 있지는 못하지만 우리 내면에는 '내가 알아야 할 모든 것을 나는 이미 알고 있다'라는 진실이 있다. 이 진실은 제 스스로 성립한다."

의식혁명을 주창했던 데이비드 호킨스 박사는 생각의 부작용을 이 정도로 강하게 경고했다. 실제로 생각의 세계는 대부분 비관 일색이다. 만사가 고민의 씨앗으로 작용한다. 비율로 따지면 80% 정도가 부정적이다. 에고의 특징이 그렇기도 하다.

"저절로, 그리고 그 자체로 고통스러운 건 아무것도 없다. 고통은 잘못된 생각의 결과다. 그것은 생각의 오류이다. 선각자들은 가장 쓰라린 고통도 사라지게 할 수 있다. 선각자들은 이런 식으로 치료한다. 고통은 너희가 어떤 것에 관해 내린 판단 때문에 생긴다. 그 판단을 제거해 보아라. 그러면 고통이 사라진다."

『신과 나눈 이야기』의 진단도 호킨스 박사의 견해와 일치한다. 고통의 원인은 외부 상황이나 조건이 아니라 생각의 오류라는 것이다.

날씨는 수시로 변하지만 우리가 인위적으로 바꿀 수는 없다. 그럼에도 불구하고 생각은 끊임없이 그런 날씨에 대해서까지 부정적으로 분별을 하고 판단을 내린다. 여름은 더워서 짜증나고, 겨울은 추워서 못살겠고, 봄과 가을은 놀기 좋아서 아무것도 하지 못하게 된다는 식이다. 생각 스스로가 만사를 그렇게 고통스럽게 만드는 것이다.

7-2. 한달 안에 가닥을 잡는다

멘탈이 아무리 중요하다 해도 교정에 시간과 비용이 너무 많이 들면 곤란하다. 모두가 선승처럼 머리를 깎고 출가해서 혼자 수십 년간 멘탈만 다질 수는 없는 노릇이다. 비교적 짧은 시간에 멘탈의 가닥이 잡히지 않으면 일상에서의 응용은 사실상 불가능해진다. 따라서 멘탈 영역에서는 속도가 무엇보다 중요한 것이다.

마음의 영역에서 일가를 이룬 김기태 선생은 반평생을 마음만 잡고 늘어졌던 사람이다. 그는 각성을 이룬 뒤에는 인위적인 수련이나 강도 높은 고행을 한사코 반대한다. 우리는 이미 완벽한 그 무엇이기에 피나는 노력 자체가 난센스라고 힘주어 강조한다. 문제는 단 하나, 내가 뭔가 부족하다는 '분별심'뿐이라는 입장인 것이다.

A		B
게으름	-〉	성실함
불안	-〉	당당함
무지	-〉	지혜
미움	-〉	사랑
분노	-〉	자비
부족	-〉	완전
지금	-〉	미래

위 도표에서 보듯이 사람들은 끊임없이 A에서 B로 나아가려 한다. 하지만 김기태 선생은 그것이야말로 치명적인 오류라고 비판한다. B가 되려는 마음을 버리고 A에 머무는 것이 진정한 해법이라는 것이다.

"우리가 그토록 찾고 목말라 하는 참된 자유와 행복, 진정한 자기완성, 완전한 깨달음이란 저기, 나 밖 어딘가에, 더구나 끊임없이 애쓰고 노력하지 않으면 다가갈 수 없는 미래의 어딘가에 있는 그 무엇이 아니다. 그것은 너무나 뜻밖에도 지금 여기, 바로 이 순간 이 자리, 우리가 진리와 깨달음과 온전함을 얻기 위해 길을 떠나려 하는 바로 그 자리, 아아 그리하여 너무나도 부족하고 불안전해 보이는 이 나와 현재 속에 올올이 있다. 따라서 우리가 진리를 얻기 위해 해야 할 일은 아무것도 없다. 오히려 끊임없이 무언가를 함으로써 진리에 이르려는 그 한마음만 쉬어라."

김기태 선생이 『아, 여기』에서 핵심적으로 강조한 방법이다. 그는 사람을 상담하거나 지도하는 과정에서도 이런 방식을 고수한다. 그는극심한 불안감을 호소하는 상담자에게 진정 당당하게 살고 싶다면 불안에서 벗어나려 하지 말고 불안 속에 그대로 있으라고 조언했다. 조언을 받아들인 사람은 실제로 그렇게 변했다. 변화 전에는 아침에 눈을 뜨면 자신도 모르게 한숨을 내쉬며 이 긴 하루를 어떻게 보내나 막막했다면, 변화 후에는 눈 뜰 때부터 설레는 기대감으로 하루를 시작하게 된 것이다. 어제와 똑같은 출근길이 마치 처음인 듯 새롭게 보이고 직장의 업무도 주눅들지 않고 당당하게 처리해 나갔다.

"살아 있음의 모든 기쁨과 환희가 그분이 그토록 벗어나고 싶어 하던 불안과 단 한 번의 진정한 맞닥뜨림으로 가능해진 것이다." 김기태 선생은 저서에서 그렇게 설명했다. 마늘과 쑥을 먹고 동굴에서 100일 동안 꼼짝 않고 기다리니 아름다운 여인으로 변했다는 웅녀설화를 연상시키는 장면이다. 노자 도덕경에 나오는 '무위'無爲의 컨셉이기도 하다. 능동성이 아니라 수동성의 가치를 높이 평가하는 접근인 것이다.

"우리는 최초의 경계를 찾아내서 그것을 제거하려고 애쓰지 않을 것이다. 그렇게 하는 것은 엄청난 오류이거나 적어도 어마어마한 시간낭비다. 애당초 존재하지 않는 것을 파괴할 수는 없는 일이기 때문이다…

환상을 뿌리 채 뽑아 근절시킬 수는 없다. 환상 그 자체를 이해하고 꿰뚫어볼 수 있을 뿐이다. 이런 관점에서 볼 때 요가, 정신집중, 기도, 의식, 찬송, 단식과 같은 꽤 공이 드는 활동을 통해 최초의 경계를 파괴하려는 시도조차도 실은 파괴하려고 하는 바로 그 환상을 더욱 강화시키고 영속시키는 일에 지나지 않는다. 어쨌든 최초의 경계를 실재하는 것으로 받아들이고 있기 때문이다."

켄 윌버의 이런 설명은 잘못된 노력의 허구성을 가차 없이 단죄한다. 실제로 세상에 선한 영향력을 미친 방법들은 대부분 단기간에 승부가 난다. 복잡하지 않고 심플하다.

'자아 이미지'의 개념을 처음으로 정립한 맥스웰 말츠는 21일이면 자아 이미지가 교정된다고 했다. '항복의 기술'을 창안한 데이비드 호킨스 박사의 입장도 비슷하다. 휴 렌 박사의 <u>호오포노포노</u> 역시 장기간의 정진을 강요하진 않는다. 『순례자』로 유명해진 작가 코엘료의 산티아고 순례도 한 달 정도의 여정에 불과했다.

그러니 장기간의 정진을 강요하거나 밑도 끝도 없이 참회만을 요구하는 방식들은 설득력이 떨어진다. 그런 방식들은 사리에 맞지 않을 뿐만 아니라 먹고살기에도 힘겨운 사람들에게 또 다시 마음의 짐을 잔뜩 지우는 것에 지나지 않는다.

다만 가닥을 잡는다는 것은 공부가 끝났다는 의미가 아니다. 그보다는 본질을 꿰뚫어 보면서 방향을 제대로 잡았다는 뜻이다. 그리고 방향성이야말로 멘탈의 영역에서도 가장 중요한 것이다. 내가 바람을 맞받아 걸어가면 환경은 항상 역풍으로만 작용한다. 그러나 바람의 방향으로 등을 돌리기만 하면 바로 순풍을 받게 되는 것이다.

"다비드 상은 이미 대리석 안에 있었다. 나는 다비드 상을 둘러싼 군더더기만 깎아냈을 뿐이다."

불후의 조각상인 〈다비드 상〉을 보고 감탄하는 사람들에게 미켈란젤로가 했다는 말이다. 우리 속에도 그렇게 완벽한 다비드 상이 자리를 하고 있다. 불가에선 그걸 '여래장如來藏'이라 부른다. 우리는 여래를 에워싸고 있는 군더더기, 즉 분별의 감정만 정돈하면 된다. 그것을 명확히 인지하는 게 멘탈의 가닥을 잡는 중요한 갈림길이다.

7-3. 맞지 않는 신발은 던져버려라

사람은 저마다 모두 다르다. 그럼에도 불구하고 자기계발 서적은 모든 사람에게 천편일률적으로, 긍정 마인드와 굳센 의지만을 강조한다. 또한 각종 수련단체들도 저마다 자기네 방법만이 최고라거나 본성에 이르는 유일한 길이라고 강변한다. 일부 심약한 사람들은 그런 말에 현혹되어 맞지도 않은 수련을 무리하게 시도하다가 앞에서 얘기한 증상처럼 회복이 어려운 내상을 입기도 한다.

카운셀러였던 바라라 셔도 그런 희생자 중의 하나였다. 수많은 자기계발 서적을 읽었지만 그녀는 자기계발은 고사하고 자기혐오만 더 깊어졌다. 책을 읽으면 읽을수록 긍정적으로 생각하지 않고 의지력도 굳세지 않은 자신이 더 싫어진 것이다.

그랬던 바바라 셔가 어느 날 정신을 차렸다. 자기계발 서적들이 요구하는 지침을 하나도 제대로 실천하지 못했지만 자신은 나름대로 잘 살아왔다는 것을 자각한 것이었다. 그뿐 아니라 자신을 포함한 대부분의 사람들이 그렇다는 것도 인지하게 되었다. 그렇다면 내가 아니라 그들이 틀렸다! 우리는 아무런 문제가 없다! 그런 자각이 바바라 셔를 새로운 컨셉으로 인도했다.

"맞지 않는 신발은 던져 버려라."

맞아, 맞아. 사람들이 고개를 끄덕이며 바바라 셔의 의견에 동의했다. 그녀의 맞춤형 카운셀링은 빠른 속도로 자리를 잡았다. 문제의 정곡을 찔렀기 때문이다.

"자신의 내면을 깊숙한 곳까지 탐구하는 데 관심이 있는 사람은 다양한 심리적 체계와 종교체계를 마주하면서, 도무지 어디에서 시작해야 할지 누구를 믿어야 할지 알 수 없는 어리둥절한 상태에 놓이게 된다. 심리학과 종교의 주요 학파들을 주의 깊게 연구한다 할지라도 처음 발을 들여놓았을 때만큼이나 혼란스러운 상태로 끝나기 십상이다. 왜냐하면 그 다양한 학파들은 전체적으로 볼 때 명백히 서로 모순되기 때문이다."

캔 윌버는『무경계』에서 방법론 자체의 오류를 이렇게 통렬하게 지적했다. 물론 그는 궁극적으로는 그런 방법들에 서로 상보적인 효과가 있다는 점을 인정했다. 인간의 의식을 다섯 개의 스펙트럼으로 나눈 그는 다양한 방법론이 한 인간을 두고 논쟁을 벌이는 것이 아니라 각기 다른 수준에서 상보적으로 접근하고 있다고 해석한 것이다.

그렇다면 멘탈교정의 방법도 자신의 수준에 맞게 선택해야 한다. 숫자에 처음 접하는 초딩이라면 더하기와 빼기부터 시작해야 한다. 나중에 오페라 가수로 대성할 인재라 하더라도 그가 어렸을 때에는 '엄마 앞에서 짝짜꿍'을 부르는 게 더 어울린다. 초딩에게 미적분을 들이대고 어린 꼬마에게 〈오페라의 유령〉에 나오는 〈Think of Me〉를 부르라고 다그치면 어떻게 되겠는가. 지나치게 까부는 초딩 아들을 의젓하게 만들겠다며 날마다 강압적으로 명상을 강요했다가 끝내 자식을 정신병자로 망쳐버린 사례도 있었다.

타고난 성향도 무시할 순 없다. 의식수준이 동일하다 하더라도 성향이

다르면 그 방법론도 달라져야 한다. 서양의 에니어그램은 사람의 유형을 크게 3가지, 즉 장형과 가슴형과 머리형으로 나눈다. 또 각각의 유형을 다시 3가지로 세분해 모두 9개 유형으로 구분한다.

장형은 솔직하고 과감한 행동파다. 가슴형은 대인관계에 능하다. 머리형은 논리적이고 분석적이다. 이제마 선생의 사상체질도 사람의 유형을 태양인, 태음인, 소양인, 소음인 등 4개로 구분한다. 이를 더 세분화한 팔상체질도 있다.

멘탈을 정돈하는 작업도 체질에 따라 당연히 달라져야 한다. 행동파인 장형에겐 격렬한 수련이 효과적이다. 머리형에겐 이지적인 수련법이 잘 맞고 가슴형에겐 함께하는 밝은 톤의 수련이 적합하다. 만약 이걸 뒤바꾸면 멘탈의 교정은 고사하고 수련 자체에 대한 거부감이나 부작용에 시달리게 될 가능성이 높아진다.

조연현 기자가 쓴『나를 찾아 떠나는 17일간의 여행』에는 문경의 정토수련원에서 실시하는 깨장, 즉 깨달음의 장 문답이 중계방송처럼 펼쳐진다.

"노수진 씨!"
"예."
"당신은 누구입니까?"
"노수진입니다."
"그 이름이 당신입니까?"
"그렇습니다."

"노수진이란 이름 대신 다른 이름을 사용하면 당신이 아닙니까?"

"…"

"당신은 누구입니까?"

"미국 로스앤젤레스에서 살고 깨장에 참가하기 위해 여기에 온 사람입니다."

"노수진 씨!"

"예."

"당신은 누구입니까?"

"…"

"로스앤젤레스에서 살지 않고 여기에 오지 않았으면 당신이 아닙니까?"

"그렇지 않습니다."

"그럼 당신은 누구입니까?"

"남편의 아내입니다."

"남편이 없다면 당신이 아닙니까?"

"아닙니다."

"당신은 누구입니까?"

"…"

"당신은 정말 누구입니까?"

"…"

문답을 통해 단계적으로 생각의 오류에 눈뜨게 하면서 자각으로 유도하는 방식이다. 이지적인 머리형은 이런 방식에 끌리겠지만 행동파인 장형은 시답잖은 말장난 같다고 반발할 소지가 많다.

"자, 당신은 이제 죽습니다. 남들처럼 잘 살아보고 싶었고 하고 싶은 것도 너무 많았지만 비정한 죽음이 당신을 찾아왔습니다. 망나니가 당신 뒤에서 칼을 높이 쳐들었습니다. (죽비소리 탕!) 당신은 이제 목이 잘려 죽었습니다."

"육신을 떠난 당신의 혼은 하늘 높이 올라갑니다. 별이 총총한 우주 속으로 들어갑니다. 거대한 블랙홀 앞에 섰습니다. 이제 그 블랙홀 안으로 살아온 날의 모든 기억을 던져 버립니다. 어린 시절, 학창시절, 청년시절, 장년시절… 시간 순서대로 기억을 떠올려 모두 버립니다. 가족들도 버리십시오. 재산도 버리십시오. 명예와 자존심도 모두 버리십시오."

마음수련의 죽고 버리기는 대략 이런 식으로 진행된다. 단호하고 강도 높은 수련이다. 이런 방법은 장형에게 잘 맞는다. 하지만 가슴형은 거부감을 보이기도 한다. 울고불고 하면서 끝내 적응을 하지 못한 주부도 있었다.

"어떻게 자기 가족을 죽이고 버립니까? 너무한 것 아닌가요? 난 도저히 못 하겠어요. 흑흑…"

호오포노포노는 자기 내면의 어린아이를 달래주는 방법을 쓴다. 마음 깊숙한 구석에 처박힌 채 겁에 질려 부들부들 떨고 있는 자기 내면의 아이에게 사과를 하고, 용서를 구하고, 사랑을 고백한다.

"미안해."

"용서해."

"고마워."

"사랑해."

이런 4마디 만트라를 속으로 끊임없이 말하는 방법이다. 이 방법은 관계를 중시하는 가슴형에게 적합하다. 하지만 머리형들은 냉소적인 반응을 보일 수 있다.

같은 사람이라도 내면의 변화단계에 따라 수련법이 달라지는 게 자연스럽다. 겨울에는 두꺼운 옷을 입지만 여름이 되면 얇은 옷으로 갈아입는 게 정상이듯이 말이다. 개인적인 경험인데, 심리적인 한계상황에 부딪혔을 때는 마음수련 기법이 가슴에 확 다가왔다. 강도 높은 수련을 통해 내면세계가 빠르게 바뀌는 걸 확연하게 증득한 것이다. 특히 초기단계인 첫 번째와 두 번째 과정은 효과가 뛰어났다.

하지만 그런 세월도 5년 정도 흐르니 자연스럽게 다른 방법들로 넘어가게 되었다. 수련 초창기였다면 도저히 성에 차지 않았을 호오포노포노를 요즘에는 더 비중 있게 활용하고 있다.

발에 맞지 않는 신발을 신으면 십 리도 못 가서 발병난다. 멘탈 영역에서도 방법론의 선택은 그만큼 중요한 것이다. 많은 사람들이 좋아한다고 해서 무턱대고 따라 한다면 시행착오의 기간만 더 늘어날 뿐이다.

7-4. 싫으면 다시 창조하라

마음전문가들의 가르침도 십인십색이다. 어떤 점에서는 서로 일치하고 어떤 점에서는 서로 충돌한다. 물론 본질적인 측면에서는 모두가 하나다. 호포의 주장처럼 내면을 제로로 만들고 호킨스 박사의 방법에 따라 감정을 놓아야만, 바딤 젤란드나 네빌 고다드 또는 맥스웰 말츠 등이 제창한 상상기법도 제대로 실현이 되는 것이다.

그런데 사람에게 에고가 있는 이상 과정상의 혼선과 모순을 그대로 방치하면 포기 또는 불신으로 이어질 가능성도 충분히 있다. 따라서 멘탈의 교정에도 선택의 기준이 필요한 것이다.

어떤 방법을 선택할까? 무엇보다 각자의 마음이 끌리는 방법이 자신에게 맞는 것이다. 또한 현실에만 매몰되지 말고 현실이 작동하는 그 이면의 논리를 받아들이면 선택과정에서의 혼란은 많이 줄어든다.

"삶은 발견이 아니라 창조다. 너희가 하루, 하루를 살아가는 건 인생이 너희를 위해 지니고 있는 것을 발견하기 위해서가 아니라, 그것을 창조하기 위해서다. 너희는 순간, 순간 너희 현실을 창조하고 있다, 아마 그것을 의식하진 못하겠지만."

삶은 창조의 과정이라는 『신과 나눈 이야기』의 입장은 세속을 살아가는 사람들에겐 선뜻 와 닿지 않을 수도 있다. 우리 대부분은 부지불식간에 삶을 업보를 치르는 과정 내지는 인생수업, 또는 소극적으로는 운명이 정해준 대로 끌려가는 여정으로 생각하고 있기 때문이다.

그러나 삶을 창조의 과정으로 보는 관점은 도의 마지막이 창조라고 단언한 동양의 가르침과 정확하게 일치한다. 동서양의 지혜가 합일되는 지점이다. 다만 창조의 과정을 난해하고 현학적인 언어가 아니라 쉬운 일상의 언어로 설명했다는 점에서 그 둘 사이의 차이가 있다. 『신과 나눈 이야기』가 제시하는 창조의 과정은 다음과 같다.

1. 나는 너희를 신의 형상대로, 신과 닮은꼴로 창조했다. 신은 창조자다. 너희는 하나 속에 셋인 존재들이다. 너희는 이 세 측면을 너희가 원하는 대로, 성부 · 성자 · 성신이라고 할 수 있고, 마음 · 몸 · 영혼이라 할 수 있으며, 초의식 · 의식 · 잠재의식이라 부를 수도 있다.

2. 창조는 너희 몸의 이 세 부분들에서 진행되는 과정이다. 달리 말해 너희는 세 가지 차원에서 창조한다. 생각과 말과 행동은 이 창조의 도구들이다. 모든 창조는 생각에서 시작된다. 그러고 나면 모든 창조는 말로 옮겨간다. 모든 창조는 행동에서 완료된다. 너희가 생각은 하지만 한 번도 말하지 않은 것은 한 차원에서만 창조한다. 너희가 생각하고 말하는 것은 또 다른 차원에서 창조한다. 너희가 생각하고 말하고 행동하는 것은 너희 현실에 구현된다.

3. 너희가 진정으로 믿지 않는 어떤 것을 생각하고 말하고 행하기란 불가능하다. 그러므로 창조과정에는 반드시 믿음, 즉 깨달음이 들어가야 한다. 절대믿음이 바로 그것이다. 이것은 소망 너머에 있는 것이다. 이것은 확실성에 대한 깨달음이다. 따라서 창조에는 언제나 깨달음이

수반된다. 깨달음이란 본능적인 명확성, 완벽한 확실성, 어떤 것의 현실성에 대한 완벽한 인정이다.

4. 깨달음의 이 자리는 믿을 수 없을 정도로 강력한 감사의 자리이다. 그것은 미리 감사하는 것이다. 그리고 아마도 창조하기 전에 창조한 것에 대해 감사하는 이것이야말로 창조의 최대 열쇠일 것이다.

5. 너희가 창조하고 또 창조했던 모든 것을 즐겨라. 그것의 일부를 거부하는 것은 너희의 일부를 거부하는 것이다. 그것을 비난하지 마라. 그것을 비난하는 것은 자신을 비난하는 것이다.

6. 설사 창조의 일부 측면이 네 마음에 들지 않는다 해도 그것을 축복하면서 그냥 다른 것으로 바꾸도록 하라. 다시 선택하라. 새로운 현실을 불러오라. 새로운 생각을 하고, 새로운 말을 하고, 새로운 행동을 하라. 이것을 장대하게 해내라. 그러면 온 세상이 너를 따를 것이다. 너를 따를 것을 온 세상에 요구하고 크게 외쳐라.

이런 과정은 일련의 각성을 체험하고 일상에 복귀한 사람들에게 아주 요긴하다. 대부분의 동양적인 가르침은 각성을 주로 강조하면서 그 이후의 삶에 대해선 '그냥 살아라' 정도로 애매모호하게 방치하기 때문이다. 숭산 선사의 경우『선의 나침반』에서, 각성의 과정에 대해 하나의 원을 그려 4등분으로 나눈 뒤 90도 영역, 180도 영역, 270도 영역, 360도 영역에 대해 상세하게 설명했다. 그러나 첫 출발점으로 돌아온 360도 영역의 삶에 대해서는 '거울처럼 비춘다'는 식으로 선문답 비슷하게 끝냈을 뿐이다.

그런데 돌아온 그 자리에는 일상이 기다리고 있다. 먹고살아야 하고, 관계도 꾸려야 하고, 수시로 선택까지 해야 하는 자리인 것이다. 고담준론만 부여잡고 있기에 현실은 너무 치열하고 각박하다. 그런 세속에 맞추어 고담준론을 세속적인 메시지로 바꾸어 설명해 주는 게 『신과 나눈 이야기』의 두드러진 장점이다.

바딤 젤란드도 『트랜서핑의 비밀』에서, 간청하지 말고 요구하지도 말고 추구하지도 말고 창조하라고 강조했다. 또한 사람이 어떤 의도를 표명하면 그것은 곧 신의 의도이기에 의심하는 것 자체가 난난센스라고 일축하기도 했다.

"당신의 의도가 신의 의도라면 당신의 두려움과 의심은 누구의 것인가? 마찬가지로 그의 것이다. 그는 당신에게 선택의 자유를 주었다. 당신이 원하는 것을 마음대로 선택해도 되는 것이다. 어려운 길을 선택하면 온갖 장애물을 극복하며 어렵게 목표를 달성할 것이다. 하지만 다른 방법은 없을까? (중략)

신은 자신이 원하는 대로 새로운 현실을 이루어낼 능력이 있다. 마찬가지로 사람도 이것이 가능하다고 인식하기만 하면 똑같은 능력을 얻게 된다. 그러니 꿈에서 깨어나 처음부터 갖고 있던 특권을 활용하지 않겠는가? 당신이 준비만 된다면 나머지는 기술적인 문제인 것이다."

이런 조언은 알고 보면 선문답과 그 맥락이 비슷하다. 생각의 자유로움과 함께 무서운 그 위력도 함께 표현한 것이다. 그렇다고 현학적이거나 고답적이지도 않다. 본질에 근접할수록 언어는 더 심플해진다. 또 일상을 살아가는 생활인에게 필요한 것은 난해한 선문답이 아니라 이렇게 쉽게 표현된 설명들이다.

7-5. 상상력의 위력과 한계

사업에 실패했던 40대 남성이 대부업자에게 돈을 빌리러 갔다가 대부업자의 부인에게 노골적인 수모를 당했다.

"아니, 이 사람 생긴 걸 좀 봐요. 빌린 돈을 도저히 갚을 것 같지가 않네요. 빌려주면 안 돼요."

도를 넘은 모욕에 격분한 남자가 자리를 박차고 나와 버렸다.

"내가 남에게 이 같은 수모를 당해야 한단 말인가?"

이를 악문 남자는 스스로 필사적인 노력을 기울여 재기에 성공했다. 중국의 사마천도 궁형, 즉 거세를 당하는 치욕을 겪은 뒤 불세출의 역작『사기』를 완성했다. 차라리 자결하고픈 충동을 초인적인 의지로 억제하면서 처절한 분노를 저술 에너지로 바꾸었던 것이다.

사람이 이렇게 파격적으로 달라지는 이유는 무엇일까? 미국의 성형외과 의사였던 맥스웰 말츠는 '자아 이미지'에서 그 해답을 찾았다. 그는 성형수술을 해주면 어떤 사람은 성격까지 밝게 변한 반면, 어떤 사람은 부정적인 성격이 여전한 것이 궁금해 탐구를 시작했다. 그리고 인생의 승패를 좌우하는 것은 '자아 이미지'란 결론을 내렸다.

"난 수학을 잘하지 못해."

일단 이런 자아 이미지가 형성되면 상황 끝이다. 주변의 사소한 말 한마디 때문이든 실제적인 결과 때문이든, 그 발단과 이유가 무엇이든 간에 한번 형성된 자아 이미지는 아무리 노력해도 개선되지 않는다. 아니, 노력하면 할수록 '수학에 소질이 없다'는 증거가 더 늘어나 잘못된 믿음이 더 굳어지는 것이다.

말츠는 이런 상황을 반전시키는 도구로 『사이버네틱스』에서 '상상력'을 제시했다. 우리의 뇌가 실제 경험과 상상 경험을 전혀 구분하지 못한다는 점에 착안한 기법이었다. 의도적인 노력을 중단한 채 자기가되고 싶거나 원하는 상태를 느긋하게 상상하는 작업을 반복하는 것이 핵심이다. 상상을 통해 새로운 자아 이미지가 형성되면 그다음은 내면의 자동유도 장치가 작동해 그렇게 변하게 된다는 것이다.

말츠의 책에는 이 기법을 실천한 결과 놀랄 만큼 달라진 사례들이 다양하게 소개됐다. 당시로선 독창적이었던 말츠의 기법이 이제는 성공학이나 자기계발, 심지어 마음공부의 영역에서도 일종의 공식처럼 원용된다. 특히 21일 정도의 단기간에 왜곡된 자아 이미지가 근본적으로 달라진다는 점이 많은 사람들의 마음을 사로잡았다.

하지만 현실에선 그렇게 했음에도 불구하고 여전히 변하지 않는 사람이 훨씬 더 많다. 말츠도 그 점을 인정하고 안타까워했다. 두 여성에게 똑같이 이른바 '언청이 수술'을 해줬지만 1명은 밝게 변한 반면 다른 1명은 그렇지 못했다는 사례도 말츠는 공개했다.

후자의 경우 수술로 언청이 입을 교정한 뒤에도 주변 사람들이 여전히 이전의 자기 모습을 떠올리며 무시할 거라는 생각을 버리지 못한 것이다. 마음의 문을 닫아버린 사람에겐 상상력도 속수무책이다.

상상하는 방법도 막연한 측면이 있다. 예컨대 취업을 원해 취업통보를 받고 가족들과 함께 기뻐하는 장면을 상상한다고 하자. 그럼 몇 번을 그렇게 상상해야 하는가? 상상의 횟수가 적다면 자아 이미지가 바뀔 정도의 심상이 형성되지 않을 것이다. 반면에 너무 많으면 집착이 되어버릴 것이다. 그렇다면 상상을 그만두어야 하는 경계선은 어디인가? 또한 상상은 어느 시간대에 하는 게 좋은가? 이런 세부적인 점들이 명확하지 않은 점이 무엇보다 아쉬웠다.

그럼에도 불구하고 맥스웰 말츠의 기법은 전반적인 멘탈교정의 과정을 다듬어주는 결정적인 계기가 되었다. 그 결과 상상력의 헛점을 보완해주는 기법들이 더 정교하게 발전했다. 또한 상상력의 차원을 넘어 무의식 자체를 정화하거나 인간 본성의 힘을 바로 뽑아내는 기법까지 등장하기도 했다.

7-6. 뒤돌아보면 죽는다

“글 쓰는 데 필요한 것처럼 창조적인 생각이 떠오르게 하기 위해서는 어떻게 해야 하죠?”

“어떻게 해야 하냐고요? 글들은 이미 다 썼고 큰 출판사에 원고가 받아들여졌다는 것을 사실로 받아들이십시오. 작가가 된 생각을 만족의 감정으로 압축시키십시오. ‘끝내준다’, 또는 ‘감사합니다’와 같은 간결한 말을 성공했다는 느낌을 가질 때까지 계속 반복하십시오. 아니면 축하해주고 있는 친구를 마음에 그리십시오. 성공을 나타내는 것들은 여러 가지가 있지만, 항상 그 결과에 가 있어야 합니다. 결과에 서 있는 것이 성취를 불러일으킬 것입니다.”

영성가였던 네빌 고다드가 청중과 주고받은 질의응답의 내용 가운데 하나이다. 저명한 작가가 되는 것도 상상을 통해 이뤄진다는 것이다. 과정이 아니라 결과에 초점을 맞추는 것, 그래서 그것이 이미 현실인 것처럼 살아가라는 주장이 사이코-사이버네틱스의 주장과 비슷하다.

그러나 상상의 디테일은 그보다 더 정교하다. 네빌은 무엇보다 생각에 믿음을 유지하는 것이 특히 중요하다고 강조했다. 그렇게 되었다고 상상했으면, 그에 대한 믿음을 변치 말아야 한다는 것이다. 그러지 않으면 성서에서 재앙의 도시를 탈출하는 도중에 신의 경고를 무시하고 뒤돌아보다가 소금기둥으로 변한 롯의 아내처럼 될 것이라고 경고했다.

네빌은 상상을 하는 과정에선 관찰자가 아니라 철저히 주체가 되어야 한다고 강조했다. 예컨대 사다리를 올라가는 상상의 경우라면 사다리를 자신이 직접 한 계단 한 계단을 숨 헉헉대며 올라가는 모습을 그려야 한다는 것이다. 스크린을 통해 제3자가 계단을 올라가는 모습을 그리는 것은 잘못된 상상이라는 것이다.

네빌은 『5일 간의 강의』에서 이론뿐 아니라 실제 자신의 인생도 상상으로 풀어나갔던 경험담을 소개했다. 대표적인 사례가 고향 바베이도스 방문이다.

뉴욕에 살고 있던 네빌이 하루는 수천만리 먼 곳에 떨어진 고향인 서인도제도의 바베이도스에 가고 싶어졌다. 그래서 스승인 압둘라에게 자신의 속마음을 털어놓았다. 스승의 답변은 간결했다.

"네빌, 만약 자네가 가고 싶다면 자네는 이미 고향에 있는 것이네."

압둘라는 그렇게 할 수 있는 방법을 구체적으로 설명했다.

"자네가 이 문을 통해 나갈 때, 이젠 더 이상 뉴욕 72번가 거리를 걷는 게 아니네. 야자수와 코코넛 나무가 줄지어 있는 거리를 걷고 있는 중이네. 이곳은 바베이도스인 게지. 어떻게 그곳에 가게 될지에 대해서는 나에게 묻지 말게. 자네는 이미 바베이도스에 있네. 이미 자네가 '그곳에 있을 때', '어떻게'라고 말하지는 않네. 자네는 거기에 있네. 이제 자네는 바베이도스에 있는 것처럼 걸어 나가게."

동화처럼 들릴 수 있을 것이다. 하지만 뱃삯조차 없었던 네빌은 끝내 고향을 방문하게 되었다. 돈 문제를 비롯해 여러 가지 현실적인 난제들은 이상한 우연들이 겹치면서 저절로 풀렸던 것이다.

네빌은 이 같은 경험 등을 토대로 "상상이 현실을 창조한다"고 주장했다. 상상력을 동원하면 부와 성공 등 원하는 건 뭐든지 얻을 수 있다는 것이었다. 네빌은 그것이 법칙이라고 설명했다. 그의 강연은 늘 만원이었다. 청중들은 진지하게 그의 가르침을 경청했다.

그런데 네빌은 후반기에 들어서는 상상보다 더 중요한 것은 내면의 부활이라고 강조했다. 그는 이것을 약속이라고 불렀다. 약속을 지켜야만 태어남과 죽음을 반복하는 순환에서 벗어날 수 있다고 가르쳤다. 불가의 해탈과 비슷한 개념이었다. 하지만 가르침의 차원이 더 높아질수록 사람들은 네빌에게서 등을 돌렸다. 사람들이 원한 것은 당장 필요한 돈과 성공이었기 때문이다.

네빌은 마지막 강연에서 자신은 내면에서 약속을 이뤘기에 다시는 3차원 세계로 돌아오지 않는다고 선언했다. 그 후 네빌은 67세를 일기로 평온하게 세상을 떠났다. 세속적인 행복에서 출발해 본성으로의 귀향을 이룬 인생이었다. 시간의 차이는 있겠지만 사람들 모두가 걸어가야 할 길을 제시한 삶이기도 했다.

살아가는 일상에서 성공은 중요하다. 소망을 성취하고 풍요롭고 행복하게 사는 것은 일반인들의 공통된 꿈이다. 하지만 그 모든 걸 다 갖추고 누린다고 해도 삶은 결국 허망하고 덧없기 마련이다. 1차적으로 세속에서의 삶을 만끽하고 2차적으로 존재의 본질을 자각해 숙제를 깔끔하게 마무리하는 것. 네빌은 한 번의 인생에서 그 두 가지를 모두 성취할 수 있다는 시범을 보여준 인물이다.

7-7. 트랜서핑, 그 역발상

"비관주의자는 자신의 비참한 운명에 도취함으로써 변태적인 즐거움을 얻는다."

러시아의 양자물리학자 바딤 젤란드의 비판은 직설적이고 통렬하다. 그는 다중우주 이론을 기반으로 현실변환 기법을 설명한『리얼리티 트랜서핑』시리즈의 저자이다. 바딤 젤란드는 저서가 러시아에서만 170만 부 이상 팔려 일약 베스트셀러 작가로 떠올랐지만 유명세를 원치 않아 그 모습을 세상에 잘 드러내지 않는 인물이다.

그는 '버림'에 대한 일종의 오도된 선입견에 대해서도 가차 없이 단죄한다. 욕망을 무리하게 억제하거나 포기하지 말고 권리처럼 당당하게 그것을 현실화하라는 것이다. 원하는 걸 얻고 누리는 것이 억지로 버리려고 애를 쓰는 것보다 더 쉽고 인성에도 적합하다는 입장이다.

"영적 수련의 높은 단계에 올라간 깨달은 사람들은 세속사에 관심이 없어진다는 견해가 있다. 이 함정에 빠지지 마라. 각자는 자신의 풍요와 평안과 행복에 관심을 가져야 한다. 그렇지 않다면 그 사람은 어떤 도그마에 완전히 빠져 있는 것이다."

이런 진단은 마음공부의 허구성에 매몰된 사람들에게 따끔한 경종이 된다. 속내는 세속적인 성공을 원하면서도 현실적으로 그것을 성취할 엄두가 나지 않으니까 달관을 가장하는 사람들은 그냥 도망자일 뿐이며 달관과는 거리가 멀다. 여러 가지 분석이 가능하겠지만 한마디로 자신의 마음을 속이는 작태일 뿐이다. 사람의 본성은 결코 궁핍하거나 슬픈 것이 아니기 때문이다.

바딤 젤란드는 무엇보다 다른 사람의 가르침을 맹목적으로 추종하거나 남의 인정이나 받으려고 전전긍긍하는 태도는 매우 부정적인 것으로 판단한다. 그런 태도는 세상을 막후에서 조율하는 이른바 펜듈럼의 노예가 됐다는 것이다.

"다른 사람들을 곁눈질하지 않고 자기 자신에게로 돌아오는 것이 신에게로 가는 진정한 길이다. 남들의 눈치를 볼 필요성에서 벗어나면, 모든 것이 만족스럽고 에고는 사라지며 단지 총체적인 온전한 개성이 남는다. 당신을 어떤 틀에 끼워 맞추려하고, 당신이 변해야 한다고 외치는 사람의 말을 듣지 마라."

바딤 젤란드가 제시하는 방법은 파격적인 역발상이다. 거울 밖에 서서 거울 속의 자신을 바라보며 안달하지 말고, 거울 속으로 들어가 거울 밖을 바라보라는 것이다. 그는 세상을 이중거울로 상정한다. 그 거울은 한 면에는 물질우주의 삼라만상이 있고, 다른 한 면에는 형이상학적인 가능태 공간이 있는 거울이다.

가능태 공간은 일종의 매트릭스다. 그래서 목표를 이루기에 필요한 조건과 상황은 오로지 가능태 공간에서만 나온다. 그곳은 모든 것이 넘치도록 풍부하고 경쟁도 없는 곳이다. 뭐든지 마음대로 주문할 수 있고 주문한 것은 그대로 이루어진다. 바딤 젤란드는 이것이 현실보다 더 현실적이라고 한다.

그러나 바딤 젤란드는 양자물리학자답게 다짜고짜 멘탈교정부터 주문하지 않는다. 오히려 정지작업을 먼저 하라고 주문한다.

"당신이 기분이 몹시 안 좋을 때는 당신 안에서 한 아이가 울고 있는 것이다. 그를 돌보고 달래주라. 우리는 대부분 진지하고 점잖고 훌륭해 보이지만 마음속에서는 여전히 어린아이이다. '당신을 회전목마에 태워주라'… 당신이 좋아하는 것을 하면서 당신을 위해 종일 시간을 보내라."

그런 작업이 끝나면 비로소 트랜서핑의 주요도구를 작동시킨다. 그것은 목표가 이미 이루어진 모습을 슬라이드로 심상화하는 것이다. 목표가 달성됐을 때 하고 싶은 그 무엇을 상영하는 것이다. 벽난로 옆의 안락의자에 앉아있는 모습, 자가용 요트를 조종하고 있는 모습, 중요한 계약을 체결하고 사업파트너와 악수하고 있는 모습 등등… 슬라이드 상영은 언제나 원하는 것만큼 할 수 있다. 그러나 목표를 꼭 달성하고 싶다면 30분씩이라도 날마다 그것을 해야 하는 게 이 과정의 핵심이다.

또 하나 바딤 젤란드는 의심과 걱정과 두려움이 세상의 모습을 철저하게 망치고 있으며, 특히 두려움이 목표 실현에 가장 큰 피해를 준다고 경고한다. 그는 목표 달성의 수단에 대해서는 전혀 생각하지 말아야 한다는 점도 누누이 강조한다. 당신이 할 일은 오직 목표가 이미 달성되었다는 상상과 그 느낌에 집중하는 것, 그러면 나머지는 외부 의도가 알아서 필요한 문을 열어준다는 것이다.

하지만 유감스럽게도 소망은 좀처럼 이뤄지지 않는 반면 불길한 예감만 잘 들어맞는 게 현실이다. 이 같은 현상에 대한 바딤 젤란드의 설명은 명쾌하다. 첫째는 세상이 그에 대한 당신의 태도를 거울처럼 그대로 반영하기 때문이며, 둘째는 그 반영이 마음과 영혼의 일치에 의해 형성되기 때문에 그렇다는 것이다.

소원이 이뤄지는 시점은 내 영혼과 마음이 일치할 때이다. 희망은 자주 무산되는 반면 불길한 예감은 무섭도록 적중하는 것도 같은 원리이다.

희망에 대해서는 영혼과 마음이 잘 일치하지 않는다. "넌 부자가 될 거야." 영혼이 이렇게 비전을 제시하면, "아이고, 내 팔자에 부자는 무슨." 마음은 즉각 비토를 놓아버린다. 그러니 초점이 안 맞고 결과적으로 부자가 되지 못하는 것이다.

반면에 영혼이 "넌 실패할 거야." 이런 메시지를 던지면 마음은 바로 동조한다. "실패하면 어떡하지? 처자식을 어떻게 부양하지?" 온갖 불길한 상황을 상상하며 불안감에 떤다. 마음과 영혼의 정확한 일치에서 비롯된 힘에 의해 불길한 예감은 빠른 속도로 현실이 되어 버린다. 그렇기에 바딤 젤란드는 어떤 경우에도 의심을 하면 움직임이 틀려지고 만다고 경고하면서, 자신감이 무엇보다 중요하다고 역설했다.

"가능태 공간 속에는 당신의 영혼과 마음이 원하는 모든 것이 다 존재한다. 하지만 당신이 알아야 할 것은, 영원의 문턱에는 영원 속에 있는 것을 지키고 있는 문지기가 있다는 것이다. 이 엄격한 문지기는 현실의 지배자인 자신의 권리를 행사할 자신이 있는 사람들만 들여보낸다. '내가 그렇게 결정했기 때문에 나는 할 수 있고 자격이 있다'는 당신의 판결이 당신의 출입증이 되는 것이다. 당신이 자신의 권리를 가지면 그 문지기는 당신 앞에 있는 영원의 문을 활짝 열어줄 것이다."

7-8. 놓아버림, 쉽고도 어려운

"23년 동안 같은 직급에서 꼼짝없이 머물렀던 남자. 그랬던 그가 어떤 기법을 실천하자 두어 달도 되지 않아 갑자기 부사장으로 직급이 뛰어올랐고 연말에는 회사의 대표가 되었다. 결혼 생활도 나아졌고 아들과의 관계도 우호적으로 바뀌었다."

승진에서 계속 밀려 좌절한 사람들에겐 가뭄의 단비 같은 사례이다. 부부사이가 원만하지 않거나 자녀들과 갈등이 있는 사람들도 귀가 솔깃해지는 사연이라 하겠다.

과체중에 예쁘지도 않았던 여자. 자신을 싫어하고 성적 매력이 있는 다른 여자들을 질투하고 자신을 기피하는 남자들을 증오했던 여자. 그랬던 그녀가 이 기법을 수용하자 1주일이 안 돼 데이트를 하게 되었다. 다이어트를 전혀 하지 않았는데도 1년 동안 16킬로그램이 빠졌다.

하나같이 흡인력이 강한 이런 사례들은 데이비드 호킨스 박사의 『놓아버림』에 소개된 것이다. 그는 자신의 체험을 통해 모든 문제의 핵심적인 원인을 마음이라고 진단했다.

"문제의 장본인은 세상이 아니라 마음이었다. 부정적으로 프로그래밍하기와 겁을 잘 먹게 길들이기는 모두 마음속에서 일어나는 일이고, 몸은 마음에 복종한다."

여기까진 다른 기법들과 전제가 같다. 그러나 구체적인 방법론에 들어가면 차이점이 뚜렷해진다. 데이비드 호킨스 박사는 감정이 가장 중요하다고 보고 감정에 저항하지 말고 항복하라고 강조한다. 미움이든 분노든 짜증이든... 어떤 감정이 올라오면 그 감정을 억제하지도 말고 분출하지도 말고 그냥 내버려두라는 것이다.

얼핏 들으면 김기태 선생의 기법과 비슷해 보인다. 하지만 김기태 선생이 '여성적 수동성'에 초점을 맞춘 반면, 호킨스 박사는 자신이 주장하는 '놓아버림'은 결코 수동적인 것이 아니며 능동적인 것이라고 역설한다. 그래서인지 김기태 선생의 '무위'는 참고 견뎌내야 한다는 느낌을 주는 반면에 호킨스 박사의 '놓아버림'은 왠지 가볍고 홀가분한 컨셉으로 다가온다. 실제로 호킨스 박사가 정의하는 놓아버림의 컨셉도 가볍고 경쾌하다.

"놓아버림은 무거운 물건을 떨어뜨리듯 마음속 압박을 갑작스레 끝내는 일이다. 놓아 버리면 마음이 놓이고 가벼워지는 느낌이 들면서 한결 기쁘고 홀가분해진다. 마음을 움직이는 기제가 실제로 그러하며, 누구나 때로 그런 경험을 한다. 예를 들자면 이렇다. 심하게 말다툼을 하느라 화내고 언짢아 하다가 불현듯 모든 일이 터무니없고 우스꽝스럽다는 생각이 든다. 그러면서 웃음이 터지고 압박이 풀린다. 화나고 겁나고 욕본다 싶다가 문득 기쁘고 홀가분해진다."

그러나 호킨스 박사 자신도 이렇게 심플한 방법을 발굴하기 전에는 숱한 시행착오를 거쳤다. 정신과 의사인 그는 의학, 심리학, 징신의학, 정신분석, 행동기법, 바이오피드백 치료법, 침술, 영양학, 뇌내 화학작용 등 수많은 분야를 연구했다. 또한 철학 체계와 형이상학을 비롯해 수많은 전제론적 건강법, 자기계발 강좌, 영적 기법, 명상법 또는 그밖에 더 큰 자각으로 이끌어 줄 길을 찾기도 했다고 고백했다. 그리고 이렇게 다양한 섭렵 끝에 찾아낸 '항복 기제machanism of surrender'야말로 대단히 실용적이고 효과적인 방법이라고 자신했다.

"놓아버림 기제의 놀라운 점 하나는 중대한 변화가 아주 빠르게 일어날 수 있다는 사실이다. 평생을 일관한 패턴이 하루아침에 사라질 수 있고, 오래 지속되어 온 억제성향을 몇 분, 몇 시간, 며칠 만에 놓아버릴 수 있다. 빠른 변화와 함께 활기도 커진다. 부정성을 놓아버린 덕에 풀려난 삶의 에너지가 긍정적 마음가짐과 생각, 감정으로 흘러들면서 개인의 능력이 점점 더 커진다."

실제로 호킨스 박사는 이런 기법을 활용해 수십 가지나 됐던 자신의 육체적 질병을 치유하고, 자신을 찾아온 정신질환자들의 건강을 되찾아주었다. 또한 스스로 세속적인 부와 명성을 얻은 것은 물론이고 의식지도를 개발해 마음과 영성의 영역에서 불멸의 금자탑을 세웠다.

놓아버림의 방법은 이론적으로는 심플하다. 단계적으로 살펴보면 다음과 같다. 1) 어떤 감정이 일어나는지 알아차리기, 2) 감정이 일어나도록 놓아두기, 3) 감정과 함께 있기, 4) 감정을 바꾸거나 어떻게 하려는 바람 없이 제 갈 길을 가도록 놓아두기 등이 그것이다. 그러나 실제로 해보면 그렇게 쉽지만은 않다. 끊임없이 날뛰는 감정이 제풀에 지칠 때까지 그대로 놓아두는 건 수련의 기초가 탄탄한 사람에게도 버거운 작업이다. 반면에 이런, 저런 시도 끝에 심리적으로 자포자기 상태에 빠진 사람에게는 아주 효과적인 반전의 계기가 될 수 있다.

7-9. 호포, 반자동 멘탈교정

오늘날은 비행기 조종도 반자동으로 하는 시대이다. 그렇다면 멘탈교정도 그렇게 할 수는 없을까? 꼭 인간의 허약한 의지력으로 해야만 하는가? 그러다 좌절하면 아니한 만 못하지 않은가? 기계나 마음이나 그 본질이 같다면, 기계가 반자동으로 움직일 때 마음도 반자동으로 움직이는 게 더 맞지 않을까?

하와이에서 시작되고 이하레아카라 휴 렌 박사가 발전시킨 호오포노포노는 멘탈을 교정하는 방법이 거의 반자동이다. 인간의 의지를 힘겹게 작동하는 대신 우주 본연의 거대한 힘에 그 작업을 맡겨 버린다. 사람이 하는 작업이라곤 조종석의 버튼을 누르는 것처럼 간단하고 쉬운 것뿐이다.

우주에 작업을 요청하는 핵심은 아주 간단한다. 말 네 마디가 전부이다. 호포에선 이걸 '마법의 언어'라고 한다.

"미안해. 용서해. 고마워. 사랑해."

이 네 마디를 되풀이하는 게 호포다. 앉거나 누워서 해도 되고, 걸으면서 해도 되고, 소리내어 말해도 되고, 속으로만 말해도 된다. 또 네 마디도 버거우면 '고마워, 사랑해' 두 마디만 해도 상관없다. 두 마디도 번거로우면 '사랑해' 한 마디로도 충분하다고 한다. 모든 걸 포함하는 컨셉이 사랑이기 때문이다.

호포는 일단 사람의 마음을 정보로 파악한다. 그래서 잘못된 정보들만 삭제하면 온전한 정보만 오롯이 남아 문제들이 저절로 풀리고 사람들의 삶도 충만해지고 행복해진다고 한다. 다만 마음을 정화하는 작업은 외부의 절대적인 힘에 맡겨야지 스스로의 의지로 하려고 하면 안 된다는 게 호포의 입장이다.

"나는 부부관계가 안 좋다. 애들하고도 소원하다. 직장일도 잘 안 풀린다. 돈도 얼마 없다. 건강도 골골한다."

이런 고민을 호소하는 사람은 어떻게 해야 할까? 호포의 관점으로 보면 그냥 잘못된 정보가 입력돼 그런 결과가 나온 것뿐이다. 여기서 잘못된 정보는, 1) 부부관계가 안 좋다는 정보, 2) 애들하고 소원하다는 정보, 3) 직장일도 잘 안 풀린다는 정보, 4) 돈도 얼마 없다는 정보, 5) 건강도 골골한다는 정보 등이다. 이걸 한꺼번에 또는 단계적으로 정화를 해버리면 억지로 애를 쓰지 않더라도 문제들이 저절로 사라져 버린다는 것이다.

이 과정에서 중요한 것은 내게서 발생한 모든 문제는 100퍼센트 내 책임이라는 인식이다. 내 잘못이 아니라 그것을 처리할 책임이 100퍼센트 내게 있다는 의미이다. 그래서 다른 기법들과는 달리 호포에는 남의 문제들도 해결해 줄 수 있는 파워가 있다. 휴 렌 박사도 하와이 정신병동에서 근무할 때 강압적인 조치는 물론이고 환자 면담조차 안 한 채 호포만으로 모두를 치유한 경험이 있다고 공개했다.

"2막에선 뭘 해서 먹고살지?"

1막의 끝자락에 선 사람들 대부분이 겪고 있는 이런 고민도 호포의 관점에서 보면 그냥 잘못된 정보에 불과하다. 2막에선 먹고 살기가 쉽지 않다는 걱정 자체가 잘못된 정보이기 때문이다. 따라서 그런 정보들을 삭제해서 아무것도 없는 제로 상태로 돌아가면 그런 문제 자체가 사라져 버린다는 것이다.

호오포노포노를 현대적으로 업데이트시킨 사람은 휴 렌 박사이다. 하지만 저술을 통해 이를 전 세계에 전파시킨 사람은 조 바이텔이었다. 오랜 노숙자 생활을 거쳐 마케팅의 대가 겸 저자로 거듭난 조 바이텔은 초창기에는 상상력의 가치를 높이 평가하면서 열성적으로 보급했다. 『돈을 유혹하라』 같은 그의 초기 저작들은 대부분 상상력을 활용한 기법에 근거했지만 후반부에 접어들어서는 호포에 크게 공감하면서 그것을 전파하는 데 전념했다. 상상을 통해 억지로 현실을 개선하는 것보다 호포의 정화를 통해 내면을 제로로 만드는 것이 모든 문제의 근본적인 해법이라고 판단했기 때문이다.

일상에서 호포를 해보면 그 위력이 강하다는 걸 체감할 수 있다. 내심 놀랄 정도였다. 하지만 방법 자체가 워낙 단순해 사람들이 긴가민가 한다는 게 가장 큰 단점이다. 실제로 잡다한 문제들로 고민하는 주변 사람들에게 이 방법을 설명했을 때 의심스러운 눈초리로 잘 믿지 않는 경우도 많았다. 수련은 힘들고 각성은 얻기 어렵다는 선입견이 가득하기 때문이다. 한평생 만만치 않은 일상에 시달리며 살아온 입장에선 무리도 아니다.

하지만 당사자가 진심으로 하지 않으면 약발이 제대로 먹히지 않는 게 마음세계의 법칙이다. 긴가민가 하는 마음으로는 새로운 차원의 멘탈에 도달하기 어렵다. 그런 측면에서 보면 심신의 고통이 극심한 일련의 강도 높은 수련과정이 기초과정으로 필요하기도 하다. 강도 높은 수련 그 자체가 좋은 게 아니라 그런 과정을 통해 선입견을 제거한다는 의미에서 그렇다는 뜻이다.

자신이 겪었던 수련의 고통이 너무 힘들고 시간의 낭비가 너무 많았기 때문에 후학들에게 조금이라도 더 쉽고 간편한 방법을 전해주고자 했던 선각들의 비원悲願은 충분히 이해가 된다. 하지만 뒤에 오는 사람들 역시 정도의 차이는 있을지언정 일련의 고통스런 과정을 거치는 게 불가피한 측면도 있다. 알고 보면 심플한 게 멘탈의 법칙이지만 그것을 수용하려면 먼저 어렵고 복잡한 강을 건너야 하는 것이다.

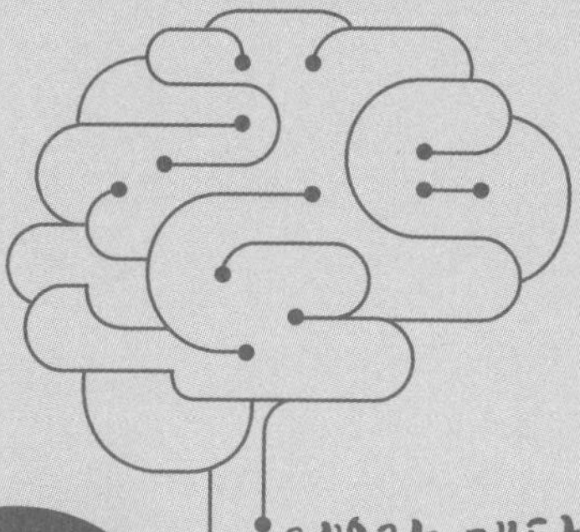

8

제8장 멘탈의 실사구시

8-1. 신의 말씀은 “돈에 대한 생각을 바꿔라”

돈만큼 복잡하고 미묘한 대상도 없을 것이다. 누구나 속으론 돈을 좋아하고 많이 갖기를 원하면서도 겉으론 짐짓 무심한 척 한다. 돈 벌기가 생각처럼 쉽지 않다는 걸 알면서도 별것 아닌 것처럼 허세를 떨기도 한다.

마음의 영역에선 돈에 대한 욕망을 우선적으로 버려야 한다고 강조하는 주장들이 특히 많다. 그러나 일상생활에서는 돈을 벌고 쓰는 게 아주 중요한 비중을 차지하고 있다. 개인사나 가정사 심지어 국가 간의 관계에서도 돈 때문에 빚어지는 갈등과 분쟁이 부지기수다.

그렇다면 돈에 대한 관점을 바로잡는 게 멘탈을 교정하는 과정에서도 비중 있는 과제가 될 수밖에 없다. 그걸 외면하는 건 본질을 뿌리치는 허장성세와 다를 바 없다. 이 같은 실전의 영역에서는 대담 형식으로 논의를 진행하는 게 더 좋을 듯싶다. 그래야 개인적인 주장보다 신뢰도를 좀 더 높일 수 있을 것이기 때문이다.

닐 도널드 월시: "왜 저는 한 번도 생활하기에 충분한 돈을 벌 수가 없는 겁니까? 저는 늘 이렇게 쪼들리며 살아야 할 팔자인가요? 돈과 관련된 제 잠재력을 충분히 발휘하는 걸 방해하는 게 뭡니까?"

닐 도널드 월시는『신과 나눈 이야기 1』에서 신에게 단도직입적으로 이렇게 묻는다. 신은 넉넉함에 대한 이해가 없고 좋은 것과 나쁜 것에 대한 잘못된 판단 때문에 그렇다고 설명한다.

신: "잘못된 생각이란 건 돈에 대한 너희의 사고방식이다. 너희는 돈을 좋아하면서도 돈이 모든 악의 뿌리라고 말한다. 너희는 돈을 숭배하면서도 그것을 '부당이득'이라 부른다. 돈에 대한 이런 이중성은 우주를 당황하게 만든다. 한 사람의 일부는 돈을 거부하는 반면 또 다른 일부는 돈을 갖지 못했다고 화를 내니까 우주가 갈피를 잡을 수가 없는 것이다. 그러면 그 사람의 재정 상태도 들쭉날쭉하게 된다. 거대한 복사기에 지나지 않는 우주는 그 사람의 생각을 그저 무수히 복사만 해낸다."

이런 문답은 아마 생활인 대부분에게 해당될 것이다. 파레토 최적의 20% 밖에 있는 사람들은 정도의 차이는 있겠지만 돈이 부족하다고 느끼며 살아간다.

직업상 돈과 권력 등에 대해 주로 비판적인 입장을 견지하는 저널리스트들에겐 이런 이중성이 더 강하게 나타난다. 마음 한 쪽에선 돈을 거부하고 다른 한 쪽에선 돈을 원하니 그 결과가 좋을 수가 없는 것이다. 이런 식으로 마음이 두 갈래로 찢어지면 물질은 물론이고 마음의 가난마저 피하기 어렵게 된다.

멘탈의 교정은 크게 버림과 창조로 이뤄진다. 먼저 버림의 과정에서는 자신에게 가장 소중한 걸 버리는 게 필수적이다. 따라서 목숨에 대한 집착을 가장 중점적으로 버리는 것이다. 반면에 창조의 과정에서는 일상에서 가장 필요한 것을 만드는 게 우선이다. 필요성은 상황에 따라 달라지겠지만 생활인에게 돈은 결코 빼놓을 수 없는 중요한 대상이기 때문이다.

"자신을 가장 쉽게 증명하는 게 돈이다!"

루이스 헤이는 이렇게 도발적인 아젠다를 제시하며 사람의 감정을 건드린다. 이 말에 화가 나는가? 책을 집어 던지고 싶은가? 그렇다면 진실에 대해 저항하려는 당신 내면의 깊숙한 곳을 건드린 것이라고 계속해서 아픈 곳을 찌르며 헤이는 확인사살까지 한다.

물론 해답은 심플하다. 돈을 벌라는 것이다. 온갖 논리와 철학을 동원해 자신의 결핍을 변명하는 대신 돈을 넉넉하게 만들어 자유롭게 살라는 것이다. 바딤 젤란드는 『트랜서핑의 비밀』에서 한걸음 더 나아가 풍요나 안락을 외면하는 심리상태 그 자체가 함정에 빠진 것이라고 경고한다.

사물의 본성은 하나로서, 내면이 각성의 풍요로 빛난다면 외부 역시 그렇게 되는 게 본성에 부합한다. 그런 점에서 이들의 지론은 충분한 설득력이 있다. 내면의 오르가즘에 도취해 일상사를 무시하고 심지어 몸마저 돌보지 않는 것은 물질에만 탐닉해 마음과 영혼을 외면하는 것과 마찬가지로 잘못되어도 한참 잘못된 것이다.

신은 이런 문제점을 해결하는 방법은 하나밖에 없다고 말한다.

"돈에 대한 네 생각을 바꿔라!"

신은 그러면서 뿌리생각 혹은 받침생각을 바꾸는 가장 빠른 방법은 생각-말-행동의 순서를 뒤집는 것이라고 설명한다. 뭔가에 대해 새로운 생각을 갖고 싶으면 먼저 행동하고 그다음에 말을 하라는 것이다. 충분할 만큼 자주 그렇게 하라는 것이다.

그러나 멘탈의 관점에서 보면 창조의 과정은 심플하다. 하지만 동시에 역설 또한 분명히 존재한다. 내면의 각성단계와 마찬가지로 극단적인 모순이 아무렇지 않게 모순 없이 공존하는 것이다.

신: "삶의 역설은 너희가 세속적인 부와 성공에 아무 관심이 없어지는 순간에야 비로소, 그것들이 너희들에게 흘러들어올 길이 열린다는 점이다. 기억하라, 너희는 원한 걸 가질 수는 없지만, 가진 걸 체험할 수는 있다."

『신과 나눈 이야기』의 이런 언급은 바딤 젤란드의 주장, 심지어 같은 책의 다른 말들과도 모순된다. 그러나 이런 모순은 켄 윌버가 설명한 것처럼 5가지로 이뤄진 의식의 스펙트럼에서 한 단계의 해법이 다음 단계에선 장애물이 되는 것과 동일한 구조이며, 궁극적으로는 서로 상보적인 역할을 하게 된다.

몸은 그저 영혼의 도구일 뿐이고, 마음은 몸을 움직이는 힘에 지나지 않는다는 게 『신과 나눈 이야기』의 중요한 전제이다. 또한 장기간에 걸쳐 특정한 존재의 상태를 이뤄낼 때 자신이 하는 세상일에서 성공하지 않기란 대단히 어렵기 때문에 생계를 꾸리는 것에 대해서는 걱정할 필요가 없다고 설명한다.

그러나 신은 '성공을 원하고 돈을 원하면' 바로 그것 때문에 성공도 못하고 돈도 벌지 못한다고 경고한다. 뭔가를 원한다는 것은 그게 자신에게 없다는 것을 진술하는 것이고, 그러면 우주는 그 진술을 복사해 '성공이 없고 돈도 없는' 상태를 만들어 버린다는 것이다.

"그러니 이제 네가 삶에서 체험하고자 하는 뭔가가 있다면 그것을 원하지 말고 선택하라. 너는 세속적인 의미에서 성공을 선택하려는가? 더 많은 돈을 선택하려는가? 좋다, 그럼 그것들을 선택하라. 어중간하게 선택하지 말고 진심으로, 온 마음으로 선택하라."

이 같은 신의 메시지는 진군을 독려하는 트럼펫 소리처럼 단호하고 분명하다. 사람들의 가슴을 격동시키는 사자후는 또 있다. 이것은 월쉬의 질문에 대한 최종답변이기도 하다.

"계속 앞으로 나아가면서 네가 진실로 좋아하는 일을 하도록 하라! 그 외에 다른 건 일체 하지 마라! 네게는 시간이 거의 없다. 어떻게 생계를 위해 네가 좋아하지 않는 일에 시간을 낭비할 생각을 할 수 있단 말인가?

그건 사는 게 아니라 죽어가는 것이다!"

8-2. 돈 이전에 마음이 문제이다

돈 놓고 돈 먹기. 현금을 걸고 날마다 피 터지는 혈투가 벌어지는 곳이 주식시장이다. 가장 치열한 경제현장, 적을 베지 않으면 내가 베이는 곳이다. 그런 살벌함이 두렵기에 사람들은 대부분 안정된 직장을 찾아 그곳에 안주하거나 수익이 보장되는 안전한 투자를 선호하는 것이다.

그러나 먹고사는 것 자체가 어떤 의미에선 전쟁과 비슷한 측면이 있다. 사업은 물론이고 직장에서도 물질을 얻기 위한 불가피한 경쟁이 있다. 그런 점에서 투자를 외면하는 것은 모래 속에 머리만 처박은 채 위험에서 벗어났다고 자신을 속이는 타조의 행태와 다를 바 없을지 모른다.

피도 눈물도 없는 주식시장에서 위너로 자리 잡은 사람들이 하나같이 강조하는 건 멘탈이다. 멘탈의 중요성에 비하면 테크닉이나 기법은 아무것도 아니라는 게 그들의 일치된 견해이다. 탐욕과 공포, 그런 인성의 약점들을 넘어서는가 여부에 승패가 걸려 있다는 것이다.

"1억 원으로 시작한 원금이 지금 천만 원만 남은 투자자를 기준으로 시작해 보겠습니다. 내일 당장 천만 원 중 2백만 원을 남기고 나머지 8백만 원을 계좌에서 인출해 은행에 갖다 넣으십시오. 만약 2백만 원이 적다고 생각하시는 분들이 있다면 더 이상 이 글을 읽지 마시기 바랍니다.
2백만 원이면 충분합니다. 주식에 있어서 2백만 원이면 세 식구 입에 풀칠할 생활비를 벌 수 있는 큰돈입니다. 겨우 2백만 원 가지고는 세 식구 생활비를 벌 수 없다는 각오를 가지고 계시다면 시작부터 복구는 불가능합니다. 만약 당장의 끼니를 주식을 해서 벌어야 해결할 수 있는 상황이 와도 2백만 원이 적다고 하시겠습니까? 돈이 아니라 마음의 문제입니다."

인터넷에 익명으로 올려진 〈어느 투자자의 편지〉 가운데 한 구절이다. 체험을 바탕으로 썼기에 상당한 울림이 있는 이 글은 계속해서 많이 인용이 되고 있다.

주식판에서 위너가 된 사람들의 공통점은, 대부분 초반에 우쭐하다가 패가망신 직전까지 추락하고 그 패전을 통해 멘탈이 달라졌다는 것이다. 또 달라진 멘탈의 방향은 철저할 정도로 가짐이 아니라 버림이었다. 선승을 방불케 하는 경지이다. 탐욕의 버림과 공포의 버림이 없다면 승전도 없다는 것이 그들의 입장이다.

버림의 여정에서 각자가 치러야 하는 대가는 내면이나 현실이나 큰 차이가 없다. 선승이나 수도자가 참된 자아를 찾기 위해 에고와 망념을 버려나가는 과정은 결코 간단치 않다. 삼천 배, 만 배, 철야기도와 참회, 고된 육체노동 등으로 채워져 있는 것이다. 그런 과정을 통해 마음의 때가 다 벗겨졌을 때 비로소 참자아가 본연의 모습을 드러낸다. 현실에서의 성취도 비슷한 과정을 밟는다.

깃발이 바람에 펄럭이고 있다. 과연 펄럭이는 것은 깃발일까, 바람일까? 주식 실패로 전 재산을 날리고 크게 상심해 칩거 중이던 어떤 루저가 선승에게 질문했다. 선승의 답변은 간결했다.

"펄럭이는 것은 깃발도 바람도 아니다. 네 마음이 펄럭일 뿐이다."

선승의 이 한마디에 루저는 정신이 번쩍 들었다. 마침내 그는 시세의 이치를 깨달았고 주식의 명인으로 성장했다. 매우 추상적인 선문답 하나가 대단히 구체적인 거부巨富를 만든 것이다.

사물의 본성은 에너지라고 한다. 돈도 에너지이고 각성도 에너지이다. 이른바 '소년소녀 이론'은 이런 에너지가 작동하는 상관관계를 약간은 익살맞게 표현했다. 소년이 소녀에게 연정을 느낀다. 그걸 인지한 순간 소녀는 사정없이 콧대를 높인다. 실망한 소년이 연정을 접는다. 이번엔 소녀가 애가 타서 소년에게 매달리기 시작한다.

돈의 영역에서도 돈, 돈, 돈 하며 안달을 하면 돈은 콧대 높은 소녀처럼 튕기기만 한다. 반면에 돈에 대한 구애를 놓아버리면 돈이 오히려 애가 타서 소년을 찾아오게 된다. 이런 시세의 흐름을 통찰하고 그 흐름을 유연하게 탈 수 있다면 그는 현실 속에서 각성을 이룬 것이다.

"70억 이상 가진 거부들은 이상하게 다들 끝이 안 좋더라."

은행권에 종사하는 대학 동기가 동창회 모임에서 한 말이다. 좀 의아해 하면서도 수긍이 가는 듯 고개를 끄덕이는 친구들도 있었다. 자신의 그릇보다 넘치는 재물은 이렇게 재앙이 되기도 한다. 그러나 세상에는 70억보다 훨씬 더 많은 700억, 7000억 이상의 재산을 가지고서도 멋지게 살아가는 사람도 많다.

최고의 부를 이룬 빌 게이츠는 2막에서 자선사업을 통해 보람을 찾았다. 백만장자 가수인 사라 브라이트만은 우주여행을 하겠다는 소녀시절의 로망을 돈으로 착착 구체화시키고 있다. 많건 적건 돈은 에너지다. 그것을 남에게 기부하건 자신의 로망에 소비하건 본질적으로 중요한 건 돈을 담아내는 그릇의 크기 여부일 것이다.

8-3. 백만장자의 팁

마크 피셔: "당신이 계획하고 있는 일을 성공시킬 수 있다는 철저한 확신이 없다면 지금이라도 당장 중단하도록 하라. 그 이유는 철저한 확신이 없을 때라면 십중팔구 실패할 것이기 때문이다. 당신이 계획한 일을 확신할 수 없다는 뜻이 무엇이겠는가. 그것은 바로 당신의 잠재의식에 프로그램된 코드와 당신을 도와줄 사람들에게 전해줄 메시지가 서로 어긋나고 모순된 상태라는 뜻이다."

마크 앨런: "당신은 부분적인 확신만으로도 충분하다고 생각하고 있는가? 물론 부분적인 확신은 부분적인 성공을 안겨줄 수도 있겠지만 그것은 또한 부분적인 실패를 뜻하는 것이기도 하다. 의혹을 완전히 씻어내도록 하라. 의혹은 보잘것없는 결과를 안겨줄 뿐이다."

마크 피셔와 마크 앨런. 비즈니스에서 실제로 성공한 이들이 『백만장자처럼 생각하라』에서 강조한 요지다. 내면수업의 수용단계와 똑같다. 수용의 단계에선 90%가 큰 의미가 없다. 99.9%도 마찬가지다. 오직 100%, 한 점 의문과 의심이 없어야 몸과 마음, 의식과 무의식 모두에 확실하게 수용이 되는 것이다.

'산은 산이고 물은 물이다.'

사람들은 이걸 믿어 의심치 않는다. 일상에서 늘 그런 모습을 보고 듣고 겪었기 때문이다. 그러나 '산은 물이고 물은 산이다.' 이렇게 말하면 헷갈리기 시작한다. 의문이나 반감 또는 경계심과 거부감이 생긴다. 추상적인 이 명제를 조금 현실적인 것으로 바꾸면 의미가 더 명확해진다. '현실은 현실이고 상상은 상상이다.' 여기에 토를 달 사람은 없을 것이다. 반면에 '현실이 상상이고, 상상이 현실이다.' 이렇게 바꾸면 100퍼센트 수긍할 사람이 몇이나 되겠는가.

자기계발 영역에서 멘토들은 무엇보다 상상력의 중요성을 강조한다. 물론 일부 멘토들은 놓아버림을 더 중시하기도 한다. 모두 맞는 말이다. 굳이 서열을 매기자면 상상력은 입문단계, 놓아버림이 숙성단계라고 할 수 있다.

그런데 이 같은 조언을 수용해 현실 속에서 실제로 뭔가를 성취한 사람은 많지 않다. 이른바 『시크릿』 소동이 대표적이다. 상상으로 원하는 것을 끌어당긴다는 『시크릿』은 전 세계를 열광시켰다. 하지만 불과 몇년 만에 시들해지고 말았다. 맞는 말이었지만 디테일을 감추었기 때문이었다.

『시크릿』은 의문과 의심 없이 상상을 수용해야 한다는 점을 슬쩍 넘어갔고 의혹을 없애는 방법도 제대로 제시하지 않았던 것이다.

마크 피셔와 마크 앨런의 죽비소리는 계속 이어진다.

"성공과 윤택한 삶이 선택받은 소수의 삶처럼 보이는 이유는 대부분의 사람들이 '나는 저런 사람이 될 수 없어'라며 막연한 좌절감을 갖기 때문이다."

이것도 내면의 각성과정과 똑같다. 각성에 이른 사람은 소수이다. 대부분의 사람들이 그들을 지나치게 과대평가하거나 의도적으로 폄하하는 수준에서 그대로 안주해버리기 때문이다. 그럼 어떻게 하면 좋겠는가. 그들이 제시하는 방법과 비전은 일종의 각성을 요구한다. '산은 졸졸 흐르고 물은 우뚝 서야 한다'는 식이다.

마크 피셔: "현재의 처지, 예전의 실패를 완전히 잊어버려라. 과거를 지워버려라. 그리고 당신의 나이마저 잊어버려라."

마크 앨런: "60대와 70대가 되어서 최고의 삶을 누리는 사람들도 헤아릴 수 없이 많다. 연령은 문제가 되지 못한다. 우리는 어떤 연령에서나 부자가 될 수 있고 충만한 삶을 누릴 수 있다. 연령이나 상황에 상관없이 우리가 가슴에 간직한 꿈은 종종 기대 이상으로 쉽게 실현되기도 한다."

국졸 출신의 50대 지압치료사 P는 벤츠를 비롯해 고급차만 석 대를 굴리는 거부가 되었다. 만약 그가 초라한 학력과 가난에 좌절했다면 염세에

찌든 가난한 군상으로 전락했을 것이다. 하지만 그는 소년시절의 약속, 즉 병든 아버지를 자신이 직접 치료하겠다는 각오를 절대 버리지 않았다.

의대 진학은커녕 중학교에 갈 형편도 못 되자 민간요법을 찾아 배우고 내면 수련에 명운을 걸었다. 요즘 그의 건강원은 중증환자들로 문전성시를 이루고 있다. 그는 이렇게 말했다.

"그 과정이 이토록 힘들 줄은 나도 몰랐어. 하지만 뭐든지 마음먹기 나름이야."

사업 실전에서 성공한 사람이 성공의 핵심요소로 이토록 멘탈을 강조하는 것이 자못 신기하기도 하다. 그런데 이들의 입장은 시종일관 확고하다. 이들은 우리가 저지르는 실수 중의 하나가 내면에서 찾아야 할 것을 외부에서 찾으려고 하는 것이라고 지적한다. 또한 행복의 원천이 내면이듯이 성공도 내부에서 시작된다고 강조했다. 현실 속에서 실제로 큰 성공을 거두었기에 그들의 메시지는 그만큼 더 울림이 있는 것이다.

8-4. 빈익빈 부익부

빈익빈 부익부.

자본주의의 모순을 통렬하게 비판한 구호다. 자본주의는 돈이 돈을 버는 구조이며 따라서 부자는 갈수록 더 부자가 되고 빈자는 갈수록 더 가난해진다는 논리다. 공산주의 이론을 창시한 칼 마르크스는 투쟁을 통해 이런 모순을 타파해야 한다고 촉구하면서, "만국의 노동자여, 단결하라"고 선동했다.

그런데 마음의 영역에서는 '빈익빈 부익부'가 중요한 법칙 중의 하나로 받아들여지고 있다. 자본주의나 공산주의에 상관없이 그 법칙은 모든 사람들에게 적용된다는 것이다. 도대체 왜 그럴까? 러시아의 양자물리학자 바딤 젤란드의 설명을 들어보자.

바딤 젤란드: "사람은 때어날 때부터 각자의 특수한 상황에 처하게 된다. 나는 가난 속에서 태어났고 이것을 벗어날 수 없다. 나는 주어진 것에 만족해야 한다. 이런 상황은 사람을 최면에 사로잡히게 하고, 그 사람은 그에게 제멋대로 벌어지는 현실이라는 꿈의 지배하에서 살게 되는 것이다. 그가 이런 상황을 꿈꾸고 있는 동안 그것은 세상의 거울 속에서 더욱 확고하게 자리 잡는다. 이렇게 사람은 자기 현실의 영향을 받으면서 동시에 그것을 지탱해가고 있다. 가난한 자는 더 가난해지고, 부자는 더 부유해지는 것이다."

바딤 젤란드는 빈익빈 부익부의 이유를 이렇게 설명했다. 쉽게 말해, 가난만 보고 생각하는 사람은 갈수록 더 가난해지고, 풍요를 누리면서 그것을 당연시하는 사람은 갈수록 더 부유해진다는 것이다. 그럼 다른 사람의 해석은 어떨까?

데이비드 호킨스: "바람과 욕망을 이루는 데 장애가 되는 것은 물론 무의식적 죄책감과 왜소함이다. 기이하게도 무의식은 우리 스스로 가질 만

하다고 생각하는 것만 갖게 한다. 자신의 부정성과 이로 인해 커지는 왜소한 자기 이미지에 대한 집착이, 가질 만하다고 생각하는 것을 줄어들게 하고 남에게는 쉽게 흘러드는 풍요를 무의식중에 거부한다. 이것이 '빈익빈 부익부'라는 말이 생긴 까닭이다."

데이비드 호킨스 박사의 해석도 바딤 젤란드의 해석과 맥락이 같다. 없는 사람의 입장에선 억장이 무너지는 진단이다. 그러나 이런 한계를 넘어서는 방법은 아주 심플하다.

바딤 젤란드는 우선 타인의 성공은 따라 할 만한 본보기가 될 수 없고, 진짜 성공은 용감히 규칙을 깨트리고 자신의 길을 찾은 사람들에 의해서만 이뤄질 수 있다고 단언한다. 또 무리의 대열에서 빠져나온 사람이 성공의 새로운 본보기를 창조해 낸다고 강조한다.

현실을 바꾸는 구체적인 방법은 이중거울을 작동하는 것이다. 온 세상을 거대한 이중거울이라고 상정하는 바딤 젤란드는 이중거울의 한 면에는 물질우주의 삼라만상이 있고, 또 다른 면에는 형이상학적인 가능태 공간이 펼쳐져 있다고 전제한다.

핵심은 거꾸로 하는 것이다. 물질우주 안에서 뭔가를 바꾸는 게 아니라 가능태 공간 안에서 그렇게 하는 것이다. 그 안에서 이루고자 하는 바를 영상으로 구현하는 슬라이드를 오랫동안 체계적으로 상영하는 것이 바로 트랜서핑의 비결이다. 거울 밖에 서 있는 내가 움직이면 거울 속의 내가 똑같이 움직이는 게 현실이라면 트랜서핑에서는 거울 안의 내가 먼저 움직이면 거울 밖의 상황들이 바뀐다는 것이다.

바딤 젤란드: "거울의 그쪽 면에서는 모든 것이 넘치도록 풍부하다. 게다가 아무런 경쟁도 없다. 상품이 눈앞에 실재하지는 않지만 매력적인 것은 거기서는 카탈로그를 보고 고르듯이 뭐든 맘대로 선택해서 주문할 수 있다는 점이다. 주문한 것은 조만간에 그대로 이루어진다. 돈도 낼 필요 없다. 단지 별로 부담 없는 몇 가지 조건만 충족시키면 된다. 그게 전부다. 아니, 이건 동화 속에서나 나오는 이야기가 아닐까? 절대 아니다. 이것은 현실보다 더 현실적이다."

가능태 공간에 대한 바딤 젤란드의 설명은 이렇게 환상적이다. 그렇다면 이 속성을 활용하려면 어떻게 할까? 모든 생각을 당신이 원하는 것과 좋아하는 것에 집중해야만 거울 속에 유쾌한 것들이 반영된다는 게 그의 설명이다. 그는 또 가장 이상적인 그림은 목표가 이미 달성되어서 당신이 아주 기분 좋아하는 모습이라고 강조한다.

물론 주의할 점도 있다. 첫째는 슬라이드를 외부에서 상영되는 영화처럼 바라보아서는 안 된다는 것이다. 자신이 슬라이드 안에 들어가서 원하는 그것을 이미 잘하고 있는 모습으로 상상해야 한다. 둘째는 환상에만 빠져 있지 말고 목표를 달성하기 위해 물질적 차원에서 자신이 해야 할 일을 수행해야만 한다는 것이다. 줄탁동시啐啄同時, 즉 병아리가 알에서 나올 때 알 속에서 부리를 쪼면 어미 닭이 밖에서 같이 쪼아준다는 뜻과 같은 맥락이다. 안팎이 하나로 같이 움직여야 하는 것이다.

알고 보면 쉽고 단순한 방법이다. 그러나 여기에는 간단치 않은 전제가 깔려 있다. 바로 그 전제가 승패를 가르는 중요한 요소이다.

바딤 젤란드: "스스로 그것을 의심하거나 양심의 가책을 느낀다면 당신의 판결은 효력을 잃고 당신은 법을 만드는 사람에서 피고인으로 전락하고 만다. 어떤 경우에도 의심을 하면 움직임이 틀려지고 만다. 얼마나 정확하게 생각하고 움직이느냐가 중요한 것이 아니라, 당신이 옳다는 것에 얼마나 자신감을 가지고 있느냐가 문제다."

이것은 전적으로 멘탈에 해당되는 문제다. 흔들리지 않는 마음은 전적으로 멘탈의 수준에 따라 결정되기 때문이다. 자신이 본성 그 자체임을 확연히 인지하고 자신의 권능이 창조임을 믿어 의심치 않았을 때, 비로소 바람이 불건 비가 내리건 항상 변함없이 나아갈 수 있는 것이다. 그런 상태가 되지 않으면 오늘은 긍정, 내일은 부정, 어제는 확신, 오늘은 의심으로 오락가락 하게 된다. 그 결과 창조의 영상이 찌그러져 현실 속에서 구체화되지 않는 것이다.

8-5. 풍요는 제로 속에 있다

휴렌: "우리들이 행복하게 살아가기 위해서는 한 사람당 백만 달러에서 2백만 달러, 한화로 10억에서 20억 정도만 있으면 충분합니다. 그런 충분한 생활을 손에 넣기 위해서는 제로가 되어야 합니다."

호포 전도사인 이하레아카라 휴 렌 박사가 『호오포노포노의 비밀』에서 한 말이다. 제로는 불가에서 말하는 '공'과 같은 개념이다. 그러나 사람들의 사고와 기억 등이 제로 상태로 들어가는 것을 가로막는다.

그런 장애들을 4가지 만트라를 이용해 정화하는 작업이 바로 호오포노포노이다. 그 과정에서 무언가를 의도하거나 원해서는 안 된다. '이렇게 됐으면 좋겠다, 저렇게 됐으면 좋겠다'는 생각은 모두 집착일 뿐이다. 그래서 결과를 생각하지 말고 모든 것을 그냥 흔쾌히 놓아버리는 게 중요하다고 강조하는 것이다.

왜 이런 방법을 쓰는 것일까? 현재의식과 잠재의식 사이의 정보량에 천문학적인 차이가 나기 때문이다. 현재의식에서 올라오는 정보량은 1초에 15에서 20비트인 반면, 잠재의식의 정보량은 1초에 1,100만 비트로 현재의식보다 100만 배 정도 더 많다. 그래서 호포는 현재의식 대신 잠재의식의 정보를 대상으로 문제를 일으키는 모든 원인을 삭제해서 제로 상태로 만드는 데 초점을 맞추는 것이다.

휴렌: "제로의 축에 서면 노력과는 상관없이 당연히 일어나야 할 일이 자연스럽게 일어납니다. 부를 비롯해 우리에게 필요한 것은 모두 제로 상태에서 존재합니다. 자신 안에 있는 신성의 지혜가 자신에게 가장 알맞은 물건이나 사람과의 인연을 만들어주고, 필요한 장소로 자신을 이끌어 줍니다."

마음을 텅 비우니 도리어 원했던 것들이 저절로 이뤄졌다는 설명과 그 맥락이 같다. 다만 호포가 특이한 점은 정화를 하고 마음을 비우는 과정에서 모든 일을 100퍼센트 자신의 책임으로 본다는 것이다. 상식적으로는 선뜻 납득하기 어려운 측면도 있지만 마음의 영역에서는 당연한 전제이다. 내가 전체라면 우주 안에서 일어나는 모든 일은 내 안에서 일어나는 것, 그래서 내 책임이 된다. 내 잘못이 아니라 그것을 처리할 책임이 내게 있다는 의미이다.

이 같은 관점에서는 국내는 물론 세계경제가 이토록 어려워진 것도 '남탓'만 하는 잘못된 의식구조에서 비롯된 결과일 뿐이다.

"실업 상태입니다. 좋은 일자리를 찾기 위해서는 어떻게 해야 할까요?"

2막은 물론 1막에서도 나올 수 있는 질문이다. 휴 렌 박사와 함께 '호포실천법'을 저술한 가와이 마사미의 처방이 흥미롭다.

가와이 마사미: "좋은 일자리를 찾을 수 없다는 당신의 정보가 재생되고 있는 것이다. 자기 자신에게 '도대체 내 잠재의식 안의 어떤 정보가 원인이 되어서 좋은 일자리가 찾아지지 않는 것일까'라고 자문한다. 그리고 그 부분에 대해 '미안해, 용서해, 고마워, 사랑해.' 네 가지 말을 마음속으로 해서 삭제한다."

그렇게 하면 자신에게 가장 적합한 일을 만나게 된다는 것이 가와이 마사미의 설명이다. 개인적인 근심과 걱정을 완전히 놓아버리고 모든 것을 자기 안의 신성한 힘에 맡기면, 혼자 노심초사하는 것보다 만사가 더 좋은 방향으로 풀려간다는 것이다.

경험자들은 호포를 하면 상상력을 동원했을 때보다 문제들이 더 쉽게 풀리고 소망도 더 잘 이뤄졌다고 증언한다. 상상력에는 정교한 기술이 필요하고 게다가 그것을 지속하고 중단하는 시점을 정확하게 파악해야 하지만, 호포는 그냥 정화만 하면 되기 때문이다.

물론 호포가 지향하는 바는 자신의 본성으로 돌아가는 것이다. 그러나 일상사에 시달리고 생활고에 찌들면 본성에 이르는 길도 멀게만 느껴진다. 따라서 내면은 물론이고 외부에서도 빛을 가로막는 장애물을 제거해 적절한 풍요를 누리는 게 중요한 과제가 된다.

8-6. 가장 안전한 자산은 멘탈

루이스 헤이: "당신의 직업과 은행예금, 투자내역, 배우자나 부모님 중 어느 것도 안전하지 않다. 그러나 모든 것을 만들어 낸 우주의 힘과 연결된 당신의 능력은 안전하다."

저술가이자 강사이고 비즈니스 우먼인 미국의 루이스 헤이가 『치유You can heal your life』에서 단정적으로 내린 결론이다. 결손가정에서 태어난 그녀는 어린 나이에 성폭행까지 당하며 불우하게 성장했다. 하지만 내면의 각성을 통해 정상급의 멘토로 자리 잡았다.

루이스 헤이가 부유함을 얻기 위한 방법으로 강조하는 것은 내면의 변화이다. 이 자리에 그녀를 초청해 대담 형식으로 이야기를 풀어보자.

루이스 헤이: "일단 고정수입이라는 생각을 버려야 한다. 당신이 정해

진 월급과 수입만으로 살아간다는 생각으로 우주의 공급에 한계를 긋지 마라. 월급과 수입은 하나의 공급로일 뿐이지 공급원은 아니다. 공급로는 셀 수 없이 많다. 우리는 그 수많은 통로를 향해 열려 있어야 한다."

이렇게 멘탈을 바꾸는 과정에서는 겁을 먹지 않는 게 중요하다. 부유해지는 쪽으로 나아가는 변화에 겁을 먹고 자신이 부자가 될 자격이 없다고 생각하면 일단 들어왔던 돈도 다시 나가 버린다는 것이다. 예를 들면, 50만 원짜리 복권에 당첨된 사람이 "믿을 수가 없어요. 저는 절대로 복권에서 돈을 딴 적이 없거든요." 이런 식으로 계속 주춤거리자 며칠 뒤에 사고로 다리가 부러져 그 치료비로 50만 원이 고스란히 나가버리는 식이다.

루이스 헤이는 돈과 의식이 작용하는 순서도 분명하게 정리했다. 일반적인 예상과는 달리 돈이 아니라 의식이 먼저라는 것이다. 또한 자신이 많은 부를 가진다고 해서 다른 사람의 몫을 빼앗는 게 아니라는 게 루이스 헤이의 설명이다.

루이스 헤이: "돈에 따라 당신의 부에 관한 의식이 변하는 것이 아니라, 당신의 부에 관한 의식이 돈의 흐름을 변화시키는 것이다… 바다의 풍요로움을 담기 위해 당신이 손에 무엇을 들고 있는지 내려다보라. 찻숟가락인가, 종이컵인가, 유리잔인가, 물병인가, 양동이인가, 욕조인가 아니면 바다에 연결할 수도관인가? 아무리 많은 사람이 저마다 바닷물을 담으려고 서 있다고 해도, 모두가 가져갈 물은 충분하다… 당신이 바닷물을 담기 위해 들고 있는 용기는 당신의 의식이며, 더 큰 용기로만 교환이 가능하다. 이 훈련을 자주 하라. 의식을 확장시키고 무한정으로 공급받

을 수 있다는 것이 어떤 것인지 느껴보라."

이 관점은 바딤 젤란드의 시각과 일치한다. 언제나 내면이 먼저이고 그런 다음에 비로소 외부의 변화가 뒤따르게 된다는 입장인 것이다. 미국과 러시아, 남과 여, 서로 대척점에 선 두 사람의 생각이 입을 맞춘 듯 서로 닮은 점이 이채롭다.

엠제이 드마코: "나는 바뀌기로 결심했다. 변화 불가능하다고 여겼던 주변 환경을 변화시키기로 결심했다. 나는 새로운 장소에 정착하기로 결심했다. 어디로 가야 할지는 몰랐지만 어디든 상관없었다. 그 즉시 나는 힘이 솟는 것을 느꼈다. 변화하겠다는 결심은 빠른 속도로 나의 한심한 인생을 희망과 약간의 행복으로 채우기 시작했다. 내가 했던 실패들은 잊히고 새로 태어난 듯한 느낌이었다. 갑자기 막다른 길인 줄 알았던 그 길이 꿈을 향해 뻗어 나가고 있었다. 단순히 몸을 움직여야 한다는 깨달음이 아니라, 내 인생은 내 스스로가 통제하고 선택해야 한다는 깨달음이었다."

30대에 거부를 이룬 엠제이 드마코가 『부의 추월차선』에서 고백한 각성의 계기이다. 그를 두 번째 패널로 초청했다.

대학을 졸업하고서도 허드렛일을 전전했고 무슨 일을 벌여도 계속 실패만 했던 엠제이 드마코는 내면의 부름에 따라 우리 돈으로 90만 원 정도의 소액만을 들고 자신이 살고 싶었던 피닉스로 무작정 이사부터 해버렸다. "더 이상 이렇게는 단 하루도 살 수 없다"는 내면의 소리에 따른 조치였다.

직업도 친구도 가족도 없는 낯선 땅에서 엠제이 드마코는 이사하기 전에 시카고에 살 때 만들었던 차량예약 서비스 웹사이트 판촉에 사활을 걸었다. 이메일을 보내고 고객확보 전화를 돌리고 편지를 보내는 등 공격적으로 웹사이트를 홍보했다. 책을 살 돈이 충분하지 않았기에 매일같이 피닉스 도서관에 들러 인터넷 프로그래밍 언어를 공부했다. 또 예약문의 고객들에게 광고를 게시할 공간 대신 클릭하면 해당 웹사이트로 이동하는 리드광고를 팔기로 결심하고 미친 듯이 일에 몰두했다.

주중과 주말의 경계가 없어졌다. 오늘이 목요일인지 토요일인지도 몰랐다. 하지만 그는 힘들지 않았다. 진짜로 일에 푹 빠져 일이 아니라 놀이를 하고 있다고 느꼈다. 그리고 회사를 몇 차례 팔고 사는 과정을 거쳐 30대에 거부의 반열에 올랐다. 그리고 그 후로 하루에 1시간 이하로 일하거나 몇 달씩 여행을 해도 자신이 구축한 시스템이 알아서 돈을 벌어주었다.

엠제이 드마코는 이 같은 경험을 근거로 부를 얻는 것은 하나의 사건이 아니라 일련의 과정이라고 설명한다. 과정이 없다면 사건도 없다는 것이다. 수십억 달러 매각 제안이 사건이라면 회사가 성장하기까지 기울인 노력과 비하인드 스토리는 과정이다. 그는 대부분의 사람들이 과정을 무시한 채 특정 사건에 집착한 나머지 부를 놓친다고 지적하면서 과정을 건너뛰려고 하는 사람들에게는 절대로 사건이 일어나지 않는다고 경고한다.

멘탈의 영역에서도 엠제이 드마코의 지적은 그대로 적용된다. 사람들은 멘탈의 힘으로 불치병에서 회복된 사례를 부러워한다. 그러나 그 이면을 보면 목숨을 포기하는 중대 결단을 내렸고 살아생전의 모든 회한을 버리는 처절한 과정들이 있었다. 그것은 말처럼 쉽지 않고 반드시 대가를 치러야만 하는 과정이었다. 즉, 원인을 만들어야 결과가 나오는 것이다.

루이스 헤이나 엠제이 드마코는 분명 멘탈을 통해 백만장자가 되었다. 둘의 차이가 있다면 루이스 헤이는 멘탈을 직접적인 대상으로 교정작업을 했고, 엠제이 드마코는 사업적인 노력을 통해 간접적으로 멘탈을 바꾸었다는 것뿐이다. 결과로 드러난 그들의 멘탈은 하나의 눈부신 사건이다. 하지만 그 이면엔 일련의 과정들이 감춰져 있다. 이 점을 간과하고 결과만을 탐내면 멘탈이란 컨셉은 잠시 통증을 잊게 해주는 진통제 수준으로 전락하게 된다.

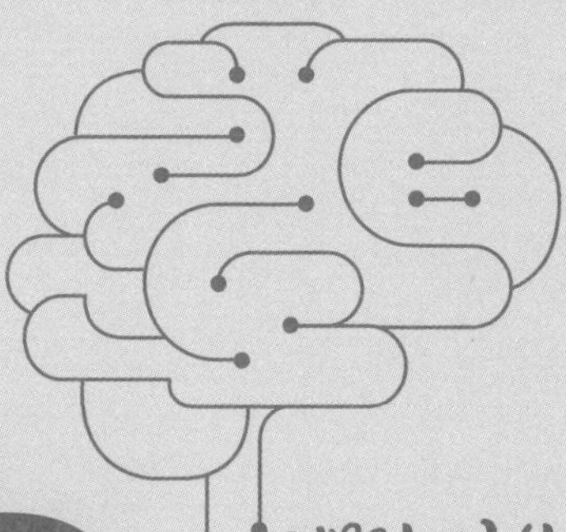

9

제9장 일상속의 멘탈 경영

9-1. 두려움은 마음의 문둥병이다
9-2. 앎이 우리를 자유롭게 한다
9-3. 일상 속의 빅뱅
9-4. 답은 내면에서 찾는다
9-5. Alone With, 홀로 다함께
9-6. 최고의 수행은 일상을 사는 것
9-7. Something New, Something Different
9-8. 아주 특별한 '나' 방송국

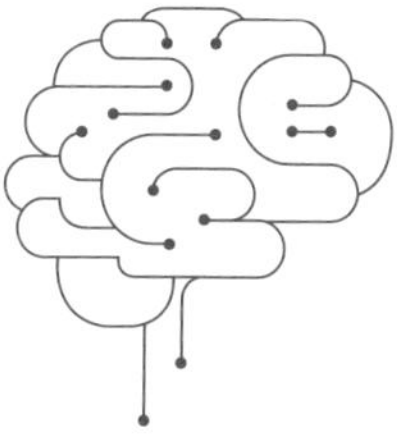

9-1. 두려움은 마음의 문둥병이다

실직을 했다. 그동안 먹고사는 것도 버거웠고 모아 둔 돈도 없다. 그 와중에 아내는 병까지 걸린다. 아직 대학을 졸업하지 못한 자식들의 학비를 마련할 길도 캄캄하다. 인생 100세 시대를 앞두고 우리 주변에서 나타나고 있는 사연들이다.

이런 상황에서도 한가롭게 멘탈이나 논해야 하는가? 대답은 '그렇다'이다. 아니, 바로 상황이 그렇기 때문에 더욱 더 멘탈에 집중해야 한다. 이 조언의 신뢰도를 높이기 위해 먼저 『신과 나눈 이야기』의 대담을 함께 경청해보자.

신: "이것이 바로 성스러운 삶이다. 나는 네 피곤을 이해한다. 나는 네가 그런 투쟁에 신물이 났다는 걸 안다. 하지만 네게 말하노니, 네가 나

를 따를 때 그 투쟁은 사라질 것이다. 네 신적 공간에서 살도록 하라. 그러면 모든 사건이 다 축복이 되리니."

월시: "일자리는 잃었고, 집세는 밀려 있고, 애들은 치과에 데려가야 하고, 제 고상한 철학 공간에 머무는 게 이런 문제들을 하나도 해결해줄 성싶지 않을 때, 제가 어떻게 제 신적 공간에 이를 수 있겠습니까?"

신: "그 어느 때보다도 더 네 신적 공간으로 가야할 때가 이때이다. 우선 그 공간은 네 마음에 크나큰 평온을 안겨줄 것이다. 위대한 발상들은 고요히 가라앉은 마음에서 흘러나온다. 너 자신이 갖고 있다고 생각하는 가장 큰 문제들까지 해결할 수 있는 발상들이..."

여기서 주목할 점은 첫째, 이토록 고달픈 일상을 신이 성스러운 삶으로 평가한다는 점이다. 반면에 독신으로 살아 그런 세속적인 염려를 할 필요가 없고 하루 종일 기도와 묵상에만 전념하는 금욕주의자들에 대해서 신은 혹평을 가한다. 그런 환경에서라면 신을 보는 것이 식은 죽 먹기라는 것이다. 둘째, 상황이 꼬이면 꼬일수록 몸부림치거나 좌절하는 대신 고요히 가라앉은 마음, 즉 내면에서 답을 찾아야 한다는 것이다.

신은 일자리를 잃은 희생자로 자신을 한탄하는 월시에게, 진실은 월시 자신이 더 이상 일자리를 선택하지 않았다고 지적한다. 아침마다 불안한 마음으로 잠자리에서 일어났고, 자신의 일에 분노를 느꼈으며, 심지어 다른 일을 하고 있는 자신의 모습을 그려본 게 실직을 불렀다는 것이다.

또한 신은 인간의 삶은 각자가 의도한 데로 흘러간다고 설명하면서 사람들이 자신의 힘을 과소평가하고 있다고 경고했다.

자신의 힘에 대한 과소평가와 같은 치명적인 실책은 바로 두려움에서 비롯된 것이다. 정신의학자이자 호스피스 전문의였던 엘리자베스 퀴블러 로스는『인생수업』에서 두려움의 폐해에 대해 간곡한 어조로 안타까워했다.

로스: "우리는 삶에서 많은 것을 두려워합니다. 대중 앞에서 연설하는 것이나 데이트 신청, 때로는 자신의 외로움을 인정하는 것조차 두려워합니다. 많은 경우, 거부당해서 밑바닥의 감정을 겪는 것보다는 아예 시도하지 않는 편이 더 쉽습니다. 사실 두려움은 매우 다루기 힘든 감정입니다. 옷을 여러 벌 겹쳐 입고서 자신의 실체를 너무나 잘 숨기고 있기 때문입니다. 그것들을 한 겹씩 벗겨 내야 다른 모든 두려움의 근원인, 맨 아래에 자리 잡은 두려움의 실체와 만날 수 있습니다. 그것은 대개 죽음에 대한 두려움입니다."

『신과 나눈 이야기』에서, 인간의 모든 생각과 행동은 사랑이나 두려움 중 어느 한 쪽에 뿌리를 두고 있으며 그 밖에는 다른 어떤 행동 동기도 존재하지 않는다고 단언했다. 그 밖의 모든 개념들은 이 둘의 파생물에 지나지 않는다는 것이다.

신: "받침 생각은 사랑이나 두려움에서 비롯된 생각이다. 이것은 생각 뒤의 생각이다. 이것은 최초의 생각이며, 원초의 힘이고, 인간 체험의 엔

진을 움직이는 생짜 에너지이다.

따라서 사람들의 행동이 거듭 반복체험을 하게 되는 것은 이런 사정 때문이며, 사람들이 사랑하다가 파괴하고 다시 사랑하는 까닭도 여기에 있다. 사람들은 이 감정에서 저 감정으로 늘 흔들린다. 사랑은 두려움을 낳고 두려움은 사랑을 낳고 사랑은 두려움을 낳고…"

우리가 멘탈의 가닥을 잡을 수 있는 결정적인 갈림길도 바로 이 지점이다. 두려움을 버리는 것, 오직 그것이 전부이다. 그 밖의 복잡한 개념들은 부차적인 요소에 불과하다. 그렇다면 두려움에서 벗어나면 어떻게 될까? 우선 그 결과부터 들어보자.

아니타 무르자니: "이제 더는 무엇도 두렵지 않았다. 병도 죽음도 돈이 부족해지는 것도 그 무엇도 무섭지 않았다. 죽음이 공포가 아닐 때 두려워할 것은 별로 없다. 죽음이야말로 늘 최악의 시나리오로 여겨지지 않는가. 죽음이 겁나지 않는다면 그 밖에 두려워할 것이 뭐가 더 남겠나?"

일상에서 지나치게 두려움에 떨다가 그 대가로 림프암에 걸리고 임사체험까지 경험했던 아니타 무르자니의 관점이 이토록 변했다. 그녀의 책 제목처럼 "그리고 모든 것이 변했다." 그녀에겐 이제 두려움이 스며들 여지가 없다. 반대로 두려움을 계속 그대로 방치하면 어떻게 될까? TV프로그램의 인터뷰를 떠올리며 전문가들의 견해를 들어보자.

로스: "죽음을 앞둔 사람은 바로 그 궁극적인 두려움, 죽음의 두려움과

마주해 있습니다. 그러면서 그는 깨닫습니다. 죽음이 자신을 파괴하지도 못하며, 더 이상 힘을 발휘하지도 못하리라는 것을. 죽음을 앞둔 사람에게 두려움은 더 이상 문제가 되지 않습니다. 그러나 살아 있는 우리에게 두려움은 매우 현실적인 문제입니다."

신: "두려움은 너희의 모든 것에 맞서는 대립물이다. 따라서 그것은 너희의 정신건강과 육체건강에 대립하는 결과를 낳는다. 두려움은 걱정이 증폭된 것이다. 걱정과 미움과 두려움은 그 파생물들인 불안, 애달픔, 성마름, 탐욕, 불친절, 심판하기, 비난 따위와 함께 어느 것이나 몸 세포를 공격한다... 너희의 마음은 모두 문둥병을 앓고 있다. 너희의 마음은 부정적인 생각들에 먹혀 버렸다."

바딤 젤란드: "실패 앞에서 두려움이 그를 압박한다. 그는 열등감에 빠진 채 적으로 가득한 세상 가운데 홀로 서 있음을 느낀다. 그는 무엇을 할 수 있을까?"

로스: "불행하게도 그런 두려움이 사라질 무렵이면, 우리는 우리가 꿈꾸어온 것들을 실천하기엔 너무 늙었거나 병에 걸려 있을 것입니다. 숨겨둔 열정을 펼치거나, 자신에게 진짜 맞는 일을 찾거나, 원하는 사람이 되기도 전에 우리는 나이가 들고 병에 걸립니다... 이제 한 가지 배움이 분명해집니다. 꿈꾸는 일들을 아직 행동에 옮길 수 있을 때 두려움을 이겨내야 한다는 것입니다. 두려움을 초월하기 위해서는 다른 감정으로 나아가야 합니다. 그것은 곧 사랑의 감정입니다."

이들의 조언을 들으면 멘탈의 방향성이 더욱 분명해진다. 그것은 자신의 뿌리 감정을 두려움에서 사랑으로 대체하는 것이다. 하지만 문제는 그렇게 되는 방법이다.

어떻게 해야 두려움을 사랑으로 대체할 수 있단 말인가? 우선 육체적인 극기훈련만으로는 한계가 있다. 젊은 날 검도를 익혔고, 이런저런 극기훈련도 제법 받았지만 그 효과는 매우 제한적이었다. 두려움은 근본적으로 마음의 문제이지 몸의 문제가 아니기 때문이다.

신앙이나 신념도 한계가 있기는 마찬가지다. 신앙은 마음이 선뜻 납득하지 않더라도 도그마를 무조건 받아들여야 하기 때문에 그 자체가 이미 두려움의 갈래인 의심을 내포하고 있다. 신념도 사정은 비슷하다. 명백하게 입증되지 않은 측면에 대해서도 굳건한 믿음을 유지해야 한다는 점에서 신념은 신앙과 비슷한 딜레마에 빠질 수밖에 없다. 진정 두려움에서 벗어나는 길은 관행적인 기준이 아니라 조금은 의외로 여겨지는 지점에 놓여 있다.

9-2. 앎이 우리를 자유롭게 한다

두려움을 원천적으로 놓아버린 아니타 무르자니의 사례는 심층적으로 분석할 만한 가치가 있다. 일상에서 그렇게 겁이 많았던 그녀가 어떻게 두려움에서 벗어날 수 있었을까? 아니타 무르자니가 『그리고 모든 것이 변했다』에서 밝혔던 증언들을 들어보자.

아니타: "믿음이나 신앙 따위는 '앎' 앞에서는 무용지물이었어요. 그건 내가 모든 것이 되는 것과 비슷했어요. 내가 모든 것 안에 존재했고, 모든 것이 내 안에 존재했지요. 나는 영원하고 무한해졌어요. 나는 이 명징함 속으로 깨어났고, 그래서 그냥 이해하게 되었어요. 만일 내가 돌아가기로 선택한다면 몸이 나을 거라는 걸 알 수 있었죠."

앎이 믿음이나 신앙을 훨씬 초월한다는 설명은 일반적인 인식과는 상당한 차이가 있다. 도대체 공포의 진원지, 즉 죽음의 체험을 통해 그녀가 알게 된 것이 뭐길래 '앎'을 저토록 중시하는 것일까.

아니타: "내가 죽었을 때 나는 꿈에서 깨어난 기분이었어요. 내가 어떤 장소로 간 것 같은 기분이 아니라요. 눈을 번쩍 뜨고 깨어나서 모든 지각이 깨어난 그런 존재가 된 기분이었어요. 360도로 시야가 다 확보되고, 완전한 공간감이 생겼지요... 나는 나에 관련된 모든 것을 보고 듣고 느끼고 알 수 있었어요. 과거와 현재, 미래를 동시에 살고 있었지요... 아마 이걸 장님이 처음으로 눈을 떠 세상을 보게 된 것에 비유할 수 있지 않을까 싶네요. 그 장님이 어디 다른 데를 간 것도 아닌데 세상의 참모습을 두 눈으로 명료하게 보게 되었다면 얼마나 놀라겠어요!"

오 이런, 세상에. 이건 죽음이 없다는 얘기 아닌가? 우리가 너나없이 두려워하는 죽음을 겪으면 지금보다 훨씬 더 멋진 삶이 전개된다는 진술이다. 그게 사실이라면 우리가 죽음을 두려워하는 것 자체가 무지에서 비롯된 우스꽝스러운 코메디가 되는 것이다.

증언의 내용이 워낙 파격적이니 다른 증인을 더 불러 검증할 필요가 있겠다. 죽음 이후에 대해 진술할 수 있는 증인은 아무래도 『신과 나눈 이야기』의 신밖에 없을 듯하다.

신: "죽음이 닥치면 몸과 마음이 떨어져나간다고 여기는 사람들이 있는데, 그것들은 떨어져나가지 않는다. 몸은 가장 밀도가 높은 부분을 뒤로 남겨둔 채 형태를 바꾸긴 하지만 그 외피는 항상 유지한다. 마음 역시 세 가지 차원, 혹은 세 가지 측면으로 이루어진 하나의 에너지 덩어리로 영혼과 몸과 결합하여 너희를 따라간다.

만일 너희가 다시 지상의 삶이라는 이 체험을 선택해야 한다면, 너희의 신성한 자아는 다시 한 번 자신의 진짜 차원들을 소위 몸, 마음, 영혼으로 분리시킬 것이다. 사실 너희는 세 가지 다른 특성을 지니긴 했지만, 같은 하나의 에너지이다."

죽음 이후에도 생명현상이 지속된다는 점에 대해서는 두 존재의 증언이 일치한다. 하지만 그것만으로는 왠지 2퍼센트가 부족한 느낌이다. 기존 종교의 설명과 뚜렷한 차이도 없는 것 같다. 그렇다면 진도를 좀 더 나가보자. 죄와 벌, 즉 우리가 내심 두려워하는 사후의 심판은 어떻게 되는 것인지도 살펴보자. 두 존재의 증언을 이어서 들어본다.

아니타: "저 세상에는 판결 같은 게 단연코 없습니다. 판결할 게 없으

니까요. 우리는 모두가 순수의식이에요. 많은 이들이 사후에 어떤 판단도 내리지 않는다는 말을 듣기 싫어합니다. 사람들은 잘못한 것에 대해 책임을 지게 해야 한다고 생각하는 것이 편한 것 같아요. 그러나 처벌이나 보상, 판단, 판결 따위는 '저기'의 것이 아니라 '여기'의 것이에요... 연쇄살인범은 병이 든 사람이에요. 암에 걸린 사람처럼요. 현재 우리 사회에 살인자가 더 많아졌다면 그건 그만큼 우리 사회가 병들었다는 뜻입니다. 그들을 가둬두면 일시적으로 살인은 줄겠지요. 그건 마치 암의 증상만 치료하는 것과 같아요. 하지만 사회의 핵심 문제를 변형하고 초월하지 않는다면 문제는 더욱 커질 뿐입니다."

신: "너희가 내세라 부르는 곳에는 어떤 심판도 존재하지 않는다. 심지어 너희 스스로 자신을 심판하는 것도 허용되지 않을 것이다. (너희가 현세에서 자신에 대해 얼마나 엄하고 가혹하게 구는가를 생각하면, 거기서도 너희는 자신에게 낮은 점수를 줄 게 분명하니까.) 아니다, 거기에는 계산서도 없고 엄지를 올리거나 내리는 사람도 없다. 심판하기 좋아하는 것은 인간들뿐이다. 너희가 그러하기 때문에 너희는 나도 그러리라 생각한다. 그러나 나는 그렇지 않다. 그리고 이것은 너희가 받아들일 수 없는 위대한 진실이다."

사후에도 생명이 계속 이어지고 심판도 없다면 적어도 이론적으로는 죽음을 두려워할 이유가 없다. 그러나 우리들이 아니타 무르타니처럼 임사체험을 통해 그것을 증득하기 전에는 어려운 측면이 있는 것도 사실이다. 체험을 마친 그녀에겐 '앎'이 되겠지만 그렇지 않은 우리들에겐 '앎'이 아니라 신앙 혹은 신념과 비슷하게 작용할 여지가 많은 것이다.

그렇다면 희귀한 임사체험을 거치지 않고서도 저 증언의 진위 여부를 검증할 수 있는 방법은 없을까? 다행히 세상에는 이미 그런 방법들이 있다.

우선 전통적인 방법은 강도 높은 수련을 통해 그것을 직접 증득하는 것이다. 수련의 정도가 일정 궤도에 이르면 생사일여, 즉 삶과 죽음은 하나라는 걸 깨치게 된다. 좀 더 본질적으로 설명하면 삶도 죽음도 허상일 뿐, 존재하는 건 여여如如한 본성 하나뿐이다. 그것은 태어나지 않았고 죽지도 않는다. 줄지도 않고 늘지도 않는다. 시작도 없고 끝도 없다. 안도 없고 밖도 없다. 그래서 생사일여를 진심으로 증득한 사람은 모든 것이 변할 수밖에 없다.

신심명信心銘으로 유명한 중국의 고승 승찬은 그런 깨침을 통해 불치의 병인 문둥병에서 회복되었다. 우리가 사는 세상에서도 그런 증득을 통해 의료진이 포기한 난치병에서 벗어난 사례들은 적지 않다. 임사체험 못지않은 기적들인 것이다. 그러나 그렇게 되려면 고달픈 수련을 통해 힘겨운 버림의 과정을 거쳐야만 한다. 말처럼 쉽지만은 않은 방법이다.

반면에 21세기형 수련법은 쉽고 간결하면서도 그 효과는 전통적인 수련에 뒤지지 않는다. 따라서 일반인도 독학이 가능할 뿐 아니라 일상과도 자연스럽게 병행할 수 있다. 동양의 지혜를 바탕으로 서양의 체계성을 갖췄기 때문에 가능한 것이다.

일상에서 지속적으로 '호오포노포노'를 하면 의식은 빠른 속도로 성장한다. 그런 기초 위에서 '놓아버림'을 실천하면 현실적인 변화를 직접 증득할 수 있다. 그 과정에서 '빅 마인드'를 활용하면 관점의 변화는 더욱 파격적으로 이루어질 수 있다. 아니타처럼 직접 임사체험을 하지 않더라도 '앎'에 이르게 되는 것이다. 전통적인 수련이 부산에서 서울까지 걸어서 가는 방식이라면 21세기형 수련법은 비행기를 타고 신속하게 이동하는 것이라고 할 수 있다.

하지만 자아의 틀이 너무 강한 사람에겐 이 방법이 효과적이지 않은 단점도 있다. 방법이 너무 심플하고 너무 젠틀해서 나타난 단점이다. 그들은 '죽고 버리기'처럼 강도 높은 수련을 통해 에고의 위력을 먼저 순화시킬 필요가 있다. 이 과정을 통해 전체의식이 어떤 것인지를 먼저 자각하면 자연스럽게 현대적인 수련법을 수용할 수 있게 된다.

다만 이와 같은 설명은 본질적으로 하나의 지도에 불과하다. 동해 먼 바다에 있는 보물섬의 숨겨진 보물을 찾으려면 지도를 가이드로 삼아 직접 항해를 해야만 한다. 그것은 아무도 대신 해줄 수 없는 저마다의 고유한 인생숙제이기 때문이다.

9-3. 일상 속의 빅뱅

미국의 여성 저널리스트였던 사라 밴 브레스낙. 아내이자 엄마이자 직장인으로 한평생을 열심히 살았다. 그러나 아무리 외면해도 채워지지 않는 내면의 갈증이 있었다. 마침내 그녀는 결단을 내린다. 인생의 부름에 따르기로 한 것이다. 사라는 직장에 사표를 내고 한적한 곳으로 이사한 뒤 글쓰기에만 전념했다.

사라: "거짓말처럼 인생이 달라졌다. 책을 쓰기 위해 내 자신과 허심탄회하게 마주 앉아 대화하는 시간이 인생에서 가장 많아졌다. 키보드를 두드려가며 한 자 한 자 내 꿈을 입력하는 동안 창작의 고통 안으로 형언할 수 없는 감동과 즐거움이 몰려들었다. 원고를 모두 완성한 후 나는 출판사 수십 곳에 출간의뢰 메일을 보냈다. 솔직히 내 글이 출간이 되리라 기대하지는 않았다. 내 글이 세상 사람들에게 읽힐 만한 수준에 못 미쳐서가 아니었다. 글을 쓰는 동안 나는 가장 행복한 삶을 살았기 때문에 추호의 미련이나 아쉬움도 남아 있지 않았기 때문이다."

사라가 『혼자 사는 즐거움』의 서문에서 밝힌 감회이다. 사라의 책은 폭발적인 반향을 불러 일으켰다. 뉴욕타임스 120주 연속 베스트셀러를 기록했고, 전 세계 30개 나라에서 출간돼 700만 독자들에게 깊은 감동과 울림을 안겨주었다. 국내에도 비슷한 사례가 있다.

구본형: "그때 마음속에서 외치는 소리가 들렸다. '일어나 글을 써라. 너는 글을 써보고 싶지 않았느냐?' 내 속에서 무언가가 소리쳤다. 그 소리가 너무 커서 일어나 앉아 글을 쓰기 시작했다. 그때가 마흔세 살이었다. 그전까지 글을 써본 적이 없었다. 그저 언젠가 변화에 대한 책을 꼭 한 권 쓰고 싶다는 바람이 여러 해 동안 있었으나 실천하지 못하고 있었다. 그

후 6개월이 지나서 나는 한 권의 책을 마무리하게 되었다."

저명한 멘토였던 구본형 소장이 겪었던 내면의 변신이다. 나이는 점점 더 많아지는데 타고난 성격이나 역량으로는 직장에서 크게 출세할 것 같지도 않았고, 언젠가는 직장에서 퇴출당할 게 걱정스러웠던 그에게 새로운 2막은 저술로 시작됐다.

그렇게 나온 책이 바로 『익숙한 것과의 결별』이다. 이 책 한 권으로 구본형은 일약 변화경영전문가라는 브랜드를 얻었다. 그리고 많은 사람들의 축하를 받으며 직장에 사표를 내고 자신의 1인 제국을 건설해 사람들에게 선한 영향을 미쳤다.

이런 일상 속의 빅뱅은 특별한 사람에게만 일어나는 특별한 이벤트일까? 아니다. 누구에게나 일어날 수 있는 보편적인 이벤트이다. 누구나 내면의 소리가 있고, 때가 되면 그 소리가 자명종을 울려 준다. 다만 차이가 있다면 그 종소리를 듣느냐 못 듣느냐, 종소리를 듣고 액션으로 나아가느냐 마느냐, 그것뿐이다. 여기서 잠시 브릿지 인터뷰를 듣고 이야기를 계속 이어가보자.

김광주: "인생에는 흔히들 '승부처'라 불리는 터닝 포인트가 있는데 그것은 미리부터 정해져 있다기보다 주로 정치나 경제 혹은 사회적인 변화나 변혁의 시기와 맞물려 어느 날 갑자기 찾아온다. 승부처라 판단되는 시기가 왔을 때 그때까지 준비해왔던 모든 것들을 집중하여 투입하기 위해서는 그 이전부터 삶을 전체적으로 조망하는 계획이 먼저 선행

되어야 한다."

『내 인생의 터닝 포인트』에서 김광주 저자가 강조한 말이다. 누구에게나 터닝 포인트가 있지만 그것은 느닷없이 다가온다는 설명에 주목할 필요가 있다.

갑작스런 실직? 터닝 포인트이다. 다정했던 부부의 불화? 터닝 포인트이다. 갈수록 암담하게 느껴지는 미래? 터닝 포인트이다. 걷잡을 수 없는 외로움이나 죽고 싶은 허무감? 터닝 포인트이다. 내면의 소리가 요란하게 울려주는 기상나팔 소리다.

하지만 현실은 만만치 않다. 터닝 포인트라는 건 알겠다. 하지만 어쩐다? 준비한 게 별로 없는데. 자명종 소리를 듣고 잠에서 깨도 눈앞에는 거대한 장벽이 놓여 있기 십상이다.

가장 극단적인 사례의 하나로, 임진왜란의 명량해전을 들 수 있다. 바다를 뺏기면 나라가 다 넘어가고 온 백성이 왜적에게 도륙을 당한다는 건 분명했다. 하지만 조선의 전함은 12척뿐이었고 숙련된 병사도 극소수에 불과했다. 반면에 왜적은 수백 척의 선박에 승기까지 잡아 사기가 충천한 전사들로 넘쳐났다. 이런 상황에서 충무공 이순신이 선택한 전략은 멘탈 영역에서도 시사하는 바가 매우 크다.

"무릇 살려고 하면 죽을 것이고, 죽으려고 하면 살 것이다."

이런 멘탈에서 나온 전략은 파격적이다. 물살 가파른 명량에서 물길을 거슬러 일-자 대형으로 적군과 맞섰다. 유일한 이점은 수로가 좁아 적이 한꺼번에 밀려올 수 없다는 것뿐이었다. 그 실날같은 장점 하나에 명운을 걸고 1시간 이상 적군과 맞서 싸웠다. 그리고 마침내 물길이 바뀌는 순간, 총공격을 감행해 왜적을 대파했다.

멘탈의 변화도 저런 각오를 필요로 한다. 그건 지금의 에고가 죽겠다는 결연한 각오이다. 그걸 액션으로 표현하면 일상에서도 빅뱅이 일어날 수밖에 없다. 에고를 있는 그대로 인정하는 것도 같은 방향의 다른 표현일 뿐이다. 지금의 자신을 결코 있는 그대로 인정하지 않는 게 에고의 속성이기 때문이다. 지금의 내가 죽어야만 지금의 나를 있는 그대로 받아들일 수 있는 것이다.

사라는 직장에 사표를 던지고 글쓰기에만 전념했다. 구본형은 직장에 계속 다니면서 글을 썼지만 월급쟁이 근성을 죽였다. 자신의 정체성으로 포장해 애지중지했던 직함에 대한 집착을 버렸고, 아무도 인정해주지 않았지만 홀로 CEO가 되어 CEO 마인드로 일상을 꾸려나갔다. 그리고 원인행위를 충분히 축적했을 때 구본형은 당연히 1인 기업의 CEO가 되었다.

불화가 극심해 이혼이 초읽기에 들어갔던 어떤 부부의 사례도 이와 비슷하다. 먼저 지속적인 마음공부를 통해 지금의 자신을 가차 없이 버렸을 때 비로소 상대의 진면목이 눈에 보이기 시작한 것이다. 그렇게 되면 부부금슬이 나빠질 수가 없다. 내 속의 외면하고픈 치부를 상대에게 떠넘기고 그것을 상대의 잘못으로 왜곡하는 경계의 속임수에서 벗어났기 때문이다.

모처럼 맞이한 인생이다. 충만해야 하지 않겠는가? 여기에 동의한다면 시답잖은 회의론 따위는 미련 없이 던져버리는 게 상책이다. 그건 자신을 속이는 에고의 농간일 뿐이다.

9-4. 답은 내면에서 찾는다

판단은 쉽지 않다. 선택은 더 어렵다. 그래서 많은 사람들이 멘토를 찾고 스승을 구한다. 갈피를 잡기 어려울 때 조언을 듣기 위해서다. 그러나 찾고자 하는 멘토나 스승은 많지 않다. 있더라도 그들이 하나같이 옳고 바르다고 장담하기도 어렵다. 멘토나 스승의 탈을 쓰고 고통받는 영혼을 농락하는 사례들이 분명히 있기 때문이다. 따라서 외부에서 답을 찾는 것은 불확실하고 위태로운 방법이기도 한 것이다.

신: "깨우쳐주는 자들 가운데서 가장 중요한 존재는 너희 외부에 있는 어떤 사람이 아니라 바로 너희 내면의 소리이다... 내면의 소리는 너희에게 가장 가까우니 내가 말하는 가장 큰 소리이다. 그것은 자기 이외의 모든 것들이 너희가 규정하는 식대로 참인지 거짓인지, 옳은지 그른지, 혹은 좋은지 나쁜지 말해주는 소리이다. 그 소리는 너희가 그냥 내버려두기만 하면 스스로 알아서 방향을 정하고, 배의 진로를 잡고, 여정을 이끌어주는 레이더이다."

『신과 나눈 이야기』는 이렇게 내면의 소리를 가장 으뜸가는 멘토로 꼽는다. 쓸데없는 간섭만 하지 않으면 알아서 최선의 판단과 선택을 유도

한다는 것이다. 아니타 무르자니도 외부에서 답을 구했을 때 겪게 되는 역설적인 결과를 솔직하게 고백했다.

이런 식의 시행착오는 대부분의 사람들이 겪었거나 겪고 있는 것이다. 외부에서 멘토나 스승을 찾을수록 자신의 마음은 갈수록 더 노예상태로 전락할 뿐이다.

은연중에 사주팔자에 구애받는 심리는 이런 추락의 전형적인 현상이기도 하다. 마음공부 과정에서 만난 몇몇 도반들은 세속적인 방법을 통해 그런 굴레에서 벗어나기도 했다. 남의 것처럼 위장한 자신의 사주를 점쟁이에게 보이고 '이미 죽은 사람이다'는 해석을 받은 뒤에야 비로소 미망에서 깨어난 것이다. 자신의 단명사주에 고심했던 어떤 역술가는 그 틀을 깨고 나서야 비로소 건강을 되찾고 팔자상의 수명을 넘어 장수로 나아갔다.

그렇다면 내면의 소리는 어떻게 들어야 하는가. 우선 지금까지 얘기했던 멘탈의 모든 연금술은 내면의 소리를 들려주는 방법이기도 하다. 멘탈이 튼튼할수록 판단의 순간에는 내면의 소리가 더 분명하게 들린다. 그것은 대화처럼 귀에 들리는 소리는 아니다. 하지만 느낌 혹은 생각의 형태로 그 메시지를 뚜렷하게 인지할 수 있다.

그러나 가닥이 잡히지 않은 사람들은 먼저 명상의 기법을 활용하는 게 좋다. 명상에 여러 가지 방법이 있지만 그중에서도 가장 심플한 방법, 즉 생각을 끊어버리고 마음을 고요하게 만드는 게 최고의 방법이다. 사람의 본성은 이미 완성 그 자체이기 때문이다. 쓸데없이 복잡하고 온갖 경계를 겹겹이 쌓아놓은 방법들은 독극물에 지나지 않는다. 그런 건 상대하지 않는 게 차라리 낫다.

아니타 무르자니: "스트레스를 받거나 불안하거나 불만스럽거나 할 때면 나는 내면으로 들어가서 그 느낌을 먼저 들여다본다. 그리고 혼자 앉아 있다든지, 자연 속을 걷는다든지, 음악을 듣는다든지 하면서 고요하고 차분한 중심으로 들어간다. 나는 그렇게 할 때 외부세계 또한 바뀐다는 것을, 그리고 실제로 어떤 행동도 하지 않았는데 많은 장애물들이 그냥 사라지는 것을 경험했다."

아니타의 설명이다. 끊임없이 외부에 끌려 다닌 대가로 말기암에 임사체험 같은 극단적인 경험을 했던 아니타의 증언은 타산지석으로 삼을 만한 가치가 충분하다.

다만 명상에 익숙하지 않은 사람들은 약간의 기술을 활용하는 것도 나쁘지 않다. 예를 들어, 겐포 머젤 선사가 창안한 '빅 마인드'를 응용하는 것도 하나의 방법이다. 내면의 목소리를 바로 불러내서 그 답을 듣는 방식이다. 자신에 대한 질문과 답변을 1인칭이 아니라 3인칭으로 하는 게 특징이다. 객관적인 거리를 확보하기 위한 방법이다.

겐포 머젤: "겐포는 저잣거리의 일상 속에서 진실한 태도로 방편을 따라 행동하면 일을 훨씬 더 성공적으로 해낼 수 있다는 것을 알게 됐습니다. 나는 상대방에게 저항을 일으켜 마음속에 나에 대한 벽을 쌓지 않도록 하면서 내가 원하는 것을 요청하는 방법을 잘 압니다. 상대방에게 괜히 갈등이나 경계심을 불러일으킬 필요는 없습니다. 그런 것들은 불러

일으켜 봤자 내 목적만 훼방할 테니까요. 나는 때로는 방편이 되기도 하고, 때로는 노골적인 속임수가 되기도 합니다. 나는 지혜와 자비와 깨달음을 불러올 수만 있다면 뭐든지 할 것입니다."

머젤 선사가 '방편'에 대해 『빅 마인드』에 소개했던 자기 내면과의 대화 내용이다. 단편적인 시시비비가 아니라 선악을 넘어선 종합적인 조망이 자연스럽게 전개됨을 알 수 있다.

일상에서 호오포노포노를 하는 사람들 중에는 자신의 내면에 어떤 이름을 붙여주고 궁금할 때마다 그에게 직접 질문을 하고 답을 듣는 방식을 활용하는 경우도 있다. 빅 마인드와 비슷한 방법인데 대화 상대가 하나로 압축됐다는 점이 다르다. 인터넷에 닉네임으로 올라온 체험담을 읽으면 문답의 방식을 좀 더 분명하게 이해할 수 있다.

"언젠가 케오라가 이런 말을 한 적이 있습니다. 별일 아닌 일로 제가 지나치게 감정적으로 고민에 빠져 있는 때였죠. '너의 의식을 올려봐. 하늘로, 우주로, 가장 고요한 곳으로 의식을 올려봐. 감정, 기억, 생각이 무거워서 고민은 따라 올라오질 못해. 넌 결코 힘들지 않아. 그냥 의식의 착각일 뿐이야.'"

내면의 소리는 이처럼 인생의 소명과 같은 거대담론을 포함해서 스트레스 해소같은 사소하지만 실제적인 문제에 이르기까지 가장 지혜로운 해법을 제시해준다. 또한 그것은 내게서 가장 가까운 길이자 접근하기에 가장 쉬운 길이기도 하다. 그것을 두고 굳이 멀고 험한 길만 고집한다면 스스로 그 대가를 치를 수밖에 없다. 경종을 울리는 의미에서 아니타 무르자니의 조언을 다시 한 번 인용한다.

아니타 무르자니: "임사체험 덕분에 나는 현실을 바깥에서 보지 않고 내면에서 보는 관점을 갖게 되었다. 그러니까 이전에는 외부세계를 진짜라 여기며 그 한계 안에 머물러야 한다고 생각했다. 이것은 지금 대부분의 사람들이 갖고 있는 관점일 것이다... 그런 관점을 지녔을 때 나는 내 삶을 만들어가는 창조자가 아니라 상황의 희생자였다. 병조차도 어느 날 우연히 내게 닥친 외부사건이었다."

9-5. Alone With, 홀로 다함께

폴란: "누구나 인생의 2막을 시작할 수 있다. 우리가 일중독에 걸린 전문직 종사자냐, 실직한 회사 중역이냐, 힘이 다 빠져버린 세일즈맨이냐 하는 것은 중요하지 않다. 대학에 다니는 아이가 둘 있고, 신용카드 빚에 시달리고 있다는 사실도 중요하지 않다. 번번이 취업에 실패한 고학력자냐, 결혼을 못 한 노총각이냐, 가사노동에만 시달리는 전업주부냐 하는 것 역시 중요하지 않다. 어떠한 상황이 우리를 짓누른다면 그 상황이 주는 불행만큼 2막을 시작하고픈 열망은 강렬할 것이다. 자, 이제는 당신 차례다."

스테판 엠 폴란이 『2막』에서 들려주는 메시지이다. 변호사와 대학교수와 재정설계사와 대기업 임원까지 지낸 폴란의 조언은 현실에 바탕을 두었기 때문에 신뢰도가 있다. 그런데 현실적인 폴란조차도 2막 준비에서 가장 중요한 것은 멘탈이라고 강조한다.

폴란: "억눌린 꿈을 환한 빛 아래로 가져와 추구하면 우리의 영혼은 상상할 수 없을 만큼 높은 곳으로 발전한다… 2막은 우리가 바꾸고자 하는 인생의 어떤 한 면만 변화시키는 것이 아니라 우리 삶 전체에 활력을 준다."

미국의 여성 저널리스트였던 사라 밴 브레스낙은 그런 조언을 행동으로 옮겼다. '정말 하고 싶은 일을 하라'는 내면의 소리를 듣고 실행에 옮긴 것이다. 그녀가 선택한 일은 진정한 글쓰기였고, 생활방식은 혼자 사는 것이었다. 남편과 자식과의 가족관계를 해체한 것이 아니라 내면적으로 홀로 선 것이었다.

사라: "모든 인생은 결국 혼자다. 혼자 용기 있게 걸을 수 있어야만 외로움과 쓸쓸함을 당당하게 견뎌나갈 수 있다. 누구의 아내, 누구의 남편, 누구의 부모로서 살아가는 삶은 잠시 접어둔 채 이 책을 읽는 동안만이라도 오롯이 당신 자신과 마음을 터놓고 마주해보라. 당신이 당신 자신과 만나는 시간이 많아질수록 인생은 그만큼 달라질 것이다."

사라가 『혼자 사는 즐거움』에서 제시한 일상의 즐거움은 무려 79가지나 된다. 그중에서도 1번 '묘원 산책하기'와 마지막 79번 '이타카를 찾아 떠나기'는 특히 인상적이다.

"고즈넉한 묘원을 산책하다 보면 알게 된다. 우리는 다른 사람의 일을 알기 위해 너무 많은 시간을 허비한다는 것을. 그렇게 살다가 맞이한 생의 마지막 날, 우리는 우리에게 주어졌던 사소한 하루가 얼마나 소중하고 멋진 것들로 가득 차 있었는지 뒤늦게 깨닫게 된다… 만일 당신에게 주어진 삶이 일주일밖에 남지 않았다는 사실을 알게 된다면 당신은 그 시간 동안 오로지 당신만을 위해 살려고 노력할 것이다. 1분 1초도 오직 당신만을 위해 쓰려고 할 것이다. 하지만 일주일은 너무나 짧은 시간임을 뒤늦게 깨닫고 후회하게 될 것이다.

그러므로 지금 이 순간부터 당신 자신을 위해 살아야 한다. 당신이 좋아했던 것을 더욱 사랑하고 당신에게 힘을 주었던 풍경들을 더욱 눈여겨봐야 한다. 아침의 작은 햇살과 저녁의 붉은 노을을 마음껏 찬미하며 오랫동안 자신의 그림자들을 들여다볼 수 있어야 한다."

사라는 1번 '묘원 산책하기'에서 이렇게 자신을 위한 삶이 가장 중요하다고 강조한다. 또 다들 알지만 애써 외면했던 사실, 즉 남은 시간이 그렇게 많지 않다는 점도 일깨워준다.

사라: "우리의 여정은 언제나 시작이다. 너무 걱정할 것 없다. 자아를 발견하기 위해 필요한 카이로스는 늘 우리 내면에 충분하다. 우리는 우리 자신과 만나기 위해 용감하게 세상과 작별할 줄도 알아야 한다. 혼자서 성찰해야만 발견할 수 있는 인생의 보물들이 너무나 많기 때문이다."

마지막 79번 '이타카를 찾아 떠나기'는 진군을 독려하는 나팔소리다. 이타카는 고대 그리스의 전설적인 영웅 오디세우스의 고향이다. 누군가의 자식이자 연인이자 남편이자 어머니로서 살아가는 우리도 궁극적으로는 이타카를 찾아 길을 나서는 존재라는 것이다. 그것이 곧 우리 삶에 주어진 하나의 미션이라는 게 사라의 지론이다.

혼자 사는 것은 싱글이나 독신으로 산다는 것을 의미하는 것은 아니다. 사라는 더불어 살아가는 삶 속에서 고유한 자신만의 즐거움과 이로움을 추구하는 게 혼자 사는 삶이라고 설명했다.

바딤 젤란드: "시골 아가씨와 연예 스타, 소심한 학생과 과학의 대가, 평범한 사람과 선택된 사람. 그들을 나눠놓는 것은 무엇일까? 단 한 걸음의 차이다. 어떤 이는 자신의 권리를 가질 용기를 냈고, 다른 이는 아직도 결정을 못 내린 채 자신이 능력이 있고 가질 자격이 있다고 믿지 않는 것이다."

러시아의 양자물리학자 바딤 젤란드는 『트랜서핑의 비밀』에서 이렇게 단언했다. 상상력의 작동원리를 강조한 젤란드가 전제조건으로 내세운 것은 내면에서 과감하게 한 걸음을 더 내딛는 것이었다. 그것은 누구와 함께할 수 없는 자신만의 홀로서기 과정이다. 그 단계를 넘어서면 다시 세상과 함께 가는 수순으로 변하는 과정이다. 세상에게 당신을 '껴안아 달라'고 부탁하고, 당신의 선택이 실현되도록 세상이 보살피게 해야 하는 것이다.

홀로 다함께? 개념만 따지면 모순되는 표현이다. 홀로면 홀로이고 다함께면 다함께지. '홀로 다함께'가 뭐냐? 이렇게 시비에 집착하면 다시 분별의 함정에 빠져버린다. 그래서 일상의 과정에서도 '모순의 모순 없는 공존'이 중요하다. 그것이 바로 사물의 본성, 즉 '있으면서 없고 없으면서 있는 것'과 부합하기 때문이다. 물질적 본질이 파동으로 보면 파동, 입자로 보면 입자라는 양자물리학의 설명과도 맥락이 같은 것이다. 이 같은 신성한 이분법과 마주하면 시시비비를 따지는 게 의미가 없다.

바딤 젤란드: "아시다시피 중용을 취하는 것이 가장 좋다. 하지만 중용이 어디 있는지 찾는다고 애쓰지는 말고, 나에게 잘 듣는 것은 모두 옳은 것이라는 법칙을 기준으로 삼으라."

이 기준에 따르면 공즉시색은 맞는 말이다. 공즉시공 역시 맞는 말이다. 인생은 혼자라는 것은 맞는 말이다. 모두가 다함께라는 것도 맞는 말이다. 둘 다 맞다. 그러니 Alone With는 가능한 것이 아니겠는가.

9-6. 최고의 수행은 일상을 사는 것

날카로운 톱니바퀴가 돌아가는 기계는 동력을 넣으면 기계적으로 그냥 돌아간다. 그 안에 손을 넣으면 사정없이 손목을 잘라 버리면서 계속 돌아간다. 선한 사람, 악한 사람, 어린아이, 노인 등을 가리지 않고 그들의 손목을 잘라 버린다. 인간적인 관점으로는 비정해 보이지만 자연은 그렇게 작동한다. 그래서 노자는 도덕경에서 '천지불인'天地不仁, 즉 하늘은 어질지 않다고 했다. 불가에서는 좀 더 순화시켜 인과율因果律로 표현했다.

인과율이 적용되는 세상에서 결과를 만드는 작업은 무엇보다 행동이다. 생각과 말과 행동, 이 세 가지를 통해 창조가 이뤄지는데, 마지막 단계인 행동이 가장 강력하다. 생각이 혼선을 빚기 전에 행동하고, 말이 꼬이기 전에 행동하고. 이것이 바람직한 창조를 하는 데 결정적인 역할을 한다. 그렇게 하면 생각은 점점 더 하나로 가닥이 잡히고 말도 갈수록 더 일관성을 유지하게 된다.

"받는 것보다 주는 게 더 행복하다."

일상에서 자주 거론되는 이 명제도 행동을 통해서만 증득이 된다. 절박하게 돈이 필요한 사람에게 단돈 만 원이라도 직접 건네는 게 행동이다. 그 이전의 생각 단계에서는 줄까 말까의 번뇌가 일어난다. 말의 단계도 사정은 비슷하다. 하지만 저렇게 액션이 일단 이뤄지면 말과 생각은 더 이상 헛발질을 할 이유가 없어진다. 주는 행위가 가져다주는 넉넉함을 몸과 마음이 이미 느꼈기 때문이다.

멘탈의 연금술도 궁극적으론 액션 테크닉이다. 그래서 마음공부도 마지막 과정은 몸으로 하게 된다. 중노동, 순례, 마라톤, 산행... 무엇 하나 액션이 아닌 게 없다. 게다가 이런 액션이 밑도 끝도 없이 이어지는 게 바로 우리네 일상이다. 아침에 눈을 떠서 저녁에 잠자리에 들 때까지 액션,

액션, 또 액션이다. 그렇다면 멘탈을 다지기에 가장 좋은 곳은 바로 일상이다. 나머지 방법들은 그저 일상에서의 적응훈련일 뿐이다.

김기태: "우리가 매일매일 되풀이하는 평범하기 짝이 없는 우리의 일상 바로 거기에 도道 곧 진리가 있다는 말이다. 이것은 사실이며, 진리는 그토록 가까이 바로 우리 곁에 있다. 다만 안타깝게도 우리의 눈이 어두워 그것을 보지 못할 뿐이며, 마음이 닫혀 있어 그것을 깨닫지 못할 뿐이다."

『아, 여기』에서 김기태 선생이 밝힌 저 결론은 영성계의 거목인 켄 윌버의 결론과 입을 맞춘 것처럼 똑같다. 일상은 우리가 도착할 목표지점이지 뭔가를 찾아 하염없이 떠나야 할 초라한 현실이 결코 아니라는 것이다. 하지만 인생 실전에서 우리는 얼마나 늦게 그것을 알게 되는가.

샬롯: "장례식 문제를 미리 처리해놓고 나니 매일 아침 일어나 내 아이들 껴안아주고 뽀뽀해줄 수 있다는 것이 새삼 정말 감사하게 느껴졌어요.

6개월 시한부 판정을 받고 22개월 살았습니다. 그렇게 1년을 보너스로 얻은 덕에 초등학교 입학 첫 날 아들을 학교에 데려다 주는 기쁨을 품고 갈 수 있게 됐습니다. 녀석의 첫 번째 흔들거리던 이빨이 빠져 그 기념으로 자전거를 사주러 갔을 때는 정말 행복했어요. 보너스 1년 덕에 30대 중반이 아니라 30대 후반까지 살고 가네요.

복부 비만이요? 늘어나는 허리둘레, 그거 한 번 가져봤으면 좋겠습니다. 희어지는 머리카락이요? 그거 한번 뽑아 봤으면 좋겠습니다. 그만큼 살아남는다는 얘기잖아요 저는 한번 늙어보고 싶어요. 부디 삶을 즐기면서 사세요. 두 손으로 삶을 꽉 붙드세요. 여러분이 부럽습니다."

36살 젊은 나이에 대장암으로 세상을 떠난 영국인 살롯 키틀리. 아내이자 두 아이의 엄마였던 그녀가 마지막으로 블로그에 남긴 글이다. 샬롯의 시각은 뒤늦게 발견한 일상의 경이로움에 대한 안타까움으로 가득하다. 보통사람들이 질겁하는 복부비만과 흰머리를 도리어 부러워하고 나이듦을 소망한다.

손튼 와일드의 연극 〈우리 읍내 에밀리〉에서도 요절한 에밀리가 뒤늦게 일상의 행복을 그리워한다.

에밀리: "나는 살아 있을 때 주변에서 일어나는 일을 전혀 깨닫지 못했어. 아무도 그런 점에 관심을 기울이지 않지... 이제 작별인사를 할게. 안녕, 세상아. 안녕, 길거리의 나무들... 안녕, 아빠 엄마. 안녕, 째깍거리는 시계... 가을 정원의 해바라기. 안녕, 맛있는 샌드위치와 커피. 그리고 새로 다린 드레스와 뜨거운 목욕... 잠을 자고 깨어나는 일. 아, 사람들이 이렇게 멋진 것들을 깨닫지 못하다니."

이런 착각이 빚어지는 핵심적인 이유는 '평범'에 대한 편견 때문이다. 자신의 삶에 죽음의 그림자가 드리워지면 특별한 건 좋고 평범한 건 시시하다는 그 어리석은 편견이 착각이었다는 걸 비로소 깨닫는다. 우리는 언제나 한 박자 늦고 언제나 뒷북을 친다.

어떤 여인: "지금껏 내게 맡겨진 역할들 속에서 내 삶은 너무나 평범했어요. 다른 이들과 똑같은 삶을 살아온 것 같았어요. 도대체 내 삶이 다른 이들의 삶과 뭐가 다를까 싶었어요. 하지만 병을 앓게 되면서 놀라운 사실을 깨달았어요. 난 아주 특별한 사람인 거예요. 어느 누구도 나와 같은 방식으로 세상을 보거나 삶을 경험하지 못했을 거예요. 앞으로도 그럴 것이고. 이 세상이 시작된 이후부터 끝나는 날까지, 나와 똑같은 사람은 영원히 존재하지 않을 거예요."

『인생수업』에 실린, 죽어가는 한 여성이 남긴 말이다. 죽어가는 시간대에 접어들고서야 자신의 특별함을 겨우 인지한 것이다. 살아가는 우리들 대부분도 저 여성과 다를 바가 없다. 어제 같은 오늘, 오늘 같은 내일, 지겹다 지겨워. 이런 푸념을 늘어놓은 게 어디 한두 번인가 말이다.

그러나 아직은 살아갈 시간이 많이 남았을 때 자신과 삶의 특별함을 자각하면 그의 일상은 이전과 확연하게 달라질 수밖에 없다. 나는 특별하다, 모든 순간이 다 특별하다, 모든 일상이 다 특별하다는 것을 증득하는 것이 일상이라는 수행을 통해 우리가 익혀야 할 숙제이다. 사람의 본성이 우주 그 자체라는 각성은 형이상학적인 거대담론이 아니다. 그것은 자신의 특별함, 매순간의 특별함, 평범함의 특별함을 자각하는 인식구조인 것이다.

신: "모든 삶에는 단 하나의 목적만이 존재하는데, 그것은 너희와 살아 있는 모든 것들이 충만한 영광을 체험하는 것이다. 그 밖에 너희가 말하고 생각하고 행하는 것들은 모두 이 기능의 부속물에 지나지 않는다."

『신과 나눈 이야기』의 핵심 내용이다. 충만한 영광의 체험. 듣기만 해도 가슴 설레는 말이다. 두려움이 아니라 사랑에서 나온 말이기 때문에 그럴 것이다. 반면에 현재의 자신은 뭔가 불완전하다고 함부로 예단하면서 더 완벽한 것을 찾아서 떠나는 사람은 저런 체험을 할 수가 없다. 뭔가를 추구한다는 것 자체가 두려움의 산물이기 때문에 그렇다.

9-7. Something New, Something Different

뉴스가치의 기준은 Something New, Something Different, 즉 새로운 그 무엇, 색다른 그 무엇이다. 그래서 뉴스는 세인들의 관심을 끌고 세상의 변화를 유도한다.

21세기 멘탈 영역의 뉴스는 무엇일까? '경계의 붕괴'를 단연 톱으로 꼽을 수 있다. 그것은 1989년 베를린 장벽의 붕괴가 안겨준 충격 그 이상인 것이다. 수천 년간 견고하게 장막을 쳤던 경계들이 맥없이 속속 무너지고 있다. 극소수 엘리트들이 독점했던 영성의 비밀들이 적나라하게 밝혀지고 있다. 또 그 비밀들은 책과 강연과 각종 미디어를 통해 일반에게 빠르게 퍼지고 있다.

겐포 머젤: "난생 처음으로 공안公案이란 것을 받았을 때, 나는 그전에 늘 통하곤 했던 모든 방식을 시도해봤다. 그 공안과 실제로 하나가 되기 위해 몸과 마음과 내 모든 에너지를 다 쏟아붓고 내 모든 것을 내던지며

처절하게 애썼다. 하지만 아무 소용도 없었다."

30년 이상 선수행에 매진했던 데니스 겐포 머젤 선사가 『빅 마인드』에서 고백한 쓰라린 경험담이다. 국내의 김기태 선생이 겪었던 좌절과 너무나 비슷하다. 저렇게 고군분투하면서 장시간 에너지를 쏟으면 어쩌다 운 좋게 '견성見性'을 할 수도 있다.

하지만 법열의 기쁨도 잠시, 카메라의 셔터는 한 번 찰칵한 뒤 다시 닫혀 버린다. 그러면 수행자는 다시 그것을 찾기 위해 몸부림을 친다. 아주 운이 좋아 '대각'까지 잡으면 이번엔 그것을 놓치지 않으려고 '보림'이라는 고행길에 접어든다. 세속적인 집착보다 더 고약한 깨달음에 대한 집착에 빠져버리는 것이다. 가도 가도 끝이 없는 길, 듣기만 해도 너무 아득해 시도할 엄두조차 나지 않는 접근법이라고 할 수 있다.

겐포 머젤: "실재는 붙잡을 수 없다. 그것은 붙잡히는 것과 붙잡는 것 그 너머에 있다. 그래서 붙잡으려는 행위가 부질없어지는 것이다. 그래서 절대적인 것을 향한 일반적인 방식의 추구와 갈망과 탐구가 제대로 먹히질 않는다."

머젤의 설명 그대로다. 실재는 분명 있지만 그것은 잡을 수 있는 게 아니다. 머젤도 마침내 노력을 포기하고 그것을 놓아 보내야만 한다는 것을 알게 되었다. 모든 것을 단념하고 자신을 진정 내맡겼을 때 그는 자신이 이미 거기에 있었다는 걸 알 수 있게 되었다. 겐포 머젤이 단념한 것은 그곳에 도달하려고 애쓰는 노력 그 자체였다.

신: "너희가 되기를 추구하지 않고 '되어 있음'에서 나올 때 모든 게 변하고 모든 게 뒤집어진다. 너희는 '되어 있음'에 이르게 할 수는 없다. 너희가 행복해지려고 애쓰든, 현명해지려고 애쓰든, 사랑이 되려고 애쓰든, 혹은 신이 되려고 애쓰든, 행함으로는 거기에 이를 수 없다. 하지만 일단 거기에 이르고 나면, 너희가 멋진 일들을 할 수 있으리란 건 사실이다.

여기에 신성한 이분법이 있다. '거기에 이르는' 길은 '거기에 있는' 것이다. 그냥 자신이 이르고자 하는 곳에 있어라! 그건 이토록 간단하다. 너희가 해야 할 일은 아무것도 없다. 행복해지길 바라느냐? 행복하라. 현명해지길 바라느냐? 현명하라. 사랑이길 바라느냐? 사랑이어라."

『신과 나눈 이야기』의 설명도 머젤의 자각과 정확하게 일치한다. 작위적인 노력으로는 결코 그곳에 도달할 수 없지만 일단 그곳에 있기만 하면 그곳에 있게 된다는 것이다. 결국 온갖 종류의 고통스런 수행이나 마음공부는 사람을 기진맥진하게 만들고 그런 노력으로는 도저히 각성에 이를 수 없다는 걸 일깨워주는 역설적인 방편에 불과하다. 효율성이 아주 낮은 방법인 것이다. 그러니 모든 걸 포기하고 놓아버린 순간에 영문도 모른 채 각성에 이른 사람들이 얼마나 황당했겠는가. "속았다." 그런 말이 절로 나올 수밖에 없다. 그러나 이런 속임수 덕분에 멘탈의 영역에서도 드디어 뉴스, 즉 Something New, Something Different가 만들어지게 되는 것이다.

겐포 머젤: "의식수준의 상승은 역사상 이 시대에 와서 가장 절실히 요구되고 있다. 한 종으로서 인류가 살아남고자 한다면, 여태까지 온갖 위대한 영적 전통들을 따르던 극소수의 엘리트 구도자들에게만 가능했던 깨달음이 더욱 많이 일어나게 하는 것이야말로 우리가 앞으로 이뤄야 할 과제이다. 오늘날 우리가 지닌 기술적, 영적인 지식들을 고려할 때 우리에게는 그 어떤 문제도 해결해낼 수 있는 힘이 있다."

우주의 속임수를 간파한 머젤은 마침내 '빅 마인드'라는 초간단 견성법을 창안했다. 그것은 자기 내면의 목소리와의 대화를 통해 즉시 '거기에 있게' 해주는 방법이다.

촉진자: 이제 두려움의 목소리와 대화해도 되겠습니까?

두려움: 내가 두려움의 목소리입니다.

촉진자: 당신의 역할은 무엇입니까?

두려움: 뻔하지 않나요. 내 역할은 두려워하는 겁니다. 두려워할 것이 아주 많습니다… 내가 얼마나 겁에 질려 있는지를 생각해보니 하루 24시간, 일주일 내내 겁먹은 상태임을 인정해야 할 것 같네요. 그리고 그럴 만한 이유도 충분하고요.

촉진자: 그는 당신을 어떻게 생각하고 있나요?

두려움: 아, 물론 그는 나를 아주 싫어합니다. 할 수만 있었다면 나를 완전히 제거해버렸을 거예요… 하지만 늘 그렇듯이 나는 항상 그가 내 말을 듣지 않을 거라는 두려움 속에서 살아요. 그는 미쳐 날뛰는 바보니까요. 내가 보기에 그는 늘 위험을 감수하고 도박을 하지요. 수영장에 물이

있는지 없는지 보지도 않고 10미터 높이에서 뛰어내릴 인간이니까요… 내가 없었다면 그는 지금쯤 분명히 죽었을 겁니다.

머젤 선사가『빅 마인드』에서 소개한 자신과 목소리와의 대화 내용 가운데 일부이다. 여기서 촉진자는 머젤 선사 자신이다. 두려움의 목소리도 머젤 선사 안에서 나오는 것이다. 하지만 머젤 자신을 '그'라고 부르며 3인칭 취급을 한다. 그렇게 하면 내 두려움이라고 믿어 의심치 않았던 현상이 별개의 독자적인 존재로 기능한다는 것을 알게 된다.

머젤은 이런 방식으로 자기 안에서 보호자, 통제자, 회의자, 화, 희생자, 상처입기 쉬운 순진한 아이, 이원적인 마음, 욕망, 추구하는 마음, 빅 마인드, 자유자재한 온전한 인간 존재, 겁 없음, 비이원적인 마음, 진정한 자아 등과 대화를 이어 나간다. 에고라는 하나의 렌즈에 고정됐던 마음을 수십 수백 가지 렌즈에 노출시켜 자신을 종합적으로 조망하는 것이다.

물론 렌즈를 바꾸는 방법은 힘겹게 애쓰고 노력하는 것이 아니라 해당되는 목소리를 불러내 바로 그 상태에 이르게 하는 것이다. 우리 내면에는 모든 것이 이미 갖춰져 있기 때문에 부르기만 하면 곧바로 거기에 응답한다는 것이다.

겐포 머젤: "당신이 '그 목소리 속에' 머무는 동안에는 잘못된 대답은 있을 수 없다. 그 목소리가 되어서 하는 말이라면 무슨 말이든 다 타당하고 사실이고 완벽하다. 하지만 그 목소리가 밖으로 나오게 될 수도 있고, 요청받은 목소리가 아닌 다른 목소리들이 튀어나올 수도 있다. 그래도 연

습을 하다 보면 목소리가 밖으로 나왔을 때 그것을 더 쉽게 알아차리게 되어 능숙하게 요청받은 목소리로 돌아갈 수 있을 것이다."

머젤의 부연설명이다. 이런 기법에 대해 켄 윌버는 "머젤 선사가 창안한 빅 마인드 과정은 지난 두 세기 동안 불교계에서 일어난 가장 중요한 사건이다"고 격찬했다. 자신이 운영하는 통합연구소의 주요 과정으로 '빅 마인드'를 채택한 켄 윌버는 모든 사람들이 이 방법을 통해 자신이 진정 누구인지, 무엇인지를 발견하게 되기를 바란다고 축원했다.

켄 윌버: "나는 지금이 길을 찾는 그 장대한 여행을 끝낼 때라고 생각한다. 길을 찾고 있는 한, 당신은 이 순간보다 나은 미래의 순간을 찾고 있는 것이다. 하지만 모든 열쇠는 지금 이 순간에 있다. 당신은 왜 깨어남으로부터 멀리 달아나려고 하는가?"

획기적인 방법론의 등장으로 각성에 걸리는 시간이 대폭 단축될 수 있는 길이 열렸다. 동양과 서양의 지혜가 하나로 합쳐졌기에 가능했던 새로운 지평이 열린 것이다. 21세기는 그래서 참으로 멋진 시절이다. 밑도 끝도 없이 이어지던 그 끔찍한 구도행각에 이제는 마침표를 찍어야 하지 않겠는가. 앞서간 선각들, 해묵은 경전들의 노예상태에서 벗어나 인간본성을 충만하게 실현하는 게 더 좋지 않겠는가.

9-8. 아주 특별한 '나' 방송국

마음의 세계는 방송 시스템과 놀랄 만큼 닮았다. 방송 시스템은 뉴스, 드라마, 스포츠, 예능 등 온갖 종류의 콘텐츠를 만들어 연주소에서 전파를 통해 공중에 쏜다. 채널을 선택하면 그 채널에 맞는 화면이 곧바로 나타난다. 또한 파워를 끄면 아무 것도 없는 블랙 상태를 유지하는 게 방송 시스템이다.

'나'라는 방송국도 마찬가지다. 내면에서 온갖 콘텐츠를 만들어 몸을 통해 그것을 외부로 쏘면 현실이란 화면이 거울처럼 내 눈앞에 펼쳐진다. '세상은 창조주인 나의 표현'인 셈이다. 또 현실의 탈을 쓴 그 화면은 내가 쏘는 전파에 따라 수시로 내용이 달라진다. '나' 방송국에선 콘텐츠를 만들고 전파를 쏘고 채널을 선택하거나 끄는 것을 오직 나만이 한다는 점이 기존의 방송 시스템과 다를 뿐이다.

"다시 젊어지고 싶지 않다. 모진 세월 가고... 아아, 편안하다. 늙어서 이렇게 편안한 것을. 버리고 갈 것만 남아서 홀가분하다."

소설가 박경리 선생이 말년에 밝힌 소회이다. 인생 숙제를 마무리한 사람의 느긋한 여유가 물씬 느껴진다. 내면에서 저런 콘텐츠를 외부에 전파로 발사하면 내 눈앞에는 평온한 현실이 펼쳐지는 게 당연하다.

"꼴도 보기 싫어. 꺼져버려!"

이런 콘텐츠를 만들어 쏘는 것도 마찬가지다. 상대가 아니라 내가 분을 참지 못하고 펄펄 뛰는 동영상이 현실의 화면으로 나오게 된다. 기계처럼 작동이 되는 것이다.

데이비드 호킨스: "삶에서 만나는 모든 이가 거울 역할을 한다는 점을 알아차리게 된다. 그들은 사실 내가 마음속으로 알아주지 못한 것을 내게 되비춰 준다. 신경 써야 하는 것을 바라보도록 나를 몰아붙인다."

데이비드 호킨스 박사가 『놓아버림』에서 설명한 그대로이다. 내가 만나는 상대는 내가 내면에서 쏜 콘텐츠를 거울처럼 그대로 반영한다. 그럼에도 불구하고 그것을 내가 아니라 상대방의 잘못으로 생각하는 건 에고의 장난일 뿐이다. 켄 윌버는 『무경계』에서, 개인이 자기 마음에 드는 페르소나만 자신의 정체성으로 인정하고 나머지에 대해서는 경계를 그어 남의 영역으로 떠넘기면 저런 현상이 더욱 두드러지게 나타난다고 설명한 바 있다.

신: "너희에게 그 따위 짓을 하는 어떤 것이나 어떤 자가 외부에 있다는 관념을 즐기고 있는 한, 너희는 그것을 어떻게 해볼 수 있는 자신의 힘을 무력화시키고 있다. '내가 이렇게 했다'고 말할 때라야 비로소 너희는 그것을 바꾸는 힘을 얻을 수 있다. 네가 하는 걸 바꾸는 게 다른 사람이 하는 걸 바꾸기보다 훨씬 더 쉽다."

『신과 나눈 이야기』의 이 구절은 채널 바꾸기에 대한 설명이다. 즉 한 개인의 극심한 불행은 그가 스스로 선택한 반응이며, 전 세계의 재난들은 세계의식의 결과라는 전제가 깔려 있는 것이다. 그런데 채널만 바꿔버리면 화면은 달라진다. 채널이 달라지면 오늘 친구처럼 끌렸던 사람이 나를 망친 독약으로 바뀌고, 오늘 원수였던 사람이 고마운 스승으로 변하기도 하는 것이다.

일반 방송 시스템에서는 한 장면에서 다른 장면으로 넘어갈 때 잠시 블랙화면이 나타나거나 강렬한 톤의 시그널이 나오기도 한다. '나' 방송국의 경우에는 명상을 통해 생각을 끊어버리면 보기 흉한 화면이 브릿지 단계인 블랙화면으로 넘어간다. 각성이 일어나는 순간에는 장면전환을 알리는 화려한 시그널이 돌아간다. 일단 채널이 바뀌면 다시 채널이 바뀌기 전에는 그 콘텐츠만 계속 방영이 된다.

물론 세상은 나 혼자 살아가는 게 아니다. 공간은 다르지만 수십억의 다른 인간들이 같은 시간대를 살아가고 있다. 내 본성이 우주라면 그들 역시 마찬가지다. 그렇게 동일한 우주들이 동시다발적으로 작업해 만든 외부환경들도 있다. 집단의식이 조성한 이 같은 환경을 한 개인이 바꾸기란 대단히 어렵다. 그래서 멘토들은 하나같이 먼저 자신의 세계부터 바꾸라고 강조한다.

신: "그렇게 하려면 실로 엄청난 정신과 육체의 노력이 필요하다. 네 모든 생각과 말과 행동을 순간순간 끊임없이 관찰하는 일도 해야 한다. 또 여기에는 선택을 계속해서 의식적으로 하는 것도 포함된다. 이 모든 것이 자각으로 가는 위대한 발걸음이다."

『신과 나눈 이야기』의 설명이다. 채널 바꾸기에 엄청난 노력이 든다는 점을 가감 없이 설명하고 있다. 모든 게 상상만 하면 쉽게 이뤄진다고만 가르치는 세상의 멘토들과는 분명한 차이가 있는 설명이다. 상상이 현실이 되려면 지속적인 실천과 결과를 의심하는 내면의 의혹까지 정돈하는 작업이 반드시 필요하다. 그럼에도 불구하고 세상의 많은 멘토들은 힘겹게 느껴지는 그런 부분을 슬그머니 감추었다. 그런 멘토링의 효력은 잠시 통증을 잊게 해주는 모르핀에 지나지 않는다.

아니타 무르자니: "내가 내 자신이 될 때, 나의 그 독특하면서도 완전한 장엄함이 내 자신과 모두에게 가장 유익한 방향으로 나를 데려간다. 그러니 내가 내 자신이 되는 것 말고는 할 일이 없다. 그때 아무런 노력을 기울이지 않아도 진실로 나에게 속한 모든 것이 가장 마술적인 방식으로, 상상도 못한 놀라운 방식으로 내 삶 안에 들어온다."

아니타 무르자니의 설명도 놓아버림에 대한 다른 표현일 뿐이다. 끊임없이 남이 되려는 나의 관점을 놓아버리고 나 자신이 되어야만 비로소 노력하지 않아도 성취가 이뤄지는 상태가 된다는 의미이다.

KBS는 KBS의 방송을 한다. 또 MBC는 MBC, SBS는 SBS의 방송을 한다. 방송이란 점만 같을 뿐 서로의 콘텐츠는 엄연히 다르다. 그래서 세 방송사가 같으면서도 다르게 존재하며 저마다의 개성을 세상에 드러내는 것이다.

개인과 세상과의 관계도 마찬가지다. 아니타의 설명은 그런 점을 더욱 분명하게 해준다.

아니타 무르자니: "우리 한 사람 한 사람은 형형색색의 복잡한 무늬로 짜인 커다란 태피스트리의 한 가닥 실과 같다. 우리는 실 한 가닥에 지나지 않지만 그림이 완성되려면 우리 모두가 꼭 필요하다. 우리는 진정한 자신이 될지 그렇지 않을지 선택하는 것만으로도 다른 이들의 삶에 영향을 끼

친다. 다른 사람에 대한 우리의 유일한 의무이자 목적은 바로 우리의 독특함을 표현하는 것이고 다른 이들도 그렇게 하도록 허용하는 것이다."

클로징 멘트, "결론은 심플"

이제 마무리할 시간이 되었다. 이 자리에 초청됐던 패널들의 마지막 발언을 듣고 장을 마감하고자 한다. 방청석에 앉아 있었지만 발언기회를 얻지 못한 사람에게도 발언권을 준다.

바딤 젤란드: "위대한 것들은 모두가 매우 단순하고, 자기 자신을 뽐내거나 숨어 있을 필요를 느끼지 못한다. 쓸모없고 가치 없는 것들이 항상 신비의 장막 뒤에 숨어 있는 법이다."

아니타 무르자니: "어떤 스승이나 현자가 당신이 아직 깨어나지 못했으며, 깨어나려면 배우고 버리고 내려놓아야 할 게 더 남아 있다고 느끼게 만든다면, 그들 또한 당신이 진정 누구인지를 잘못 가르치고 있는 거예요. 아니면 당신이 그들의 말을 잘못 해석했거나."

엘리자베스 퀴블러 로스: "사랑을 선택했다고 해서 다시는 두려움을 느끼지 않게 되는 건 아닙니다. 사실 사랑을 선택하고 나면 많은 두려움들이 치유되기를 바라며 수면 위로 떠오릅니다. 이것은 늘 진행되는 과정입니다. 음식을 먹은 후 다시 배고픔을 느끼는 것처럼, 사랑을 선택한 후에 다시 두려움을 느낍니다. 몸에 필요한 영양분을 공급하고 배고픔을 해결하기 위해 끊임없이 음식물을 먹어야 하듯이, 영혼을 성장시키고 풍요롭게 하기 위해서는 끊임없이 사랑을 선택해야 합니다."

켄 윌버: "진정한 영적 수행이란 하루에 20분, 두 시간 또는 여섯 시간 동안 하는 그 무언가가 아니다. 매일 아침에 한 번 하거나 매주 일요일에 한 번 하는 무언가도 아니다. 영적 수행이란 수많은 인간 활동 중 하나의 활동이 아니라, 모든 인간 활동의 기반이자 그 근원이며, 모든 인간 활동을 뒷받침해 주는 것이다."

숭산: "진리는 있는 그대로이다. 여여하다. 그것이 전부다. 마음이 공하면 맑은 거울과 같다. 태양이면 태양, 달이면 달, 있는 그대로 비춘다. 그때 우리는 순간의 마음을 얻는다."

신: "영혼의 기능은 자신의 바람을 강요하는 것이 아니라 보여주는 것이다. 마음의 기능은 여러 가지 대안들 중에서 선택하는 것이다. 몸의 기능은 그 선택을 실천에 옮기는 것이다. 몸과 마음과 영혼이 조화롭게 하나가 되어 함께 창조할 때, 신은 현실 속에 구현된다."

겐포 머젤: "자아는 자신에게 집착하여 전적으로 자기 보전에만 매달립니다. 그것은 마치 우리가 거품으로 둘러싸인 공기주머니를 만들어놓았는데 그 공기주머니가 자신을 단단하고 실재하는 그 무엇으로 보는 것과도 같습니다."

김기태: "나는 단 한 순간도 놓치지 않는 완전한 지켜봄 속에서 깨달음이랄까, 도랄까, 인생의 궁극의 답 같은 것을 구했건만, 사실은 단 한 순간도 놓치지 않고 지켜보려 하는 바로 그 놈이 미망이요 허구였으며 바

로 그 놈이 분별심이었던 것이다."

차드 멍 탄: "세상을 구하는 일은 정말 힘들고 아주 많은 노력이 필요하기 때문에 세상을 구하기 위해 너무 애를 쓰면 오래 지속될 수 없다는 게 내 판단이다. 그래서 그 대신 내면의 평화, 측은지심, 열망을 키우는 데 집중하는 것이 더 현명한 방법이다. 내면의 평화, 측은지심, 열망이 모두 강력할 때 연민 어린 행동은 자연스럽고 유기적으로 이뤄지며 이를 통해 지속 가능해진다."

루이스 헤이: "매일 아침 일어나 새로운 하루를 시작할 수 있는 풍요로움에 기뻐하라. 살아 있다는 사실에, 건강함에, 친구가 있다는 사실에, 자신이 창조적이라는 사실에 감사하라. 그리고 살아 있다는 사실에 즐거움을 느끼는 산 증인이 되어라."

사라 밴 브레스낙: "복잡한 관계 속에서 다양한 역할을 수행하며 살아갈수록 당신은 '혼자만의 즐거움'을 찾아야 한다. 그래야만 당신 인생에 당신을 주인공으로 초대할 수 있다. 인위적인 규칙과 질서에서 자유롭게 자신의 영혼을 풀어놓을 수 있는 시간과 공간을 확보할 수 있을 때 당신은 내가 경험한 기적을 경험하게 될 것이다. 자기 내면의 목소리를 경청하는 사람은 관계들로부터 방해받지 않는다. 관계들로부터 응원을 받는다."

네빌 고다드: "우리 자신에 대한 관념을 바꾸지 않고 세상을 바꾸려 하는 것은 자연의 섭리에 정면으로 충돌하는 것입니다. 내부의 변화가 나

기 전까지 외부는 변화하지 않습니다."

이하레아카라 휴 렌: "문제는 무의식 속에서 반복되는 기억입니다. 문제는 언제나 자기 자신에게 있었다는 것을 알아야 합니다. 누구의 탓도 아닌 자신의 내면에서 일어난 것입니다. 내가 경험하는 모든 것들에 대한 책임은 나에게 있는 것입니다. 일어나고 있는 모든 일에 대해서만 책임이 있는 게 아니고 그것을 정화할 책임도 나에게 있는 것입니다."

데이비드 호킨스: "다음 순간에 대한 기대를 놓아버리고, 이 순간을 통제하려는 노력을 놓아버리고, 지나간 순간을 통제하려는 노력을 놓아 버리세요. 방금 일어난 일에 매달리지 말고 놓아 버리세요. 곧 일어나리라 생각하는 일을 통제하지 말고 놓아 버리세요. 그러면 시간이 존재하지 않고 사건이 존재하지 않는 무한한 공간 속에서 살 것입니다. 형언할 수 없는 무한한 평화가 존재합니다. 이제 나는 집에 있습니다."

콜레트: "최고의 깨달음은 내 삶이 아주 멋졌다는 것이다. 이를 조금만 더 일찍 깨달았다면 얼마나 좋았을까!"

긴 멘트도 있었고 짧은 멘트도 있었다. 그러나 전하고자 하는 논지는 하나같이 심플하다. 사물의 본성 자체가 심플하기 때문에 그럴 것이다. 이제 그대 차례다. 그대가 자신에게 들려주고픈 그 말을 하시라. 그 멘트야말로 자신에 대한 최상의 결론이 될 것이다.